KB063619

譯註 羅末麗初金石文

譯註 羅末麗初金石文 (上)

原文校勘 篇

한국역사연구회
중세1분과 나말여초연구반 편

도서출판 혜안

서 문

한국 고중세사 연구를 할 때, 금석문은 『三國史記』나 『三國遺事』 등의 문헌사료에 나타나지 않는 역사의 공백을 채워 주는 동시에 당시 그대로의 역사를 보여 준다는 점에서 매우 귀중한 자료라 할 수 있다. 금석문에 대한 자료 정리작업이 일찍부터 꾸준히 전개되어 왔던 것은 이 때문이었다.

이러한 금석문자료의 활용도를 높이고 보다 깊이 있는 연구를 진행하기 위해서는 자료의 정확한 교감과 역주 작업이 선행되어야 한다는 데 많은 연구자들이 인식을 같이하였다. 금석문 역주작업에 대한 학계의 관심이 높아지면서 韓國古代社會硏究所에서 한국고대금석문을 모아 『譯註 韓國古代金石文』 I · II · III(駕洛國史蹟開發硏究院, 1992)을 출간하였고, 李智冠 스님이 『校勘譯註 歷代高僧碑文』 新羅篇 및 高麗篇 1 · 2(伽山文庫, 1993 · 1994 · 1995)을 펴내기도 하였던 것이다. 이들 역주서의 출간은 본 연구반의 연구활동에 많은 자극과 도움을 주었다.

그러나 시일이 걸리더라도 많은 연구자들이 금석문을 연구자료로 널리 활용할 수 있도록 하기 위해서는 책임 있는 교감과 역주가 필요하고, 이는 개인 차원에서는 어렵다는 공통된 인식을 갖게 되었다. 이에 한국역사연구회 나말여초연구반에서는 1990년 초부터 우선 본 연구반에서 설정하고 있는 연구대상 시기인 통일신라시기부터 고려 초기까지의 금석문에 대한 교감, 역주 작업을 진행하여 왔다. 하나의 금석문마다 발제자를 분담한 후 3차에 걸친 반원들의 철저한 공동 검토 및 협의를 통하여 교감 및 역주 작업을 진행하였다. 기왕의 연구결과가 연구자 개인의 작업이었다면 이 책은 반원 전체의 공동작업으로 이루어졌음이 특징이라 할 수 있다. 그러므로 경우에 따라서는 발제자의 견해가 채택되지 않기도 하였다. 이렇게 하여 1991년 12월에 1차 검토를 끝냈으며, 1993년 7월 2차 검토, 1994년 10월에 3차 검토를 완료하고 출판에 들어갔다. 결국 이 책은 5년 여에 걸친 반원들의 정성으로 세상 빛을 보게 되는 셈이다. 그러나 아직도 미진한 점이 많으므로 계속 보완되어야 하리라 생각한다.

이 책이 나오기까지 많은 격려를 아끼지 않았던 연구회 회장님과 분과장님을 비롯한 모든 회원들, 그리고 애써 준 반원 모두에게 감사드린다. 특히 황금같은 시간을 쪼개어 마지막까지 교정을 맡아 준 김인호 선생의 노고는 정말 큰 것이었다. 또한 책간행을 위해 경제적 도움을 주신 신라명품 박민순 대표님에게 감사를 드린다. 끝으로 재정적으로 전혀 도움이 안 되는 이 책의 출판에 흔쾌히 응해 주신 혜안출판사 오일주 사장님께도 감사를 드린다.

1996년 7월

한국역사연구회 중세1분과 나말여초연구반

차 례

일 러 두 기

1. 이 책은 나말여초시기에 활동한 선승들의 비문을 주대상으로 하여, 여기에 탑, 종, 불상 등의 명문을 추가하여 수록하였다. 수록대상은 시기적으로 고려 태조 20년부터 현종대까지 제작된 금석문을 대상으로 하였고, 제작연대순으로 수록하였다.

2. 이 책은 원문교감편과 역주편 2부로 구성하여 대조하여 읽기 편하도록 하였다.

3. 원문교감은 『海東金石苑』, 『朝鮮金石總覽』, 『韓國金石全文』을 근간으로 하여, 해당 금석문을 수록한 모든 자료를 교감대상으로 하였고, 가능한 한 원비문도 대조하도록 하였다. 교감한 비문은 가장 올바른 글자로 생각되는 것을 기준으로 수록하고, 이와 다른 판본의 글자는 註로 처리하였다.

4. 역주는 가능한 한 서술의 통일을 기하도록 하였다. 원금석문이 파손되어 번역이 불가능한 경우에는 '……'로 처리하거나, 원문대로 수록하기도 하였다.

5. 주석은 원비문의 용어를 그대로 살렸으며, 그 위치는 해당 번역부분 뒤에 처리하였다. 주석에 인용한 고전전거는 가능한 수록했으나, 辭典 등에서 인용한 것들은 따로 전거를 달지 않았다.

6. 주석 부분에 인용된 『海東金石苑』, 『朝鮮金石總覽』, 『韓國金石全文』 등과 같은 교감자료는 『금석원』, 『총람』, 『전문』 등과 같이 약어로 처리하였다.

7. 본문 가운데 있는 [ ]는 역주자가 다른 비문이나 관용적 어구 등에 근거하여 추정하여 넣은 내용을 표시한 것이다. ( )의 내용은 번역의 필요에 의해 넣은 것이며, (?)는 확실치 않은 내용을 표시한 것이다.

나말여초 연구와 금석문

1. 머리말

신라말 고려초는 일찍부터 한국사 발전과정의 한 전환기로 평가되어 왔다. 이와 같은 견해는 단순히 왕조교체라는 사실에서 의미를 찾은 것이 아니다. 골품제라는 신분제의 해체, 신라사회의 붕괴에 결정적인 역할을 한 농민항쟁, 변혁세력으로서의 지방 호족세력의 등장, 그리고 그들에게 정치적 이데올로기를 제공한 6두품 지식인의 성장 및 고대사회의 종교적 이념이었던 화엄종에 대신한 새로운 선종사상의 수용과 9산선문의 성립 등을 주목해 왔던 것이다.

그런데 이러한 연구는 사회변동의 측면에서 시대구분만을 강조함으로써 구체적 사실이 몰각되었다는 한계점을 지닐 수밖에 없었다. 물론 이러한 한계는 『삼국사기 三國史記』와 『고려사 高麗史』 등의 사서에서 신라말의 정확한 사정을 알아 내기 쉽지 않다는 데 연유한 것이기도 하다. 다시 말하면 『삼국사기』의 경우 본기의 기사는 하대에 관한 내용이 매우 소략하고 직관지에도 중대(中代)의 사실이 반영되어 있을 뿐이다. 또 『고려사』도 고려 왕조를 세운 왕건(王建)의 입장만이 강하게 부각되어 있다는 한계를 지니고 있다. 따라서 현재까지 자료의 부족 등으로 인해 통일신라시대 말기 곧 하대의 역사상 및 성격에 대한 본격적인 연구가 이루어지지 못하였다고 할 수 있다.

이러한 상황에서 신라말 고려초에 대한 문헌자료의 부족을 극복할 수 있는 방안의 하나로 주목할 수 있는 것이 금석문이다. 나말여초의 금석문에서 주류를 이루고 있는 것은 선사(禪師)들의 비문이다. 이들 비문을 통해 선사들의 사상과 그 계보 및 당시 불교계의 동향을 알 수 있다. 뿐만 아니라 지방에 건설되었던 선종사원과 관련하여 일반민과 지방세력의 동향을 알 수 있다. 그리고 비문에 나타난 사원 조성의 경위나 음기 등을 통해 사원경제와 신라말 고려초의 관직이나 지방제도의 편린들을 파악할 수도 있다.

그런데 신라말 고려초에 만들어진 금석문들은 주로 불교와 관련된 것이고, 내용에 비유가 많아 한국사를 전공하는 사람들이 이용하는 데 많은 부담을 느껴 왔다. 그리고 내용의 해석에서 적지 않은 오류가 있었고, 그 결과 역사상을 잘못 추출하는 경우도 있게 되었다. 따라서 금석문에 대한 정확한 이해가 전제되지 않고는 나말여초의 시대상 및 사상계의 변화를 정확히 짚어 낼 수 없는 것이다. 그러므로 최근에는 금석문에 대한 학계의 관심이 매우 높다고 할 수 있다.

신라말 고려초에 세워진 선사들의 비문에 대해서는 이미 성과물이 나와 있다.[1] 이 책에서는 신라말에 입적하였어도 고려 태조 이후 세워졌거나 광종대에 입적한 승려들의 비문과 종명·불상명 등 불교 관계 금석문을 그 대상으로 하였다. 이 책에 실린 30편의 금석문은 선사의 공적을 기리는 비문이 22편, 화엄종 승려의 비문이 하나, 그 밖에 광종·경종 때 만들어진 2개의 종명과 용두사 철당간기 및 불상명 등이다. 본고에서는 먼저 금석문의 지은이를 살펴보고, 그 다음에는 금석문을 통해 나말여초 불교계의 동향을 파악해 봄으로써 이 책에 실린 금석문에 대한 이해를 돕고자 한다.

---

1) 崔英成, 1987, 『註解 四山碑銘』, 亞細亞文化社 ; 韓國古代社會研究所 編, 1992, 『譯註 韓國古代金石文』 3, 駕洛國史蹟開發研究院 ; 李智冠, 1993, 『譯註 歷代高僧碑文』 新羅篇, 伽山文庫 ; 同, 1994, 『校勘譯註 歷代高僧碑文』 高麗篇 1, 伽山文庫 ; 同, 1995, 『校勘譯註 歷代高僧碑文』 高麗篇 2, 伽山文庫.

2. 금석문의 찬자

이 책에 실린 금석문 중 주로 왕명에 의해 찬술된 승려들의 비문에는 그 글을 지은 사람과 쓴 사람들이 밝혀져 있다. 비문의 지은이를 승려들의 입적 연대순으로 정리해 보면 다음 <표 1>과 같다.

〈표 1〉 선사 비문의 찬자

	생존연대	비문작성	지은이	立碑
요오 순지	?~858입당~?	? (신라말)	?	태조 20, 937
징효 절중	826 ~ 900	경명왕 8, 924	최언위	혜종 1, 944
낭공 행적	832 ~ 916	경명왕대	최인연	광종 5, 954
선각 형미	864 ~ 917		최언위	정종 1, 946
법경 경유	871 ~ 921		[최언위]	혜종 1, 944
대경 여엄	862 ~ 930		최언위	태조 22, 939
낭원 개청	834 ~ 930		최언위	태조 23, 940
진철 이엄	870 ~ 936		[최언위]	태조 20, 937
진공 □운	855 ~ 937		최언위	태조 22, 939
자적 홍준	882 ~ 939		[최언위]	태조 24, 941
진공 충담	869 ~ 940		태조	태조 23, 940
법경 현휘	879 ~ 941		최언위	태조 26, 943
광자 윤다	864 ~ 945		손소	광종 1, 950
통진 경보	869 ~ 947		김정언	광종 9, 958
통일 □□	? ~ ?		[김정언]	[광종 9~11]
정진 긍양	878 ~ 956		이몽유	광종 16, 965
원종 찬유	869 ~ 958		김정언	광종 26, 975
진관 석초	912 ~ 964		왕융	경종 6, 981
진정 □□	? ~ ?		미상	광종 26, 975
혜거 지□	899 ~ 974		최량	성종 13, 994
법인 탄문	900 ~ 975		김정언	경종 3, 978
현각 □□	? ~ ?		왕융	경종 4, 979
도봉 혜거	? ~ 949 ~ ?		미상	[현종 이후]

먼저 최언위(崔彦撝 : 868~944, 경문왕 8~혜종 1)는 초명이 신지·인연(愼之·仁渷)이었는데 고려 귀부 이후에 언위(彦撝)로 고쳤

다.[2] 최언위는 천성이 관대하고 후했으며, 어릴 때부터 글을 잘 했다고 한다. 최치원이 지은 「견숙위학생수령등입조장 遣宿衛學生首領等入朝狀」(『東文選』 권47)에 의하면 하정사(賀正使) 수창부시랑(守倉部侍郎) 급찬(級飡) 김영(金穎)을 따라 입당하였는데, 그 시기는 899년(진성여왕 11년 곧 효공왕 즉위년)으로 30세의 늦은 나이였다고 추정되고 있다. 효공왕 10년(906) 빈공과(賓貢科)에 급제하였는데, 오소도(烏炤度)를 눌러 빈공과를 둘러싼 신라의 발해에 대한 숙원을 풀어 주었다. 그 후 42세인 효공왕 13년(909) 귀국하여 한림학사・병부시랑・지서서원사(翰林學士・兵部侍郎・知瑞書院事)에 이어 집사시랑(執事侍郎)을 제수받았으며, 중국에 사신으로 다녀오기도 하였다.[3]

최언위는 신라 경순왕의 고려 귀부와 함께 가족을 동반하고 고려 조정에서 활동하기 시작하였는데,[4] 왕건이 그를 태자사부・지원봉성사(太子師傅・知元鳳省事)로 삼아 문한(文翰)의 임무를 맡겼으며, 68세의 고령으로 궁원(宮院)의 액호(額號)도 모두 그가 지었다. 그 결과 그는 최치원(崔致遠)・최승우(崔承佑)와 함께 '일대삼최(一代三崔)'(「太子寺郎空大師白月栖雲塔碑」 後記)로 불리웠다. 그가 짓거나 글씨・전액을 쓴 선승(禪僧) 비문이 아래와 같이 현전하는데 이를 통해 그의 관력(官歷)을 엿볼 수 있다.

---

2) 『三國史記』 卷46, 薛聰傳附 ; 『高麗史』 卷92, 崔彦撝傳 ; 『高麗史節要』 卷2, 惠宗 元年 冬12月.

3) 金英美, 1995, 「나말여초 최언위의 현실인식」 『史學硏究』 50, pp.146~153.

4) 최언위는 그 동안 反新羅的 태도를 지닌 6두품 지식인의 대표적 존재로 간주되어 왔다(金哲埈, 1969, 「韓國古代政治의 性格과 中世政治思想의 成立科程」 『東方學志』 10 ; 同, 1981, 「文人階層과 地方豪族」 『한국사』 3, 국사편찬위원회). 그러나 菅野銀八, 1924, 「新羅興寧寺澄曉大師塔碑の撰者に就いて」 『東洋學報』 13-2 ; 全基雄, 1993, 「高麗初期의 新羅系勢力과 그 動向」 『釜大史學』 17, pp.148~150; 金英美, 앞의 글에서는 다른 견해를 보이고 있다.

①「聖住寺朗慧和尙白月葆光塔碑」: 진성왕 4년(890), 최치원이 짓고 909년 이후 최인연이 씀

從弟朝請大父 前守執事侍郎 賜紫金魚袋 臣 崔仁渷

②「太子寺朗空大師白月栖雲塔碑」: 경명왕대(917~924), 광종 5년(954) 立碑

翰林學士 守兵部侍郎 知瑞書院事 賜紫金魚袋 臣崔仁渷

③「鳳林寺眞鏡大師寶月凌空塔碑」: 景明王 8년(924), 경명왕이 짓고 최언위가 전액을 씀

朝請大夫 前守執事侍郎 賜紫金魚袋 崔仁渷

④「興寧寺澄曉大師寶印塔碑」: 경명왕 8년(924), 혜종 1년(944) 6월 立碑

朝請大夫 守執事侍郎 賜紫金魚袋 臣崔彦撝

⑤「開豊瑞雲寺了悟和尙眞原塔碑」: 태조 20년(937), 최언위가 後記를 지음

如羆縣制置使 元輔 檢校尙書 左僕射 兼御史大[夫]……

⑥「廣照寺眞澈大師寶月乘空塔碑」: 태조 20년(937)

元輔 檢校尙書 左僕射 兼御史大夫 權知[元鳳省事] □□□□□□□□

⑦「菩提寺大鏡大師玄機塔碑」: 태조 22년(939) 4월

太相 檢校尙書 左僕射 兼御史大夫 上柱國 臣崔彦撝

⑧「毗盧庵眞空大師普法塔碑」: 태조 22년(939) 8월

……上柱國 臣崔彦撝

⑨「地藏禪院朗圓大師悟眞塔碑」: 태조 23년(940)

太相 檢校尙書 前守執事侍郎 左僕射 兼御史大夫 上柱國 知元鳳省事 賜紫金魚袋 臣崔彦撝

⑩「境淸禪院慈寂禪師凌雲塔碑」: 태조 24년(941)

大相 檢校尙書 □□□□□□□□□□ 上柱國 [臣崔彦撝]

⑪「淨土寺法鏡大師慈燈塔碑」: 태조 26년(943)

太相 檢校尙書 左僕射 前守兵部侍郎 知翰林院事 臣崔彦撝

⑫「五龍寺法鏡大師普照慧光塔碑」: 혜종 1년(944) 5월

崔彦撝 撰述 推定

⑬「無爲寺先覺大師遍光塔碑」: 정종 1년(946)

太相 檢校尙書 左僕射 兼御史大夫 上柱國 知元鳳省事 臣崔彦撝

태조에서 정종대에 걸쳐 세워진 비문은 태조가 직접 찬술한 충담의 비문을 제외하고는 최언위가 지은 것들이다. 그렇게 본다면 최언위는 신라말에서 고려초에 이르는 기간 당대를 대표하는 문인이었음을 짐작할 수 있다. 그 사실은 비문에 나타난 그의 관직으로도 알 수 있는데, 최언위는 신라 말기에는 한림학사·지서서원사(翰林學士·知瑞書院事)로서, 고려 초기에는 원보·태상(元輔·太相)의 관계(官階)를 지니고 지원봉성사·지한림원사(知元鳳省事·知翰林院事)로서 활동하며 글로 이름을 떨쳤던 것이다. 한편 『고려사』에서는 이들 관직 외에도 최언위가 원봉성대학사·한림원령·평장사(元鳳省大學士·翰林院令·平章事)를 역임하였다고 했지만, 그가 죽은 후 세워진 「무위사 선각대사편광탑비」로 미루어 보아 후일 추증된 것으로 보인다.

그의 아들 광윤(光胤)·행귀(行歸)는 중국에 유학, 빈공과에 급제한 후 귀국하여 관직에 임명되었는데 특히 행귀는 「보현십원가 普賢十願歌」를 한역(漢譯)하였고, 광종대에 크게 활약하였다. 또 다른 아들 광원(光遠)도 관직에 올랐으며 그 아들이 성종·현종대에 활약한 최항(崔沆)이다. 이처럼 최언위의 가계는 중국 유학과 과거 급제 등을 통해 고려초 문인 관리로 크게 활약하였던 것이다.

한편 광자대사 윤다의 비문을 지은 손소(孫紹)는 정사(正史)의 기록에서는 전혀 보이지 않으므로, 비문을 지을 당시 태상 전수예빈령 원봉령 겸지제고 상주국 사자금어대(太相 前守禮賓令 元鳳令 兼知制誥 上柱國 賜紫金魚袋)였음을 알 수 있을 뿐이다. 그가 당시 원봉령 겸지제고였던 것으로 미루어 한림학사(翰林學士)로 추정되고 있으며[5] 광종초의 대표적 문신관료로서 이해되고 있다.[6]

김정언(金廷彦)도 정사에서는 이름을 찾을 수 없지만, 그가 지은 비

---

5) 李基東, 1978, 「羅末麗初 近侍機構와 文翰機構의 擴張」『歷史學報』77 ; 1980, 『新羅 骨品制社會와 花郎徒』, p.268.

6) 全基雄, 1985, 「高麗 光宗代의 文臣官僚層과 '後生讒賊'」『釜大史學』9, p.5.

문을 통해 그의 이력을 알 수 있다.

①「玉龍寺洞眞大師碑」: 광종 9년(958)
通直郞 正衛(位) 翰林學士 賜丹金魚袋
②「覺淵寺通一大師塔碑」: 광종 9년 8월~11년 3월 이전
通直郞 [正衛 翰林學士 賜]紫金魚袋
③「高達院元宗大師碑」: 광종 26년(975)
光祿大夫 太丞 翰林學士 內奉令 前禮部使 參知政事 監修國史
④「普願寺法印國師碑」: 경종 3년(978)
光祿大夫 太丞 翰林學士 前內奉令

이상의 비문으로 보면 김정언은 광종 9년(958) 당시 문산계인 통직랑과 관계인 정위를 겸대하고 한림학사의 직에 있었다. 또 광종이 훙거한 975년에는 관계가 광록대부 태승으로, 관직은 한림학사 내봉령 전예부사 참지정사 감수국사로 나타난다. 그리고 경종 3년(978)에도 관계는 여전히 관록대부 태승이며 관직은 한림학사 전내봉령이었다. 그가 역임한 관직으로 미루어 광종대의 개혁정치에 관여한 인물로서 경종 초의 정치적 혼란에도 아무런 피해를 입지 않았던 점이 주목된다고 한다.[7)]

이몽유(李夢游)[8)]는 광종 16년(965) 정진대사 긍양의 비문을 찬할 때는 봉의랑 정위 한림학사 전수병부경 사단금어대(奉議郞 正衛 翰林學士 前守兵部卿 賜丹金魚袋)이었다. 그러나 광종대에는 별다른 기록이 보이지 않다가 성종 2년(983)에는 左執政으로 최승로(崔承老) 등 3인과 더불어 지공거가 되었으며, 성종 5년과 6년에도 과거를 주관하였다.[9)] 그는 성종 6년 8월에는 왕명을 받들어 내외의 주장(奏狀)과 행이

7) 위의 글, p.150.
8) 李夢游는 금석문을 비롯하여 『高麗史』에는 '夢游'로 되어 있으나, 『補閑集』 序와 金坵가 撰한 「上座主金相國謝衣鉢啓」(『東文選』 卷46)에는 '夢遊'로 표기되기도 하였다(李基東, 앞의 글, p.269).

공문(行移公文)의 격식을 정하기도 하는[10] 등 성종대에 크게 활동하였으므로 최승로·서희(徐熙) 등과 더불어 성종의 배향공신이 되었다.

최량(崔亮)[11]은 경주인(慶州人)이며, 글짓기에 능해 광종조에 급제하여 공문박사(攻文博士)로 임명되었다. 성종이 잠저(潛邸)에 있을 때 사우(師友)를 삼았다가 즉위 후 등용하여 좌산기상시 참지정사 겸 사위경(左散騎常侍 參知政事 兼 司衛卿)에까지 이르렀는데 질병으로 사임하였다. 그 후 문하시랑(門下侍郎)이 되었다가 내사시랑 겸 민관어사 동내사문하평장사 감수국사(內史侍郎 兼 民官御事 同內史門下平章事 監修國史)에 승진하였다. 성종 14년(995)에 사망하자 왕은 태자태사(太子太師)를 추증하고 시호를 광빈(匡彬)이라 하였으며 성종묘정(成宗廟庭)에 배향(配享)하였다. 한편 성종 때 최승로 등과 경주계(慶州系)로서 주도세력을 구축했고, 거란의 소손녕(蕭遜寧) 침입시 박량유(朴亮柔)·서희 등과 함께 북계를 지켰으나 거란의 침입 이후 서희·이지백(李知白) 등이 두각을 나타내면서 점차 몰락하였다. 장남 원신(元信)은 갑과(甲科)에 급제하여 호부시랑·예빈경(戶部侍郎·禮賓卿) 등을 역임하였다가 현종(顯宗) 때 송(宋)에 하정사(賀正使)로 파견되었으나 봉사(奉使)로서 왕명을 욕되게 했다 하여 유배되었다. 그의 행적으로 보아 광종대에서 성종대에 이르는 대표적 문신 중의 한 사람이었음을 알 수 있다.

왕융(王融)은 경종 6년 세워진 지곡사 진관선사의 비문에 대광 내의령 판총한림 겸 병부령(大匡 內儀令 判摠翰林 兼 兵部令)으로 나온다. 그에 관한 기록은『고려사』등에서도 찾아볼 수 있는데, 광종 6년(955)에는 대상(大相)의 관계를 지니고 후주(後周)에 사신으로 파견되었다.[12] 그리고 같은 왕 17년부터 성종대에 이르기까지 모두 11회에

---

9)『高麗史』卷73, 選擧志1.

10)『高麗史』卷3, 成宗 6年 8月.

11)『高麗史』卷93, 列傳6 崔亮.

걸쳐 지공거(知貢擧)를 역임하였는데,[13] 이 때문에 초기 과거제 운영에 미친 그의 공로는 매우 높게 평가되고 있다.[14] 또 경종 즉위년에는 대광 내의령 겸총한림(大匡 內議令 兼摠翰林)으로서 김부(金傅)의 상보(尙父) 책봉조서를 제찬(制撰)하였는데 이 지위를 진관선사비문을 지을 때인 경종 6년까지 유지했음을 알 수 있다. 그의 활동에 대한 최후 기록은 997년 10월 성종이 훙거하기 직전 당시 평장사(平章事)였던 그가 왕에게 사면령을 반포하기를 청했으나 허가를 얻지 못했다는 사실이다.[15]

승려들의 비문 외에 비문의 지은이를 알 수 있는 경우는 용두사 당간기뿐이다. 이 글을 쓴 김원(金遠)은 전 한림학생(前 翰林學生)이었다고 하였는데, 『고려사』에서는 한림원 학생의 직책을 찾아볼 수 없다.

---

12) 『高麗史』 卷2, 光宗 6年.

13) 『高麗史』 卷73, 選擧志1.

14) 李穡은 그의 공로를 雙冀에 비견하였고(「賀竹溪安氏三子登科詩序」 『牧隱文藁』 卷8), 崔滋는 趙翌, 徐熙, 金策 등과 더불어 광종대의 웅재라고 예찬하였다(『補閑集』 序). 李基東, 앞의 글, p.270 참조.

15) 『高麗史』 卷3, 成宗 16年 10月 戊午. 한편 『補閑集』 卷上에는 이 해 8월 왕이 東京에 순행할 당시 왕융의 관직을 내상이라고 했다고 한다(이기동, 위의 글, p.270). 한편 이기동은 왕융을 남중국 吳越 출신으로 파악하고 북중국 후주 출신의 쌍기와 더불어 중국에서 고려에 투화하여 신라 귀족 출신 문신들이 소외되던 시기에 지공거로서 과거를 주재했다고 보았다(이기동, 위의 글, pp.271~273). 한편 全基雄은 왕융이 경순왕 김부의 尙父 책봉을 주관한 인물이었으며, 진관선사비문의 찬술을 崔承老와 서로 양보하는 등 돈독한 관계를 보이고 있고, 성종이 동경에 순행했을 때 경순왕을 따라 이주하지 않았던 舊新羅老人이 특히 왕융에게 회고의 감이 어린 시를 준 것 등을 근거로 광종 사후부터 신라계와 밀접한 관계를 보인다고 보았다(全基雄, 1993, 「高麗初期의 新羅系勢力과 그 動向」 『釜大史學』 17, p.154). 그리고 이는 왕융으로 대표되는 광종개혁세력과 신라계의 결합으로서, 그 결과 경종 원년 11월 執政 王詵을 축출하는 데 성공함으로써 구세력의 위협에서 벗어날 수 있었다고 파악하고 있다.

다만 한림원의 전신이라고 할 원봉성에는 원봉성령 원봉성대학사 학사 지원봉성사 원봉성대조(元鳳省令 元鳳省大學士 學士 知元鳳省事 元鳳省待詔)와 아울러 원봉성학생(元鳳省學生)이 있었으므로 이와 관련된 인물이 아니었을까 추측된다.

3. 나말여초 불교계의 동향

불교가 신라에 수용된 이후 본격적인 교학연구가 시작된 것은 원효(元曉) 이후의 일이다. 원효는 그 이전에 전래된 삼론종(三論宗)의 공(空) 사상과, 인도에의 구법여행을 마치고 645년 귀국한 현장(玄奘)이 전래・번역한 신유식(新唯識), 그리고 대승보살계 등을 받아들여 자신의 사상을 체계화하였다. 즉 당시 중국 불교계에서 전개되던 공(空)과 유(有)의 대립을 해소할 수 있는 방안을 「대승기신론」에서 찾아 자세히 연구하는 한편, 「금강삼매경론」 등에서 실천수행의 길을 제시하였다. 또 원효는 의상(義相)을 통해 지엄(智儼)의 화엄사상을 받아들여 소화하였던 것이다. 그 후 신라사회에서는 법상종(法相宗), 화엄종(華嚴宗)의 사상 및 다양한 불교 교학이 연구되었고 승려들에 의해 많은 저술들이 이루어졌다.

그러나 사회의 변화에 대응하는 새로운 사상체계를 마련하지 못하고, 훈고학적인 주석작업에 얽매이게 되었으므로 불교계에서는 개혁운동이 일어나게 되었다. 이러한 변화는 중국 불교계의 변화와 경향을 같이하는 것이었다. 번잡한 교학체계에 사로잡혀 자신들만의 사상을 고집하고 부처와 열반, 해탈이라는 관념에 사로잡혀 있던 당시 불교계에 정면으로 도전한 것이 선종(禪宗)이었다. 중앙의 장안・낙양과 멀리 떨어진 기주의 쌍봉산에서 교단을 형성했던 선종 사조 도신(四祖 道信) - 오조 홍인(五祖 弘忍)의 동산법문을 처음 장안에 알린 것은 신수(神秀)였다. 그 후 홍인 - 혜능(慧能)으로 이어지는 계보를 계승한

하택신회(河澤神會)와 마조도일(馬祖道一) 등의 활약으로 중국 불교계에 새로운 기풍이 펼쳐지게 되었다. 이 두 흐름을 각각 북종선과 남종선이라고 부른다. 그런데 9세기 초에는 장안을 중심으로 활동하던 신수의 북종선과 신회의 하택종은 쇠퇴하고, 마조도일의 홍주종이 주류를 차지하게 되었다.

신라 하대사회에서 선종이 수용되는 흐름을 정리하면, 진성왕대(887~897)를 전후하여 크게 두 시기로 구분할 수가 있다.[16] 먼저 제1기는 도의(道義)가 남종선을 처음 전해 온 821년 이후 선종이 신라사회에 처음 수용되던 시기, 그리고 제2기는 선종의 정착·발전기라고 할 수 있겠다. 즉 제2기에 들어서면 초기 선종 승려들에게 지도받은 승려들이 중국에 유학하지 않고 국내에서 선 수행에 힘쓰거나, 아니면 회창폐불 이후 중국에 유학한 승려들은 주로 초기의 마조도일계와는 달리 석두희천(石頭希遷) 계열의 선사상을 수용해 온 후에도 스승과 다른 계보를 형성하지 않고 국내에서의 스승의 계보를 중시하고 있다. 이 책에 수록된 비문의 주인공들은 대개 제2기에 활동하던 선사들이라고 할 수 있다.

이 책에 실린 선사 계보를 산문별로 정리하면 다음 <표 2>와 같다.

〈표 2〉 산문별 계보

1) 가지산문

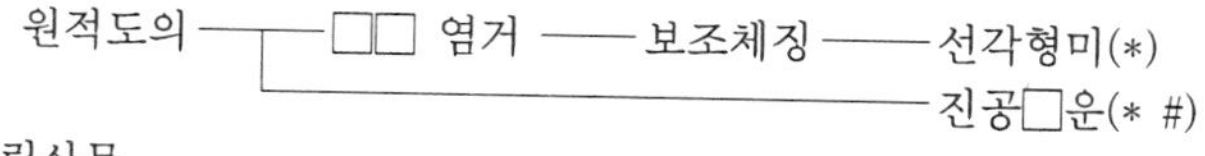

2) 봉림산문

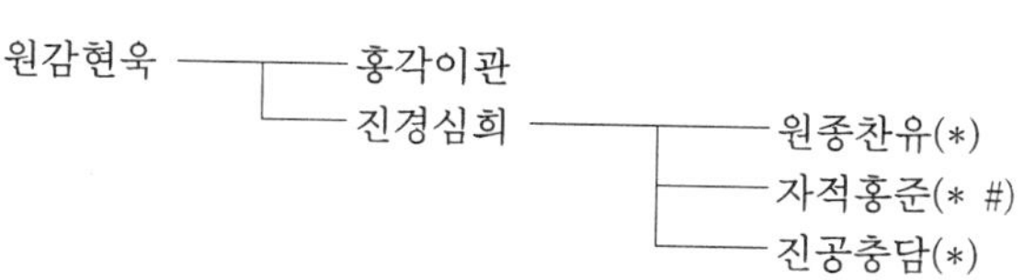

16) 金英美, 1994, 「新羅 佛性論의 전개와 阿彌陀信仰」『新羅佛敎思想史研究』, 民族社, pp.370~373.

3) 동리산문

- 적인혜철
  - 선각도선(도승) — 통진경보(*)
  - 상방□여 — 광자윤다(* #)

4) 성주산문

- 낭혜무염
  - 자인
  - 심광 — 법경현휘(*)
  - 원랑대통
  - 대경여엄(*)

5) 사자산문

- 쌍봉도윤 — 징효절중(* #) — 경보(*)

6) 사굴산문

- 통효범일
  - 낭원개청(* #)
  - 낭공행적(*)

7) 희양산문(북종선)

- 지증도헌 — 양부 — 정진긍양(*)

8) 수미산문

진철이엄(*)

9) 기타

- 쌍봉□철 — 훈종 — 법경경유(*)

요오순지(*), 혜거지□(* #), 통일(*), 도봉혜거(*)
진관석초(*), 현각□□(*)

(* 이책에 실린 선사, # 국내수학승)

국내에서 수학한 승려들 중 시기가 가장 앞서는 사람은 지증 도헌(824~882)과 징효 절중(826~900), 개청(834~930)을 들 수 있다. 그리고 그들보다 조금 후배인 □운(855~937), 윤다(864~945), 심희(855~923), 홍준(882~930), 혜거 지□(899~974) 등이 유학하지 않았다. 각 산문에서 골고루 찾아지는 이들의 존재는 선종, 특히 남종선이 신라사회에서 어느 정도 소화되고 있었음을 의미한다고 생각된다.

한편 중국에 유학한 승려들의 계보를 정리하면 <표 3>과 같다.

〈표 3〉 유학 선승들의 계보

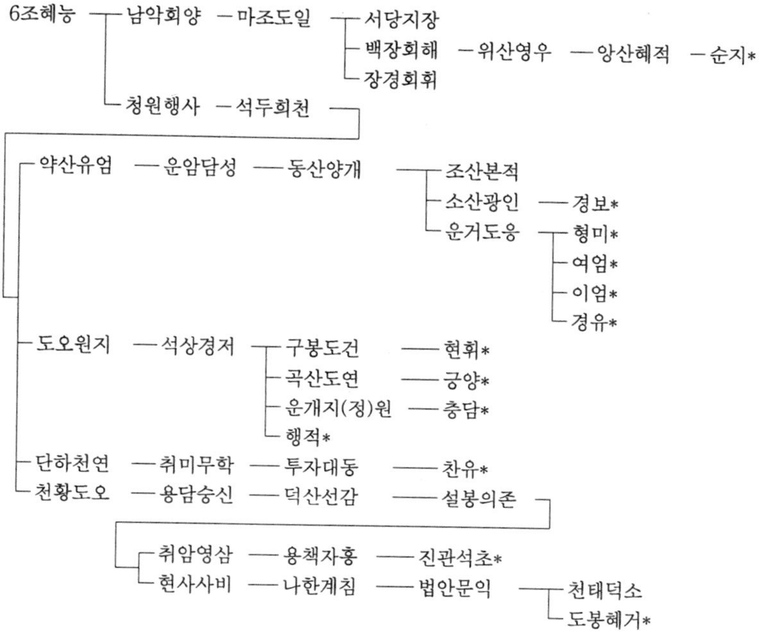

(* 이 책에 실린 선사)

제1기에 해당하는 유학승들이 주로 마조도일과 서당지장(西堂智藏)으로 이어지는 홍주종의 영향을 받았다고 한다면, 이 책에서 다루고 있는 승려들은 요오선사 순지를 제외하고는 청원행사(靑原行思) - 석두희천 계열의 영향을 받고 있다. 이러한 경향은 중국 불교계에서 9세기 초반에는 마조도일의 제자들이 주로 활약한 반면, 9세기 후반에는 동산양개(洞山良介), 운거도응(雲居道應) 등의 출현으로 석두희천계열이 부각했던 사실과 관련이 있을 것이다. 즉 880년경부터 오(吳)가 멸망하는 937년 무렵까지가 강남 선종의 융창기로, 운거 도응과 설봉의존(雪峰義存) 문하가 중심이 되었으며 오의 멸망과 함께 운거 문하도 소멸하였다고 한다.[17] 그리고 화북은 50년 정도 사이에 다섯 왕조가 어지럽게 교체되었으며, 그들과 대립하는 독립된 정권도 있었으므로 사람들은 관념적인 사상이나 문화·종교 등을 의식할 겨를조차 없었다. 본래 이 지역(하북 진주)에는 임제의현(臨濟義玄 : ?~866)이 진주 왕씨의 후원 하에 활동하였으며, 왕씨 정권 말기에 조주종심(趙州從諗 : 778~897)이 등장하였는데 조주는 '불법은 모두 남방에 있다'고 하는 등 당말·오대의 화북불교를 탄식하였다.[18]

중국에서 석두희천 계열의 선을 수학하고 돌아온 후에도 선사들은 자신이 유학하기 전의 스승을 중요시하여 따르고 있다. 이것은 중국에서도 석두희천의 제자인 단하천연(丹霞天然 : 739~824), 천황도오(天皇道悟 : 748~807), 초제 혜랑(招提慧朗 : 738~820)뿐 아니라 자옥도통(紫玉道通 : 731~813), 난야담장(蘭若曇藏 : 758~827) 등도 마조와 석두·약산유엄(藥山惟儼) 등을 참문하였던 사실과 관계가 있을 듯하다. 다시 말하면 혜능을 정통으로 간주하던 남종선 내에서는 뚜렷하게 계보를 따지지 않고 선지식을 참문하며 선을 수행했던 것이다.[19] 따라서 마조 도일과 석두 희천 계열의 사상에는 큰 차이가 없다고 할 수 있을 것이다.

그런데 선종의 성행과 함께 화엄종을 비롯한 신라 교종계에서도 그에 대응하여 교단을 정비하여 유지했던 듯하다. 비록 나말여초의 금석문에서 교종 승려의 비문은 이 책에 실린 보원사 법인국사 탄문의 비 외에는 찾아볼 수 없지만, 화엄종도 화엄결사운동을 전개하며 계보의식을 강화하는 한편 화엄 우위 하에 선종을 흡수하고자 했던 징관(澄觀)의 교학을 받아들여 교리를 재정비하려고 하였다.[20]

---

17) 鈴木哲雄, 1985,『唐五代禪宗史』, 山喜房佛書林, pp.275~279.

18) 柳田聖山 著, 안영길·추만호 譯, 1974,『禪의 思想과 歷史』, 민족사, pp.241~242.

19) 阿部肇一, 1986,『増訂中國禪宗史の硏究 : 政治社會史的 考察』, 硏文出版, p.15.

20) 신라 하대 화엄종의 대응에 대해서는 다음의 글들이 참고된다. 金福

진성왕때 세워진 성주사 낭혜화상비에서 교와 선의 차이에 대한 질문에 무염이 "어떤 이는 교와 선이 같지 않다고 하나 나는 그러한 종지를 보지 못하였다. 말은 본래 많은 것이라 내가 알 바 아니다. 대략 같다 하여도 허여할 만한 것이 아니요, 다르다 해도 그른 것은 아니다. 고요히 앉아 참선하여 마음의 근본을 쉬는 것이 성인에 가까울진저"라 답하였다. 또 보원사 법인국사비에서는 탄문이 서백산에서 신랑 태대덕이 설하는 잡화삼본(雜華三本)을 들었는데, 그 내용은 부처님이 가섭에게 은밀하게 전하고 정명(淨名)이 문수에게 묵대한 것과 다르지 않았다고 하였다. 즉 당시 성행하던 선종과 화엄이 다르지 않음을 강조하고 있는 것이다. 선종이 수용된 이래 화엄종과 선종이 계속 비교되고 있음을 알 수 있다. 이는 선종이 그만큼 불교계에 자리잡고 세력을 넓혔음을 말해 주며, 신라말에서 고려초에 이르는 불교계의 사상적 흐름을 설명해 주는 것이다.

4. 여언(餘言)

왕명을 받들어 당시 최고의 문인들이 지은 국사・왕사의 비문들은 당시 중앙 정치계와 사상계의 면모를 알려 준다. 그리고 지방에서 만들어진 불상과 종 등의 명문에서도 단편적이지만 당시의 사정을 알 수 있다. 즉 비문의 주인공인 승려, 글을 지은 이와 쓴 이, 음기에 나오는 승려들의 재가・출가제자 등의 이름과 관직・승계 및 불상・종의 명문과 음기를 통해 당시 사회의 변화를 짐작할 수 있는 것이다.

順, 1983, 「崔致遠의 佛敎關係著述에 대한 檢討」『韓國史硏究』 43 ; 崔源植, 1985, 「新羅 下代의 海印寺와 華嚴宗」『韓國史硏究』 48 ; 金相鉉, 1985, 「統一新羅時代의 華嚴信仰」『新羅文化』 2 ; 曺庚時, 1989, 「新羅 下代 華嚴宗의 構造와 傾向」『釜大史學』 13 ; 南東信, 1993, 「羅末麗初 華嚴宗團의 대응과 『(華嚴)神衆經』의 성립」『外大史學』 5.

한편 승려들의 입적연대와 비를 세운 연대를 비교해 보면 나말여초의 혼란했던 상황을 짐작할 수 있다. 순지 · 절중 · 행적의 경우 그들이 입적한 후 비문은 신라 왕의 명령에 의해 바로 작성되었지만, 비를 세울 여력이 없어 고려가 후삼국을 통일한 이후 세워졌다. 그리고 형미는 무주(武州)에 머물다가 912년 왕건과 함께 철원에 갔으나, 917년 궁예에게 피살되었다. 그 후 920년에 태조의 명으로 시호와 탑호가 주어졌지만, 946년에 가서야 건립되었다. 경유 · 여엄은 고려 태조에게 귀부하였는데, 나중에 입적한 여엄의 비가 먼저 세워진다. 이것은 태조와의 긴밀도도 관계가 있겠지만, 부도와 탑비의 건립에는 경제력뿐 아니라 많은 노동력이 동원되어야 했으므로 당시의 상황이 이를 허용하지 않았던 데 기인했다고 볼 수 있을 것이다. 다시 말하면 탑비가 세워지는 시기의 정치계와 불교계의 동향이 고려되어야 한다는 것이다.

따라서 승려들의 비문을 자료로 이용할 때에는 세심한 주의가 필요하다. 탑비는 승려들의 행적을 기리기 위해 세워진 것으로, 주로 제자들의 청에 의해 이루어졌다. 비문에서 주인공에 대한 미화가 행해졌음을 감안해야 할 것이며, 그 승려가 살았을 때의 위상 뿐 아니라 제자들의 활동상에 의해 세워지게 되는 경우도 있다. 또 승려들이 활동한 연대가 분명히 명시되지 않거나 결락된 부분이 많으므로, 그 해석에도 유의해야 한다. 그러나 금석문은 현재 남아있는 문헌사료가 전하지 않는 많은 사실들을 전하고 있다는 점에서 매우 중요한 자료라 할 수 있다.

(해제 : 김영미)

1. 廣照寺眞澈大師寶月乘空塔碑

1. 자료의 개요

1) 찬자 : 崔彦撝(추정)
   서자 : 李奐相
   각자 : 常信
2) 시기 : 天福 2년(고려 太祖 20, 937) 10월 20일
3) 있는 곳 : 黃海道 海州郡 錦山面 冷井里 廣照寺址
4) 규모
   ① 높이 : 228.8cm ② 폭 : 115.1cm ③ ?행×77자
   ④ 글자크기 : 2.4cm ⑤ 서체 : 楷書
   ⑥ 현상태 : 題額이 마멸됨.

2. 자료의 구조

1) 제액, 찬자, 서자
2) 서
   ① 도입 : 昔者 ~ 煥乎本籍
   ② 가계와 탄생연기 : 且曰 大師法諱利嚴 ~ 終無□□
   ③ 출가, 수행 : 年十二 ~ 寧止終年之懇
   ④ 중국유학 : 其後 情心問道 ~ 遍於吳漢
   ⑤ 귀국 및 교화 : 迺於天祐八年 ~ 皆如此類

⑥ 입적, 입비 과정 : 大師謂衆曰 ~ 直書其事

3) 명 : 銘曰 ~ 光禪宇

4) 입비 시기, 각자 : [天福二年] ~ 刻字 軍尹 常信

3. 眞澈大師(870~936) 연보

法諱 利嚴, 俗姓 金氏, 先代는 鷄林人. 父 章.

六祖慧能 ── 青原行思 ── 石頭希遷 ── 藥山惟儼 ── 雲岩曇晟 ─┐
└── 洞山良价 ── 雲居道膺 ── 眞澈利嚴

1세	경문왕 10	870	忠南 蘇泰(泰安)에서 출생
12세	헌강왕 7	881	迦耶岬寺 德良法師에게 출가
19세	진성여왕 2	888	本寺(迦耶岬寺) 道堅律師에게 구족계 받음
27세	진성여왕 10	896	入唐留學, 雲居道膺에게 인가받고 求道行脚
42세	효공왕 15	911	羅州 會津으로 귀국. 金海府 知軍府事 蘇律熙가 勝光山에 절을 짓고 머물게 함
46세	신덕왕 4	915	永同郡 남쪽 靈覺山에 머뭄.
?			太祖의 요청으로 개경의 泰興寺에 머뭄
?			舍那內院의 住持가 됨
63세	경순왕 6, 견훤 41, 태조 15	932	개경에 있으면서 생애를 마칠 땅을 물색, 태조가 해주 수미산에 廣照寺를 지어 거주케 함
67세	태조 19	936	五龍寺에서 입적
	태조 20	937	비가 세워짐

4. 교감자료

서울대 규장각 소장 拓本, 奎12544

劉燕庭 編, 1832,『海東金石苑』上 ; 1976, 亞細亞文化社, pp.209~222

李能和 編, 1918,『朝鮮佛敎通史』上, 寶蓮閣, pp.163~168 * 일부분은

생략되어 수록됨
朝鮮總督府 編, 1919,『朝鮮金石總覽』上 ; 1976, 亞細亞文化社, pp.125~130
許興植 編, 1984,『韓國金石全文』中世上, 亞細亞文化社, pp.280~286

5. 참고문헌

忽滑谷快天 著, 1930,『朝鮮禪教史』, 春秋社 ; 鄭湖鏡 譯, 1978, 寶蓮閣, pp.188~190
葛城末治, 1935,『朝鮮金石攷』, 大阪屋號書店, pp.287~291
崔柄憲, 1975,「羅末麗初 禪宗의 社會的 性格」『史學硏究』25
崔柄憲, 1978,「新羅末 金海地方의 豪族勢力과 禪宗」『韓國史論』4
추만호, 1992,『나말여초 선종사상사 연구』, 이론과 실천사
李智冠, 1993,「校監 譯註 海州廣照寺 眞澈大師 寶月乘空塔碑」『伽山學報』2

6. 원문교감

有唐 高麗國 海州 須彌山 廣照寺 故 教諡 眞澈大師 寶月乘空之塔碑銘 并序1)

門人 元輔 檢校2)尙書 左僕射 兼御史大夫 權知元3)[鳳省

1) 大師 寶月乘空之塔碑銘 并序 :『금석원』은 결락,『총람』은 12자 결락,『전문』은 '禪師寶月乘空之塔碑銘并序'라고 추정함.
2) 敎 :『총람』에는 '敎',『금석원』에는 '挍'.
3) 元 :『通史』에만 있으며, 모든 판본에는 결락.

事][4] □□□□[臣崔彦撝 奉教撰][5]

□□□□□□□□□□□□□□□□□□□□□ 臣李奐相 [奉][6]教[7]書 幷篆額

昔者, 肉身菩薩惠可禪師, 每聞老生談天竺吾師, 夫子說[8]西□□□□□□□□□□□□□□□□□□□□□□□□□□□[9]達[10]摩大師, 乃總持之林苑, 不二之川澤也. 於是, 遠賁祖法, □□[11]/梁而又遊化[12]魏朝, 往尋嵩岳. 非人不授, 始遇大弘, 因物表心, 付衣爲信, 猶亦優曇一現. 洎于五葉相承, 其道彌尊, 不令斷絶[13], 格於[14]大[15]鑒, 玄[16]學咸宗, 殊見所生, 信衣斯止.

---

4) [鳳省事] : 모든 판본에는 결락이나, 崔彦僞의 940년대 관직인 '太相 檢校尙書 前守執事侍郎 左僕射 兼御史大夫 上柱國 知元鳳省事 賜紫金魚袋'(「地藏禪院朗圓大師悟眞塔碑」)에 근거하여 추정.

5) [臣崔彦撝奉教撰] : 모든 판본에 결락이나 비문의 "彦撝才慙鸞石……" 으로 미루어 추정.

6) [奉] : 모든 판본에는 결락이나 내용상 추정.

7) 權知元[鳳省事]~臣李奐相 [奉]教 : 『금석원』은 '權知(下闕)/(上闕)元臣李奐相敬', 『전문』은 '權知(이하 34자 결) 臣李奐相□□□', 『총람』은 '權知(이하 34자 결) 臣李奐相□教'임.

8) 說 : 『금석원』에는 '言'.

9) □□□□~□□□□ : 『전문』에는 총 30자 결락, 『금석원』에는 4자 결락.

10) 達 : 『총람』에는 □.

11) □□ : 『총람』에는 □□□, 『拓本』에는 □□□□, 『금석원』에는 下闕.

12) 化 : 『전문』에는 '北'.

13) 信~不令斷絶 : 『총람』에는 21자 결.

14) 於 : 『총람』에는 '于'.

15) 大 : 『금석원』에는 '天'.

是故, 曹溪爲祖, 法水長流, 波□□□,/滔天浩浩, 猶魯公之政, 先奉文王, 康叔之風, 以尊周室. 則知當仁, 秀出者唯二, 曰讓曰思. 寔繁有徒, 蕃衍無極. 承其讓者大寂[17], 嗣其思者石頭, 石頭傳于藥山, 藥山傳于雲巗[18], 雲巗傳于洞山, 洞山傳于雲[19]/居, 雲居傳于大師, 傳法繼明, 煥乎本籍[20].

且曰,/ 大師法諱利嚴[21], 俗姓金氏, 其先鷄[22]林人也. 考其國史, 實星漢之苗. 遠祖世道凌夷, 斯盧多難, 偶隨萍梗, 流落態川. 父章, 深愛雲泉, 因寓富城之野, 故大師生於蘇泰. 相表多奇, 所以竹馬之年, 終無□□./

年十二, 往迦耶岬寺, 投德良法師, 懇露所懷, 求爲師事. 自此半年之內, 三藏備[23]探, 師謂曰, "儒室之顔生, 釋門之歡喜, 是知後生可畏, 於子驗之者矣," 則非久植宿因, 其孰能至於此, 然則母氏, 初於有娠[24],/ 夢[25]神僧來, 寄[26]青蓮, 永爲徵信, 則知

---

16) 玄 : 『금석원』에는 '元'.
17) 寂 : 『총람』·『전문』에는 '叔'.
18) 巗 : 『금석원』, 『전문』』에는 '巖'.
19) 于雲 : 『총람』에는 □□.
20) 籍 : 『금석원』에는 '藉'.
21) 嚴 : 『전문』에는 '巖'.
22) 鷄 : 『금석원』에는 '雞'.
23) 備 : 『전문』에는 '修', 『금석원』·『총람』에는 '脩'.
24) 娠 : 『拓本』에는 □.
25) 夢 : 『총람』·『拓本』에는 '□夢'.

絶塵合契, 懷日同符.

中和六年, 受具足戒於本寺道堅律師, 旣而油鉢無傾, 浮囊不漏. 桑門託位, 不唯守夏之勤, 草繫懸心, 寧止終年之懇.

其後情深問道, 志在觀方[27]. 結[28]/甁下山, 飛錫沿[29]海. 乾寧三年, 忽遇入浙使崔藝熙, 大夫方將西泛 侘[30]跡而西, 所以高掛雲颿, 遽超雪浪, 不銷數日, 得抵鄞江. 于[31]時 企[32]聞雲居道膺大師, 禪門之法胤也, 不遠千里, 直詣玄關. 大師謂曰, "曾[33]/別匪遙, 再逢何早." 師對云, "未曾親侍, 寧遵復來," 大師默而許之, 潛愜玄[34]契. 所以服勤六載[35], 寒苦彌[36]堅. 大師謂曰, "道不遠人, 人能弘道, 東山之旨, 不在他人, 法之中興, 唯我與汝, 吾道東矣, 念玆在玆."/ 師不勞圯上之期, 潛受法王之印, 以後嶺南河北, 巡禮其六窣堵波, 湖外江西, 遍參其諸善知識, 遂乃北遊恒岱, 無處不遊, 南抵[37]衡廬, 無山不抵[38], 謁諸侯而獻勅,

---

26) 寄 :『전문』에는 '奇'.
27) 方 :『금석원』에는 □.
28) 結 :『총람』에는 □,『拓本』에는 없음.
29) 沿 :『전문』·『금석원』·『총람』에는 '沿'.
30) 侘 :『전문』에는 '佤'.
31) 于 :『금석원』에는 '於'.
32) 企 :『총람』에는 □.
33) 曾 :『총람』·『拓本』에는 □.
34) 玄 :『전문』에는 '元'.
35) 載 :『전문』에는 '戴".
36) 彌 :『금석원』에는 '弥'.
37) 抵 : 탁본에는 '扺'.

投列國以觀風, 四遠參尋, 遍於吳漢.

迺於/天祐八年, 乘查[39]巨寖 達于[40]羅州之會津, 此際 大師, 一自維舟, 偏宜捨筏, 珍[41]重屛翳, 邐迤東征, 爰有金海府知軍府事蘇公律熙, 選勝光山, 仍修堂宇, 傾誠願海, 請住煙霞, 桃李無言, 稻麻成列, 一栖眞境/ 四換周星.

大師雖心愛禪林, 遁世無悶, 而地連賊窟, 圖身莫安, 所以亂邦不居, 於是乎, 在十二年, 途出沙火, 得到遵岑, 永[42]同郡南, 靈覺山北, 尋謀駐足, 乍此踟躕, 緇素聞風, 歸心者衆矣./

今上聞, 大師道高天下, 聲盖海東, 相對龍頤, 頻飛鶴版. 大師謂衆曰, "居於率土者, 敢拒綸音[43]. 儻遂朝天者, 須霑顧問. 付囑之故, 吾將赴都." 所以便逐[44]皇華, 來儀帝壤. 上重光大業, 仰止/高山, 所以修葺泰興, 請停慈盖.

粤以[45]明年二月中, 特遣前侍中權說, 太相朴守文, 迎入舍那[46]內院, 虔請住持. 無何迥餝[47]蘂宮[48], 高敷蓮座, 待以師資

38) 扺 : 탁본에는 '抳'.
39) 査 : 『전문』에는 '槎'.
40) 于 : 『전문』에는 '於'.
41) 珍 : 탁본, 『금석원』은 '珎'.
42) 永 : 『총람』에는 '今永'.
43) 音 : 『총람』에는 '言'.
44) 逐 : 『전문』에는 '遂'.
45) 以 : 『전문』에는 '二'.
46) 舍那 : 『총람』에는 '□那'.
47) 餝 : 『전문』·『금석원』에는 '飭'.

之禮, 恭披[49]鑽仰之儀, 猶如西域摩騰, 先陟漢皇之殿, 康/居僧會, 始昇吳主[50]之車. 遂以麈尾[51]發揮, 龍顔欣悅, 其於瞻仰, 偏動宸襟, 此時魚水增[52]歡, 不可同年而語哉. 他時乘閑[53]之夕, 略詣禪扉, 問[54]曰, "弟子恭對慈顔, 直申素懇, 今則國讐稍擾, 隣敵交侵, 猶似/楚漢相持, 雄雌未決, 至於三紀, 常俻二兇[55], 雖切好生, 漸深相殺. 寡人曾蒙佛誡, 暗發慈心, 恐遺玩寇之愆[56], 仍致危身之禍. 大師不辭萬里, 來化三韓, 救爇[57]崑崙, 昌言有待." 對曰, "夫道在心, 不在事, 法由/己, 不由人, 且帝王與疋[58]夫, 所修各異, 雖行軍旅, 且愍黎元. 何則王者, 以四海爲家, 萬民爲子, 不殺無辜之輩, 焉論有罪之徒, 所以諸善奉行, 是爲弘濟." 上乃撫机[59]歎曰, "夫俗人迷於遠理, 預懼閻摩, 至/如大師所言, 可與言天人之際矣" 所以救其死罪, 時緩虔劉, 憐我生靈, 出于塗炭, 此則[60]大師之化也. 其後大師, 自栖京輦, 頻改

---

48) 藥宮 : 『전문』에는 '藥宮'.
49) 披 : 『전문』·『총람』에는 '被'.
50) 主 : 『총람』에는 '王'.
51) 麈尾 : 『전문』에는 '摩尼'.
52) 增 : 『총람』에는 '□'.
53) 閑 : 『전문』·『금석원』에는 '閒'.
54) 問 : 『전문』에는 '門'.
55) 兇 : 『전문』에는 '凶'.
56) 愆 : 『전문』·『금석원』에는 '僁', 『총람』에는 '□'.
57) 爇 : 『총람』에는 '蓺'.
58) 疋 : 『전문』에는 '匹".
59) 机 : 『전문』·『금석원』에는 '機'.
60) 則 : 『금석원』에는 없음.

歲時, 每以注目山川, 欲擇終焉之地. 隱霧之志, 懇到聞天[61], 上莫/阻道情, 潛憂生別, 思惟良久, 久乃許焉. 大師臨別之閒[62], 特披悲感云, "仁王弘誓, 護法爲心, 遙垂外護之恩, 永蓄蒼生之福" 所以長興三年, 下敎, 於開京西北, 海州之陽, 遽擇靈峯, 爲構[63]精舍, 寺名廣照,/ 請以居之.

是日, 大師略領門徒, 就栖院宇, 學流盈室, 禪客滿堂, 若融歸北海之居, 疑惠結東林之社. 所以誨人不勌, 如鏡忘疲, 其衆如麻, 其門如市. 然則不資分衛, 唯免在陳, 此乃官莊, 則分錫三莊, 供/事則具頒四事, 況復近從當郡, 傍及隣[64]州, 咸發深心, 並修淨行, 則知花惟薝蔔, 如投寶樹之園, 林是栴[65]檀, 似赴菴蘿之會. 大師先[66]於踏地, 偹自銓[67]山. 師至魂交, 神來頂謁, 獻粲輸玉泉之供, 披誠指廬阜/之居. 其爲神理歸依, 皆如此類.

大師謂衆曰, "今歲法緣當盡, 必往他方, 吾與大王, 曩有因[68]緣, 今當際會, 須爲面訣, 以副心期," 便挈山裝, 旋臻輦下, 此時, 上蹔駈[69]龍旆, 問罪馬津. 大師病甚虛羸,/ 任特不得詣蝺[70]

---

61) 天 : 『전문』·『금석원』에는 '□天'이나 탁본으로 미루어 존경의 뜻으로 1칸 띄어쓴 듯 함.
62) 閒 : 『전문』·『총람』에는 '間'.
63) 構 : 『총람』·『전문』에는 '搆'.
64) 隣 : 『전문』에는 '鄰'.
65) 栴 : 『금석원』·『拓本』에는 '梅'.
66) 先 : 『전문』·『금석원』에는 '先來'.
67) 銓 : 『전문』에는 '餘', 『총람』·『금석원』에는 '銓'.
68) 因 : 『총람』·『금석원』에는 '囯'.
69) 駈 : 『금석원』에는 '驅'.

頭, 留語入[71]雞足有期, 豈惟昔在竺乾, 迦葉別闍王之恨[72], 曾於華夏, 伯陽辭關令之嗟而已矣哉. 明日肩輿到五龍山, 頤使招諸弟子云, "佛有嚴誡, 汝曹勉栴." 淸泰三年 八月十七日[73]中夜, 順/化於當寺法堂, 俗年六十有七, 僧臘四十有八. 于時日慘風悲, 雲愁水咽, 門下僧等, 不勝感慕, 俱切攀號. 以其月二十日, 奉遷神座於本山, 窆于寺之西嶺, 去寺三百步, 雅奉遺敎也. 士庶闐川, 香華溢谷/送終之盛, 前古所無者矣./ 上乃旋在省方, 忽聞遷[74]化, 爰切折梁之慟, 亦增亡鏡之悲. 自此特命親官, 遙申弔[75]祭.

大師風神天假, 智惠日新, 生知而衆妙會心, 宿植而玄機藏粹, 所以事惟善誘, 譚以微言, 引彼蒙泉, 歸於性海, 其奈/山輝川媚, 秀氣難逃, 故始自光山, 終於彌[76]嶺, 可謂栖遲兩地, 各分韞匵之珍[77], 戾止三河, 俱示摩尼之寶者矣. 傳業弟子處光, 道忍, 能[78]朏, 慶崇, 竝昇上足, 皆保傳心, 或早牽尼父之悲, 或堅護卜商之業./ 所恨寶塔雖聳, 洪銘未刊. 然則扣不朽之緣, 於在家弟子左丞相皇甫悌恭, 前王子太相王儒, 前侍中太相李陟良, 廣評

70) 螭 : 『전문』에는 '蝠'.
71) 入 : 『전문』에는 '人'.
72) 恨 : 『전문』에는 '憾'.
73) 日 : 『금석원』에는 없음.
74) 遷 : 『전문』에는 '僊'.
75) 弔 : 『전문』·『금석원』에는 '吊'.
76) 彌 : 『금석원』· 탁본에는 '弥'.
77) 珍 : 『탁본』, 『금석원』에는 '珎'
78) 能 : 『총람』·『전문』·『금석원』에는 '貞'.

侍郎鄭承休, 俱早調夏鼎, 常艤殷舟, 誠仁國之金湯, 亦法城之墻壍, 與昭玄[79]大統教/訓, 斷金相應, 深感法恩, 請贈大名, 以光禪敎, 詔曰可, 故追謚眞澈大師, 塔名寶月乘空之塔, 申命下臣, 式揚高躅. 彦撝才慙鸑石, 學謝螢光, 以有限微才, 記無爲景行, 杳猶行海, 難甚緣山, 潛測/高深, 莫知涯際. 爰有門徒玄照上人, 夙傳金口, 親奉玉音, 因趣龜文, 數臨蝸舍, 所以得於無得, 聞所未聞, 譬涼月之遊空, 如猛[80]飆[81]之掃靄, 唯以敢[82]陳厚旨, 齊贊成功. 所冀翠碣披文, 感國主亡師之恨[83], 豊/碑相質, 嗟門人絶學之愁, 言莫愼諸, 直書其事.

銘曰,

禪宗之胤 代代堂堂,
人中師子 世上法王.
玄關闈閾 覺路津梁,
遠從天竺 來化海鄉.

偉矣吾師 生於[84]遼左,
何陋之有 豈論夷夏,

79) 玄 : 『금석원』에는 '元'.
80) 猛 : 『총람』에는 '□'.
81) 飆 : 『전문』에는 '飈', 『금석원』에는 '風'.
82) 敢 : 『전문』에는 '數', 『금석원』에는 '數'.
83) 恨 : 『전문』・『금석원』에는 '憾'.
84) 於 : 『금석원』에는 '于'.

氷姿雪膚 言說溫雅.

乘査兮 雪浪中,
問道兮 雲居下./

命之入室 仍以傳心,
栖遲道樹 偃仰禪林.
鯨津返[85]棹 忽愚知音,
便昇金殿 欽仰殊深.

卜地海壖[86] 曹溪接武,
唯我導師 謂之慈父,
忽歎泥洹 天收法雨.

贈謚兮 感法恩,
流慈兮 光禪宇./

淸泰四年 十月 二十日立 刻字 軍尹 常信

(원문교감 : 심재석)

85) 返 : 『전문』에는 '近'.
86) 壖 : 『전문』에는 '壛'.

2. 瑞雲寺了悟和尙眞原塔碑

1. 자료의 개요

1) 찬자 : ?
   서자 : ?
   각자 : 帝釋院의 승려
2) 시기 : 淸泰 4년(高麗 太祖20, 937) 8월 17일
3) 있는 곳
   원소재지 : 京畿道 開豊郡 嶺南面 仵程里 坪村洞 瑞雲寺 옛 터
   현위치 : 국립박물관
4) 규모
   ① 높이 : 108cm ② 폭 : 105cm ③ 두께 : 22cm
   ④ X행×X자 ⑤ 글자크기 : 2cm ⑥ 서체 : 해서체
   ⑦ 현상태 : 비신의 상반부만이 존재.

2. 자료의 구조

1) 제액, 찬자, 서자 : ?
2) 서
   ① 도입 : ? ~ 有而不有 ~ ?
   ② 가계와 탄생연기 : 和尙 ~ 必表殊常
   ③ 출가, 수행 : 已至十歲 ~ 孰能致感如此也

④ 중국유학 : 洎乎大中十二年 ~ 不吾說……重~?

⑤ 귀국 및 교화 : ? ~ 鯨經指路 ~ 謂優曇 ~?

⑥ 입적, 입비 과정 : ? ~ 滅~ 敢作銘云

3) 각자 : 引駕賜紫大德 ~ ?

4) 후기 : 國主大王 ~ 維那僧?

3. 了悟和尙(?~?) 연보

諱 順之, 俗姓 朴氏, 浿江人, 父 ?, 대대로 邊將, 母 昭氏.

六祖慧能 ── 南嶽懷壤 ── 馬祖道一 ── 百丈懷海 ── 潙山靈祐 ─

└ 仰山慧寂 ── 了悟順之

20세?			오관산에 출가해 속리산에서 구족계 받음
?	헌안왕 2	858	중국가는 사신을 따라 入唐 유학. 앙산 혜적의 문하로 들어감
?			귀국
?	경문왕 14, 헌강왕 1	874, 875	원창왕후와 그 아들인 위무대왕이 오관산 용암사에 머물게 함
?	헌강왕 2, 3	876, 877	절을 그 옆으로 옮겨 증축함
?	헌강왕 11	885	왕의 죽음에 문인을 보냄
?	진성여왕 7	893	경주에 감
65세?			입적. 법랍은 42

4. 교감자료

黃壽永 編, 1976, 『韓國金石遺文』, 一志社, pp.92~97

許興植 編, 1984, 『韓國金石全文』 中世上, 亞細亞文化社, pp.286~290

『景德傳燈錄』 卷12, 新羅國順支禪師

『祖堂集』 卷20, 瑞雲寺和尙順之

서울특별시, 1987, 「七, 寂照寺了悟和尙碑」『서울金石文大觀』, pp.53~58 *음기부분만 나옴

5. 참고문헌

김두진, 1973, 「了悟和尙 順之의 禪사상」『歷史學報』65, pp.1~52
김두진, 1975, 「了悟和尙 順之의 '相'論」『韓國史論』2, 서울대 국사학과, pp.81~113
許興植, 1986, 「禪宗 九山派說의 批判」『高麗佛敎史硏究』, 일조각, pp.145~178

6. 원문교감

瑞雲寺 了悟和尙 眞原塔碑[1)]
……不可泪[2)] 有而不有[3)]……

和尙 諱順之 俗姓朴氏 泪江人也. 祖考 並家業雄豪 世爲邊將 忠勤之譽[4)] 遺慶在鄕. 母昭氏 柔範母儀 [芬芳閭里, 懷娠之-日 頻夢吉祥, 免服之時 卽多異瑞, 昔賢] 知此 今又徵焉.

及乎竹馬之期 漸有牛車之量, 凡爲嬉戱 必表殊常. 已至十歲 精勤好學/ [屬詞詠志 卽見凌雲 剖義談玄 如同照鏡. 旣]登弱

1) 이하 [ ] 부분은 『조당집』과 중복되는 내용을 이용하여 복원한 것임.
2) 泪 : '則'일 가능성이 있다.
3) 而不有 : 『전문』에는 '之兵者'가 들어 있으나 잘못 들어간 것이다.
4) 『전문』에는 이후 '之兵者'가 나오나 이는 주 3과 마찬가지이다.

冠 道牙早熟5) 厭6)處喧7)華之地 長遊靜默之中. 遂乃懇告二親將隨緇侶, 志不可奪 [所天容許. 便投五冠山剃髮, 仍適俗離山受具足戒, 行同結草 心比]/護鵝. 因遊公岳山8), 忽遇神人邀請化城 宮闕9)[若兜率天 說法應緣 焂焉殄滅. 若非德至行圓 孰能致感如此也. 洎乎大中十二年 私發誓願 擬遊]/上國. 隨入朝使 利涉雲溟 乘一隻之船 過萬重之浪 [曾無懼念 不動安禪. 逕到仰山慧寂和尙處 虔誠禮足 願爲弟子. 和尙 寬爾笑曰 來何遲 緣]/何晩 旣有所志 任汝住留 大師不離左右 [諮稟玄宗 若顔回於夫子之下 如迦葉於]釋尊之前 彼中禪侶 皆曾10)歎伏. 忽一日 傳於我師 師資相承 綿綿不絶矣. 禪師不…… 滯在萬劫悟者 覺在刹那 見在汝心 不吾說重……鯨經 指路鼈11)峯 却到故園 大開禪教 寶月朗慈燈……/ [乾符初 松岳郡 女檀越] 元昌王后 及子/威武大王 施五冠山龍巖12)寺, 便往居焉. 寺卽海內名區 中……[今改瑞雲寺也] 乾符中 欲[廣]13)寺宇 地僻隘去舊基一里 別卜吉祥之[地]14) 治丘隴……. 景文大王 頻降御

5) 熟 : 『전문』에는 '熱'.
6) 厭 : 『전문』에는 '默'.
7) 喧 : 『전문』에는 '宣'.
8) 山 : 『조당집』에는 결락.
9) 闕 : 『전문』에는 '關'.
10) 曾 : 『전문』에는 '僧', 『조당집』·『유문』에는 '增'
11) 鼈 : 『전문』에는 '鼇'.
12) 巖 : 『전문』에는 '嚴'.
13) [廣] : 모든 판본에는 없으나 내용상 추정.
14) [地] : 모든 판본에는 없으나 내용상 추정.

書 恭申瞻仰……. 獻康大王 親承[15]法化 長奉尊嚴. 摩登入洛之年 僧會遊吳[16]之日 語其遭遇 彼實多慙矣./ 煥與日月以爭輝 荷戴恩光 古今難疋. 忽於中和歲傳聞 先上[17] 僊[18]化/ 齋[19]仍遣門人 賚持金玉 助□□□□[20]法恩也 景福二年三月 應敎赴京 對揚金(口?)…… 君王仰敬 士庶歡忻 謂……佛日之再中 謂優曇 洋……滅 享年六十五 僧臘[21]四…… 心神鑒肇 自寬素果又…… 法 大[22]德俊空 故俱…… 前王 道逾軒后 德洽…… □進狀. 先師久居 國□大…… 今上 德俟[23]舜禹 恩洽乾坤 尊奉釋…… 山河而永久, 輒課蕪詞 敢作銘云…… 超哉大士 頓悟玄門, 如燈破暗 似月開昏 多生勝……濟人. 寰燓尒化終 悠然長往 世界悲凉…… 臣惻愴 高山已頹 吾將安仰雀……[24] 之天壤[25]…….

引駕賜紫大德 帝釋院 釋……

15) 承 : 『유문』에는 '兼'.
16) 吳 : 『전문』에는 '呈'.
17) 上 : 『유문』에는 '大'.
18) 僊 : 『유문』에는 '遷'.
19) 齋 : 『전문』에는 '齊'.
20) □□ : 『전문』에는 없음.
21) 臘 : 『전문』에는 '服'이나 '臘'의 착오인 듯하다.
22) 大 : 『전문』에는 '人'이나 『유문』에 따랐다.
23) 俟 : 『전문』에는 '侔'.
24) 『전문』 등에는 마멸로 처리되어 있지 않으나 내용상 마멸된 것으로 추정.
25) 壤 : 『전문』에는 '壞'.

國主大王 重修 故了悟和尙碑銘 後記

如羆縣 制置使 元輔 檢校尙書 左僕射兼御史大[夫][26)]……

盖聞周室臨軒 克奉嚴師之道, 漢朝革命 勤修尊祖之風. 由是自綰丞[27)]圖 高懸寶歷之…… 伏惟 大王殿下 日□[28)]呈祥 龍顔演慶 懷濟世安民之妙略 蘊存亡繼絶之英謀. 故得福地……/ 北闕居尊 東溟脚[29)]極. 於是 外域申歸王之貢 中華獻賀聖之儀 遂使□……/ 赴塗山之會 三千列國 共尋踐土之盟. 所以鼈岫遭殃 馬津問罪 恭行天□……/ 棄[30)]甲 披束手以牽羊. 是以 高仗靈威 暫勞神用 先鎖元惡 似魏皇滅蜀之時[31)] 以五流有宅 百度惟貞. 此皆祖妣宿植善因 先君生儲陰德 慈流遺裔 福被後昆. 於是 嘗讀吳書 夙窺……元 三世榮居 皇帝之尊. 以此 自祖考尊靈 無[32)]於高廟 謹依謚法 俱以加…… 威武大王 命世雄才 凌雲逸氣 蓄優國忘家之志 堆[33)]弔民伐罪之懷 加以肅設仁祠. □/先和尙 道冠楞伽 名高華夏 新佩仰山之印 廻[34)]揚迦葉之宗 洎乎廻棹天池 擔簦日……[35)]/ 聖考大王 遙侯慈軒 遽趍道左

26) [夫] : 모든 판본에는 없으나 내용상 추정.
27) 丞 : 『대관』에는 '丕'.
28) □ : 『대관』에는 '負'.
29) 脚 : 『대관』에는 '御'.
30) 棄 : 『대관』에는 '弃'.
31) 時 : 『대관』에는 '時一……'.
32) 無 : 『대관』에는 '兼'.
33) 堆 : 『대관』에는 '推'.
34) 廻 : 『대관』에는 '迴'.

傾盖而情同入室 攝齋而禮甚迎門 是則……[36] 伏以 元昌王后 請住五冠龍巖[37] 永爲禪那別館 是以 便停寶蓋[38] 尋駐禪林 豈啻境壓鯨波讓 輿[39]王之嶺 群賢畢集 衆彦咸臻 豈謂浿水興兵 遼陽動旅 英雄鼎立[40] 群[41]邑盤 和尙難……保雲泉 便遵塵路 幾經虎窟 獲托雞林. 旋屬三歲 食貧四郊 多壘肯謀. 駐足海之居 實……[42]憐滿座. 無何 忽因寢疾 以及大期. 于時 紺馬騰空 白虹貫日. 門下以玆失……[43]. 多是入唐 少於歸本 雖靈櫬已還 於舊址 而法堂久掩於玄關 幸遇電□[44]……./ 有上足弟子 令光 禪師 常護頂珠 早傳心印 想慈顔而欽恨 思法乳而□□/. 聞於 宸鑒 仍命惠雲上人云 虔札是碑…… 不項[45]牢讓 切以恭承睿 旨 敬以□……/ 諳鈞國王師之化 欻祛鐵鍱[46] 感降魔佛道之威 至乎資子及孫 化家從[47]……[48] 師伯之恩 此碑製自辰韓 曾題

---

35) …… :『전문』에는 □.
36) …… :『전문』에는 '□廬'.
37) 巖 :『전문』에는 '嚴'. 『유문』에는 '巗'.
38) 蓋 :『유문』에는 '盖'.
39) 輿 :『전문』에는 '典'.
40) 立 :『전문』에는 '立五'.
41) 群 :『전문』에는 '郡'.
42) …… :『전문』에는 없음.
43) …… :『전문』에는 없음.
44) □ :『대관』에는 '掃'.
45) 項 :『대관』에는 □, 『유문』에는 '□(項)'.
46) 鍱 :『유문』·『전문』에는 '鏶'.
47) 從 :『유문』에는 '徙'.
48) …… :『전문』에는 없음.

國諱 昨因奉詔 須補追尊 合遵周……[49]/裏 咸依軌轍 並著簡編 今則日月重明 乾坤再造 到處則萬民安樂 所居則九穀[50]……/ 吐鳳 昔歲而杏園攀桂 玆辰而花縣駐蓬 一昨叨奉綸音[51] 謬裁記事所冀俻[52] ……慕之情 則必永挂釋門 以光僧史 謹記.

清泰四年 八月 十七日記

院主僧 玄及 典座僧 朗虛 維那僧 □……

(원문교감 : 김인호)

49) …… : 『전문』에는 없음.
50) 穀 : 『유문』에는 '□(穀)'.
51) 音 : 『전문』에는 '言'.
52) 俻 : 『대관』에는 '備'.

3. 菩提寺大鏡大師玄機塔碑

1. 자료의 개요

1) 찬자 : 崔彦撝
   서자 : 李桓樞
   각자 : 崔文尹
2) 시기 : 天福 4년(고려 태조 22, 939) 4월 15일
   * 음기는 天福 7년(고려 태조 25, 942) 5월 28일에 새김
3) 있는 곳 : 원래 京畿道 楊平郡 龍門面 延壽里 菩提寺址에 있었으나 현재는 국립중앙박물관 서편 뜰에 있음
4) 규모
   ① 높이 : 175.7cm ② 폭 : 86.4cm ③ 31행×58자
   ④ 글자크기 : 2.4cm ⑤ 서체 : 楷書
   ⑥ 현상태 : 좌측 상단이 깨져 있고 중반에 파인 부분이 몇 군데 있으나, 전체적으로 보존 상태가 양호함.

2. 자료의 구조

1) 제액, 찬자, 서자 : 高麗國 ~ 并篆額
2) 서
   ① 도입 : 釋氏之宗 ~ 此之謂歟
   ② 가계와 탄생연기 : 且曰 大師 ~ 未幾而娠大師焉

③ 출가, 수행 : 生而能言 ~ 服膺數歲

④ 중국유학 : 由是 擲守株之念 ~ 方諧採玉之符

⑤ 귀국 및 교화 : 大師 雖則觀空 ~ 大師乃許之

⑥ 입적, 입비 과정 : 以同光七年 ~ 深愧斐然

3) 명 : 銘曰 ~ 雷振法音

4) 입비 시기, 각자 : 天福四年 ~ 奉敎刻

5) 음기 : 依志大師 ~ 卄八日刻

3. 大鏡大師(862~930) 연보

諱 麗嚴, 俗姓 金氏, 鷄林人, 藍浦에 이주하여 거주, 父 思義, 母 朴氏

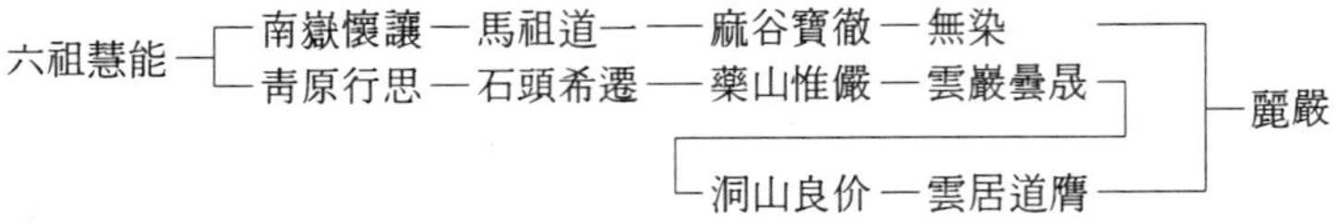

1세	경문왕 2	862	출생
9세	경문왕 10	870	無量壽寺의 住宗法師에게 출가함
19세	헌강왕 6	880	구족계를 받음
?			嵩嚴山 廣宗大師(낭혜화상)의 제자가 됨
26세	진성여왕 1	887	廣宗大師의 입적으로 그후 성주사를 떠나게 됨
?			靈覺山 深光和尙(낭혜화상의 수제자)에게 수년 간 師事
?			入唐 遊學하여 雲居 道膺大師를 만남
48세	효공왕 13	909	7월 武州 昇平郡으로 귀국함
?			국내를 유력함(월악 - 내령 - 미봉 - 소백 - 기주). 知基州諸軍事 上國 康公萱이 歸依함
?			太祖가 입조를 청함. 菩提寺를 하사하여 주지케 함

68세	태조 12	929	11월 28일 병이 듬
69세	태조 13	930	2월 17일 보리사 법당에서 입적함. 春秋 69, 僧臘 50. 同 19일에 □□□의 서쪽 300여 보에 장례지냄
	?		傳業弟子인 融闡, 昕政 등 500여 인의 요청으로 왕이 시호를 大鏡大師, 塔名을 玄機之塔이라 함
	天福 4, 태조 22	939	입적한 지 10년이 되는 이 해에 임금이 崔彦撝에게 비문을 찬술케 하면서, 문인인 李桓樞에게 글씨를 쓰게 하고, 대사의 제자인 京內人 崔文尹에게 비문을 새기게 하여 4월 15일 비를 세움.
	天福 7, 태조 25	942	음기를 새김

4. 교감자료

劉燕庭 編, 1832,『海東金石苑』上 ; 1976, 亞細亞文化社, pp.222~231
李能和, 1918,『朝鮮佛教通史』上, p.186
朝鮮總督府 編, 1919,『朝鮮金石總覽』上 ; 1976, 亞細亞文化社, pp.130~134
許興植 編, 1984,『韓國金石全文』中世上, 亞細亞文化社, pp.291~296

5. 참고문헌

忽滑谷快天, 1930,『朝鮮禪教史』, p.130
葛城末治, 1935,『朝鮮金石攷』, pp.291~295
今西龍 提出,『朝鮮總督府大正五年度 古蹟調査報告』
鮎貝房之進,『雜攷』제6집 상권

6. 원문교감

高麗國 彌智山 菩提寺 故 教諡 大鏡大師 玄機之塔碑銘 幷

序

太相 檢校尙書 左僕射 兼御史大夫 上柱國 臣 崔彦撝 奉敎撰

門人 正朝 上柱國 賜丹金魚袋 臣 李桓樞 奉敎書 幷篆額

釋氏之宗 其來久矣. 伽譚日甚 聖[1]道天開, 然則八萬度門 重光三昧[2] 莊[3]嚴佛土 成就衆生. 最[4]後涅槃之時 付囑之故, 獨以法眼 授於飮光. 迦葉奉以周旋/ 別行於世. 至於鞠多 偏能守護 彌闡斯宗, 目擊道存 不勞口舌. 不可以多聞識 不可以博達知. 爰有達摩 從此來儀 本求付法, 惠可傾誠雪立 㷟[5]以傳心./ 其後法水東流 慈雲普覆. 由是漕溪之下 首出其門者 曰讓 曰思. 思之嗣遷, 遷之嗣徹, 徹之嗣晟, 晟之嗣价, 价之嗣膺, 膺之嗣大師. 故其補處相懸 / 見諸本藉, 人能弘道 此之謂歟.

且曰/ 大師 法諱麗嚴 俗姓金氏 其先雞林人也. 遠祖出於華胄 蕃衍王城, 其後隨宦西征 徙居藍浦. 父思[6]義 追攀祖德 五柳逃名. 母朴氏 嘗以晝眠 得其殊夢/ 驚覺而靈光滿室, 未幾而

---

1) 聖 : 『전문』에는 ‘聖’이 없음.
2) 昧 : 『전문』에는 ‘味’.
3) 莊 : 『금석원』에는 ‘㽵’, 『총람』에는 ‘庄’.
4) 最 : 『총람』에는 ‘㝡’.
5) 㷟 : 『전문』에는 ‘熨’.
6) 思 : 『총람』에는 ‘□’.

娠大師焉.

生而能言 弱不好弄. 年登九歲 志切離塵, 父母 不阻所求 便令削染. 往無量壽寺 投住宗法師. 初讀雜華/ 屢經槐柳, 所貴半年誦百千偈 一日敵三十夫. 廣明元年 始具大戒, 其於守夏 草繫如囚. 然而漸認敎宗 覺非眞實, 傾心玄境 寓目寶林. 此時 西向望嵩/嚴山, 遠聞有善知識, 忽携甁錫 潛往依焉. 廣宗大師 始見初來, 方聞所志 許爲入室. 數換星霜 光啓三年冬 大師寂滅. 其後 不遠千里 邐迤南[7]/行, 至於靈覺山中 虔謁深光和尙, 是大師師兄長老也. 早蘊摩尼 人中師子, 以爲崇嚴之嗣 學者咸宗. 然則桃李成蹊 其門如市, 朝三暮四 虛往實歸./ 大師 師事殷勤[8] 服膺數歲.

由是 擲守株之念[9] 抛緣木之心. 挈甁下山 沿其西海, 乘査之客 邂逅相逢. 託足而西 謚凌巨霮, 珍重夷洲之浪 直衝禹穴之煙./ 此時 江表假辻[10] 次於洪府, 行行西上 禮見雲居. 大師謂曰 "戱! 別匪遙 相逢於此, 運斤之際 猶喜子來." 吾師 問義不休 爲仁由己[11]. 屢經星紀 寒苦/彌堅, 已[12]抵驪困 得認探珠之

7) 南 : 원 비문과 『금석원』에는 깨져 있음.
8) 勤 : 『전문』에는 '動'.
9) 念 : 『전문』에는 '志'.
10) 辻 : 『전문』에는 '苑'.
11) 己 : 『전문』에는 '已'.
12) 已 : 『금석원』에는 '以'.

契, 仍登鳥徑 方諸採玉之符.

大師 雖則觀空 豈[可]忘本[13]. 忽念歸歟之詠 潛含暮矣之愁. 欲別禪尻 先陳血懇, 大師謂曰/ "飛鳴在彼 且莫因循. 所冀 敷演眞宗 以光吾道. 保持法要 知在汝曹." 可謂 龍躍天池 鶴歸日域, 其於來往 不失其時. 以此 傳大覺之心 佩雲居之印, 重超/鯨水 再至鯷岑. 此時 天祐六年七月, 達于武州之昇平.

此際 捨筏[14]東征 抵于月嶽, 難謀宴坐 不奈多虞. 窺世路以含酸 顧人間[15]而飮恨[16]. 雖攀依水石 而漸/近煙塵, 路出奈靈 行臻佳境, 望彌峯而隱霧 投小伯以栖霞. 爰有知基州諸軍事 上國 康公萱, 寶樹欽[17]風 禪林慕道. 竊承大師 遠辭危國 來到樂郊, 因/傾盖以祇迎 每攝齋而問訊, 歸依禪德 倍感玄風. 知是鳴鶴在陰 衆雛相應, 白雲扶日 佳氣表祥.

東望之時 頻窺靈瑞, 寧踰數日 謹具聞天./ 今上 聞大師道冠中華 名高兩地, 遽飛鳳筆 徵赴龍墀. 越一年 欻出巖扃[18] 來儀玉輦. 上忽披離日 情在下風, 鑽仰之深 異於他等. 蕭武之尊崇/釋敎 不可同年而語哉. 中間蹔自歸山 重脩遺址, 不久 特令貴

13) 豈[可]忘本 : 『전문』에는 '豈□忘木', 『총람』에는 '豈□忘本', 『금석원』· 비문에는 '豈　忘本'.
14) 筏 : 『총람』에는 '茷'.
15) 間 : 『총람』에는 '閒'.
16) 恨 : 『전문』에는 '憾'.
17) 欽 : 『총람』·『전문』에는 '飮'.
18) 扃 : 『전문』에는 '肩'.

使 虔請入朝. 於是 難拒芝泥 再昇蘭殿. 披雲之際 奉對龍顔曰 "國富民安 不讓於骨庭/之境. 堯仁舜德 唯侔於華夏之朝." 上 對曰 "三五之時 太平之運, 寡人虛薄 何以當之." 仍念故山 去 京猶遠, 捨菩提寺 請以住持. 此際 深感聖恩 往/而停駕. 其寺 也 山川勝美 志有終焉. 所以 從善之徒 不呼而集, 誨人不勌 善誘孜孜[19]. 有人問 "大師酌盡淸流時 如何." 師答 "盡後事作 摩生." 對曰 "豈同/淸流者." 大師乃許之.

以同光七年 十一月 二十八日 示疾, 明年 二月 十七日 善化 於法堂, 春秋六十有九 僧臘五十. 于時日慘風悲 雲愁水咽. 天 人痛/[哭][20] 道俗摧傷. 況又紺馬騰空 靑烏卜地, 歸寂之瑞 前 古罕聞. 上欻聽泥洹 潛增慟哭, 特令弔贈 禮重國師. 門人僧等, 以其月 十九日 共擧靈龕, 入于/□□□之西隅三百餘步. 傳業 弟子 融闡·昕政等 五百來人, 恭敍遺德 表以上聞, 諡曰 大鏡 大師, 塔名 玄機之塔.

噫! 大師 璞玉呈祥 渾金演慶,/ 志無抵俗[21] 言不由機, 終身 有布衲[22]之名 後世欽緼袍之譽. 遊方施化 赴國觀光. 然則楚問 江萍 便引童謠之答, 齊諮海棗 方徵國語之訓[23]. 其爲時所歸依

---

19) 孜孜 : 『전문』에는 '孜'.
20) [哭] : 모든 판본에는 '□'.
21) 志無抵俗 : 『총람』에는 '□□□□'.
22) 衲 : 『총람』에는 '納'.
23) 訓 : 『전문』에는 '訓'.

/ 皆如此類也[24]. 此際他山之石 未勒高文, 所以 門徒每度傷心 莫窺墮淚, 所恨 泊于入滅 首尾十春. 下臣 頃[25]歲 幸謁堯堦 仍居董社[26], 蓬飄風急 桂老霜沈, / 豈期捧瑤檢於□門[27] 銘石墳於蓮宇. 叨因代斲[28] 恐貽傷手之憂, 實類編苫 甘受解頤之誚. 雖粗窮故實 莫測高深, 而聊著斯文 纔陳梗概. 强搖柔翰 深愧/斐然[29].

銘曰[30]

[釋氏][31]立教　迦葉傳心,
東山之法　遠[流][32]雞林.
幾經年代　來抵鼇潯,
雲居之子　雷振法音./

天福四年 歲次己亥 四月 十五日 立.

---

24) 皆如此類也 :『총람』에는 '□□□□□'.
25) 頃 :『전문』에는 '項', 비문에는 '湏'.
26) 『전문』에는 '壄', 『금석원』과 비문에는 '埜'.
27) 豈期捧瑤檢於□門 :『총람』에는 '□□□□□□□門', 『금석원』에는 '豈期捧瑤檢於□□', 『전문』에는 '豈期捧瑤檢於□'.
28) 斲 : 비문에는 '斵', 『전문』에는 '亞'.
29) 斐然 :『총람』에는 '□□'.
30) 銘曰 :『총람』에는 '□□'.
31) [釋氏] :『전문』·『총람』·『금석원』· 비문에는 '□□'.
32) [流] :『전문』·『금석원』에는 '⿴囗米', 『총람』· 비문에는 '⿷匚米'.

弟子 京內人 崔文尹 奉敎刻./

【 陰記 】 33)

依志大師 道・俗弟子, 三剛, 幷/刻者等 列34)名如後/

道弟子/
院持主人 昕政 第一坐僧 連育/
政法大統 / 尹然大德・潤行大德/
都考當事僧 寬寂 幸倫/
門下弟子 刻者 聰惠 莊超 定岑/
鐵匠令 聰敏/
持客僧 仁慧 契琛/
三剛典/
院主僧 義全 唯那僧 莊超/
典坐僧 專昭 直歲僧 專超/
在家弟子/
佐丞公萱 元甫貞順 元尹里仁/
正朝與一 正朝仁封 正衛藝言/
村主宣乂 執事義謙 行者豆休/

---

33) 음기는 『금석원』에는 없고 『총람』・『전문』에 근거함.
34) 列 : 『총람』・비문에는 '烈'.

鐵匠 仲源府人 香淵./

俗弟子 奂規/

天福七年 歲次壬寅 五月 卄八日 刻

(원문교감 : 윤영호)

4. 毗嚧庵眞空大師普法塔碑

1. 자료의 개요

1) 찬자 : 崔彦撝

　서자 : 李桓樞

　각자 : 崔煥規

2) 시기 : 天福 4年(高麗 太祖 22, 939) 8월 15일

3) 있는 곳 : 慶尙北道 榮豊郡 豊基面 三街里 毗嚧矑庵

4) 규모

　① 높이 : 186cm　　　② 폭 : 101.5cm

　③ 앞면 31행×69자로 추정, 뒷면 14행×17자

　④ 글자크기 : 題額은 8.2cm 篆書, 앞면은 1.8cm 楷書,
　　뒷면은 2.7cm 楷書

　⑤ 서체 : 구양순체, 해서

　⑥ 현상태 : 碑身이 잘림. 상부와 하부의 오른쪽 부분이 깨어져 없어짐.

2. 자료의 구조

1) 제액, 찬자, 서자

2) 서

　① 도입 : □□ ~ 可得而言

② 가계와 탄생연기 : [大師法諱] ~ 大中九年 四月十八日誕生
③ 출가, 수행 : 生有聖姿 ~ 忽窺白日之銘
④ 교화 : 其[後]□ ~ 付法忽歎
⑤ 입적, 입비 과정 : 尋因微疾 ~ 故實粗著鮮文

3) 명 : 銘曰 ~ □□□□
4) 입비 시기, 각자 : 歲次己亥 ~ 刻者崔煥規
5) 음기 : 小伯山大師臨遷化之時遺誡

3. 眞空大師(855~937) 연보

諱 □運, 俗姓 金氏, 鷄林人. 祖父 珊珎, 執事侍郎 역임, 父 確宗, 司兵員外 역임, 母 薛氏.

善融 —— □運

1세	문성왕 17	855	4월 18일 태어남
?			출가, 가야산 선융화상을 스승으로 모심
20세	경문왕 14	874	가야산 수도원에서 구족계를 받음
?			선융화상과 이별
?			도의대사가 있었던 진전사 순례
?			왕경을 거쳐 김해로 감(王能長, 崔善弼과 만남)
?			소백산사에 머물며 태조와 만남
83세	태조 20	937	2월 개경에 가서 태조와 재상봉. 옛산에 다시 옴. 9월 1일 입적. 전법제자 玄讓・行熙禪師 등 400여 인
	태조 22	939	비가 세워짐

4. 교감자료

서울대 규장각 소장 탁본, 奎12545
朝鮮總督府 編, 1919, 『朝鮮金石總覽』上, 亞細亞文化社 ; 1976, pp.134

~140
趙東元 編, 1983,『韓國金石文大系』3, pp.68~71
許興植 編, 1984,『韓國金石全文』中世上, 亞細亞文化社, pp.296~303

5. 참고문헌

李智冠, 1994,「풍기 비로암 진공대사 보법탑비문」『校勘譯註 歷代高僧碑文』高麗編 1, 伽山文庫, pp.100~130

6. 원문교감

故眞空大師碑(題額)

上柱國 臣 崔彦撝奉 敎撰

□□□□兵部大監 上柱國 賜丹金魚袋 臣 李桓樞奉 敎書幷篆額

□□ □□□□□, □□泥洹之早, 龍華曠主人, 天傷補處之遲. 於是 天竺阻脩, 雪山遼敻, 久經綿載, 猶隔伽譚, 則知昔日聖王幾覩埋郊之記, 當時明帝方諧應夢之[1]徵. 所以上士聯/□□□□□, □□來臻於震旦, 道流隱遁於邊陲. 以此稍淨玄情, 希窺法眼. 爰有應眞菩薩圓覺大師, 東入梁朝, 北遊魏境. 此際 始逢惠可, 因呈捐臂之誠, 再付楞伽, 便授傳心之要./ □□□□□

1) 之 :『전문』에는 빠져 있으나, 탁본에 의하면 누락되었다.

□, 其道彌尊, 然則六代開宗, 重光正胤. 枝幹之相持鬱茂, 英華之共發芳菲, 至於南岳繼明, 江西旁午, 當仁不讓, 可得而言./

[大師法諱][2]□運, 俗姓金氏, 鷄林人也. 其先降自聖韓, 興於那勿, 本枝百世, 貽厥嘉猷. 大父珊珎, 累官至本國執事侍郎, 父確宗, 歷任[3]至本國司兵員外, 俱揚祖德, 克紹家聲. 母薛[4]氏, 嘗/□□□□期孕秀, 寐[5]窺塵[6]尾, 仍得殊祥, 大中九年四月十八日誕生.

生有聖姿[7], 弱無兒戲. 齒登日[8], 悼天蔭云 '亡何怙之悲', 每增泣血, 克諧追念, 常切絶醬. 至於志學之時, 横經請益, 五/[行俱下][9], 一字無遺, 甘羅入仕之年, 譽高閭里, 子晉昇仙之歲, 聲冠京華. 豈謂意感辭家, 心深猒俗. 諮於聖善, 冀託禪門. 母氏懇阻其誠, 憐而不許, 倍增勸勵, 勤話斷機. 然而不改初心,/ □□素慊, 出塵負笈, 陟巘携藜. 所以問道迦耶, 尋師設實, 得禮善融和尙, 請以爲師. 於是 仰告所懷, 虔祈削染, 和尙便從懇請, 尋

2) [大師法諱] : 모든 판본에는 '□□□□'. 문맥으로 보아 추정.
3) 任 : 『전문』에는 '仕'.
4) 薛 : 『총람』에는 '薛'.
5) 寐 : 『총람』에는 '寐', 『전문』에는 '寤'.
6) 塵 : 『전문』에는 '麈'.
7) 姿 : 『총람』·『전문』·탁본에도 '恣'로 되어 있으나 '姿'의 오자인 듯함.
8) 日 : 『총람』·『전문』에는 '曰'.
9) [行俱下] : 모든 판본에는 '□□□'. 「境淸禪院慈寂禪師凌雲塔碑」(崔彦撝 撰으로 추정. 941년에 세워짐) 등에 의거하여 추정.

以披緇.

咸通十五年 受具足戒於當山修道院. 旣而/□□□山, 維勤守夏, 寧漏滿油之鉢, 不虧浮海之囊. 然則潛仰四依, 願窮三藏, 請業則都忘昏曉, 披文則頓悟淺深. 和尙謂曰, "老僧離群索居, 敎所由廢. 吾無餘勇, 可賈汝曹."/ [大師][10]忽聽師言, 不勝惆悵, 便辭巖穴, 尋涉路岐. 以此偶屆禪廬, 暫停飛盖, 便是一納[11]禪師之居. 披霧之閒[12], 宛如舊識, 及聞行止, 深賜從容. 此時北指雲岑, 呼爲雪岳. 中有海東先祖/ [道義][13]大師. 赤水探珠, 佩西堂之印, 靑丘返璧, 爲東土之師. 渠爲後生, 志蘊先哲. 所以奉遵嚴命, 得到陳田. 所喜 親踏遺墟, 禮其靈塔, 追感眞師之影, 永申弟子之儀. 可謂尼父則師彼/[周公][14], 欽仁嚮德, 孟軻則希於顔子, 重義歸心者乎. 是則有理能知, 無師自悟. 於是 栖遲道樹, 偃仰禪林. 先是 鄕僧恒秀禪師, 早達海西, 廣遊江表, 問西堂大師曰, "西堂之法, 儻注東夷,/ □□休徵, 可聞妙讖." 大師對曰, "義披蓬艾, 火盛於花, 丘讖其運, 萬叢自穌." 然則追認聖文, 著其師号. 百年之後, 四句遠傳, 猶如羽客相逢, 知有丹丘之字, [賓客][15]一到, 忽窺白日之銘.

---

10) [大師] : 모든 판본에는 '□□'. 문맥으로 보아 추정.
11) 納 : 음기의 예(納中之事)로 보아 衲과 통용.
12) 閒 : 『총람』·『전문』에는 間으로 되어 있으나 서로 통용됨.
13) [道義] : 모든 판본에는 '□□'. 문맥으로 보아 추정.
14) [周公] : 모든 판본에는 '□□'. 문맥으로 보아 추정.
15) [賓客] : 모든 판본에는 '□□'. 문맥으로 보아 추정.

其/[後][16]□□[挈][17]瓶, 三春飛錫, 索隱於重玄之畔, 探深於衆妙之中. 所以南詣玉京, 只慰倚[18]門之望, 西尋金海, 貪修招隱之居. 此際 來者如雲, 納之似海. 其於善□□□□□□□ 瑜伽義龍/□□□□ 二英大德, 曩日聞風 玄關[19]覩奧, 便蘊栖心之懇, 俱申北面之誠. 於是 遙仰天涯, 遠瞻地表, 王氣直衝於戍亥, 覇圖普振於東南. 所以未見呂光, □□□□□□□□□□□征/□□□□王[20]停軒官舍, 王能長佐丞, 四事供給, 丹誠敬恭, 遂乃暫傍危途, 臻於納蔭. 國父崔善弼大將軍, 金湯法城, 柱石慈室, 請栖靈境, 頻改歲時, 暑□□□□□□□□□□□□□□/□□□□□□, 月暎柳營, 馥馥翻栴[21]檀之樹, 雲生蘭階[22], 芬芬滿薝[23]蔔之香者矣./

[上][24]□□□□□師, 遠自南方, 來儀北境, 重葺小伯山寺, 遙請居之. 大師忽奉紫泥, 潛膺素懇, 便遷郁錦, 方副襟懷. 纔啓蓮扉, 稻麻有列, 廣開茅舍, □□□□□□□□□□□□□/□□□□□□戎之勢, 方廻聖駕, 將披禮像之誠, 乍駐鑾輿, 恭趍理窟, 猶

16) [後] : 모든 판본에는 '□'. 문맥으로 보아 추정.
17) [挈] : 모든 판본에는 '□'. 「菩提寺大鏡大師玄機塔碑」에는 '挈甁下山'이라 했음.
18) 倚 : 『총람』에는 '依'.
19) 關 : 탁본에는 '開'로 보임.
20) 王 : 『총람』에는 '主'.
21) 栴 : 『총람』에는 '旃'.
22) 階 : 탁본과 『전문』에는 '陛', 『총람』에는 '階'. '階'의 오자인 듯함.
23) 薝 : 『총람』에는 '蘑'.
24) [上] : 모든 판본에는 '□'. 문맥으로 보아 추정.

似崆峒[25]之問, 亦如汗漫之遊. 虔仰雪眉, 冀聞風旨, 大師謂曰, "齊皇北幸, □□□□□□□□□□□□□□/□□□□□□□便悅, 彼多慙色, 何以比倫.

淸泰四年春二月 謂衆曰, "言到京華, 追愧曹溪之旨, 若遊輦下, 實非廬阜之心. 然而[26]老僧与大王, □□□□□□□□□□□□□□/□□□□□□□. 此時二敵氷銷, 三韓霧廓, 先慶除兇之策, 更申賀聖之儀. 上再謁慈顔, 幾切龍顔之感, 重窺獨步, 偏愁虎步之遲. 大師□□□□□□□□□□□□□□/□□□□□□□德山中徙倚, 每廻而思近死期, 伏乞速到雲泉, 先銓巖谷. 上乃偏傷師語, 實惻眷情, 累詣禪扉, 重窺玄境. 大師前途轉逼, 後□□□□□□□□□□□□□□/□□□□□□□, 學人閱情.

以後得届故山, 仍修新舍. 永言汲引, 皆擲筌蹄. 學人問 "如何 是迦葉", 師對云 "迦葉", "如何 是釋迦", 師酬曰 "釋迦", 則知不待□□□□□□□□□□□□□□/□□□, □□□□, 旣鄙曇鸞之志, 預期壽域, 追遵惠遠之懷. 所以每日譚玄求人, 付法忽歎.

尋因微疾, 以至彌留, 以天福二年秋九月一日 順化于□□□□□□□□□□□□□□/□□□, □□□□, [日][27]光慘黷, 雲愁水竭, 地動山崩. 此際四遠含悲, 隣封輟食. 上欻聆遷化, 深慟宸

25) 崆峒 : 『전문』에는 '峒崆'.
26) 而 : 『전문』·『총람』에는 없음.
27) [日] : 모든 판본에는 '□'. 문맥으로 보아 추정.

衷, 專遣王人, 特令吊祭, 贈資所送, 岐路相[連][28], □□□□□ □□□□□□□□□/□□□□□□□□□維三百餘步.

惟大師風篁爽韻, 霜桂貞姿. 冲虛而仰止高山, 測量而潛深慧海. 然則遊方施化, 爲物利人. 住不思議, 昇□□□. □□□□□ □□□□□□/□□□□□□□□□, 作群生之慈父, 爲一切之導師者矣. 傳法弟子玄讓禪師・行熙禪師等四百餘人, 俱獲髻珠, 共傳心印, 終副法王之嗣, 永□□□□□□□□□□□□□ □[29]/□□□□□□□□□□金, 血誠如玉. 所冀 相保而傳芳不朽, 共論而示慶無窮. 由是 猥降表章, 聞於天鑒[30]./ □□□□ □□□□□□□□. 所以謚曰 '眞空大師', 塔名 '普法之塔'. 豈謂忽頒丹詔, 申命下臣, 迴述高文, 式揚懿躅. 彦撝詞林一葉, 學海微[派][31], □□□□□□□□□□□□□/□□□□□□□ □□□□□□□□□, 故實粗著鮮文.

銘曰,/
□□□□, □□□□.
□□□□, □□虛空.
天人慕化, 道俗欽風.

28) [連] : 모든 판본에는 '□'. 문맥으로 보아 추정.
29) 『전문』에는 13자 결.
30) 天鑒 : 탁본에는 '鑒天鑒'. '天鑒'이 옳을 듯.
31) [派] : 모든 판본에는 '□'이나, 崔彦撝, 「境淸禪院慈寂禪師凌雲塔碑」의 '下臣學海微派'에 의거하여 추정.

大千之界, 相契不窮.

從此一花, 曹溪爲祖.
偉哉義公, □□□□.
□□□□, □□□□[32)]./

□□□□, □□□□.
□□□□, □□□□.
□□□□[33)], 學者忘疲.
毉門多病, 志道有期.

宴坐方秋, 入於寂滅.
宰輔聞□, □□□□.
□□□□, □□□□./

歲次己亥八月十五日立. 刻者 崔煥規.

【陰記】

---

32) 『총람』·『전문』에는 4자가 더 결락표시가 되어 있으나, 탁본의 글자 수로 미루어 보면 원래 글자가 없는 것으로 추정. 왜냐하면 이 銘의 구조는 4짝('東'韻), 3짝('虞'韻), 4짝('支'韻), 3짝('屑'韻)으로 이루어진 것 같기 때문이다. 그러므로 4자 공백은 원래부터 없었을 것으로 추정된다.
33) 『전문』에는 4자가 더 결락표시가 되어 있음.

小伯山大師臨遷化之時遺誡.

告諸大衆. 吾今已至西垂之時, 存居數日之/內. 不愁早霜侵春花, 豈憂黃葉落淸溪斯. 納[34]/中之事 禮徒之宗, 揖上如父母, 愍下謂赤子,/ 上下和合, 愼莫狼[35]藉. 吾在之時, 常有麁暴之/事, 況復已[36]後恐若爲也. 莫爲小小眷屬親情,/ 東走西走, 慢閑過日. 各自護持毳衣綴鉢, 到/處無難. 從上已[37]來, 第一不累門風卽是也. 南/北之中, 依住此山, 七八年之閒[38], 十方同侶, 尋/光覓色, 逕[39]冬過夏, 隨分不少. 隨時逐世, 別無/軌[40]則. 應是之理, 又无[41]蕩逸, 不失棟梁. 可非之/事, 如避火坑, 從頭不行. 直至大小, 常護欺嫌,/ 如法住持. 我將今往, 莫以世相之意, 亂慟非/常. 今生已盡, 來來世世, 同會法席.

(원문교감 : 배종도)

---

34) 納 : 衲과 통용.
35) 狼 : 탁본에 근거함. 『총람』·『전문』에는 浪.
36) 已 : 『총람』·『전문』에는 '己', 탁본에는 '巳'.
37) 已 : 『총람』·『전문』에는 '巳'. 탁본에 근거함.
38) 閒 : 『전문』·『총람』에는 '間'.
39) 逕 : 『전문』에는 '逕'.
40) 軌 : 탁본, 『총람』에는 '軏', 『전문』에는 '軏'.
41) 无 : 탁본·『총람』에는 '旡'.

5. 地藏禪院朗圓大師悟眞塔碑

1. 자료의 개요

1) 찬자 : 崔彦撝
   서자 : 仇足達
   각자 : 任文尹
2) 시기 : 天福 5년(고려 太祖 23, 940) 7월 30일
3) 있는 곳 : 江原道 溟州郡 城山面 普光里 普賢寺
4) 규모
   ① 높이 : 187.9cm　② 폭 : 97cm　③ 두께 : 19.7cm
   ④ ?행× 60자　⑤ 글자크기 : 2.1cm　⑥ 서체 : 楷書

2. 자료의 구조

1) 제액, 찬자, 서자
2) 서
   ① 도입 : 原夫 ~ 俄登佛位
   ② 가계와 탄생연기 : 大師諱開淸 ~ 四月十五日誕生
   ③ 출가, 수행 : 大師面如滿月 ~ 志助栖禪之懇
   ④ 교화 : 爰有當州慕法弟子 ~ 仰見淸凉之月
   ⑤ 입적, 입비 과정 : 纔臻舊隱 ~ 乃作銘云
3) 명 : 銘云 ~ 塔聳雲崗

4) 입비 시기, 각자 : 天福五年 ~ 刻者 任文尹

5) 음기 : 院主僧 ~ 順忠

3. 朗圓大師(835 ~930) 연보

諱 開淸, 俗姓 金氏, 鷄林人. 祖父 守貞(蘭省爲郎 栢臺作吏), 父 有車, 母 復寶氏.

梵日 ── 開淸 ── 神鏡·聰靜·越晶·奐言·惠如·明然·弘琳

1세	홍덕왕 10	835	4월 15일 출생
8세		841	就學
?			華嚴寺 正行法師에게 사사
26세	헌안왕 3	859	康州 嚴川寺에서 구족계를 받음 다시 華嚴山寺로 내려옴
?			崛山寺에 가서 通曉大師 梵日로부터 心印을 받음
?			草寇의 습격을 받음
?			閔規閼粲이 普賢山寺를 희사하여 주지로 거함
?			王荀式과 만남
?			景哀大王(924~926)이 國師의 禮를 표함
96세	경순왕 4, 태조 13	930	9월 24일 普賢山寺 法堂에서 시멸. 승랍 72. 문하승 神鏡 등
	태조 23	940	朗圓大師라는 시호가 내려짐. 비가 세워짐

4. 교감자료

서울대 규장각 소장 탁본, 奎12546

서울대 국사학과 소장 탁본

劉燕庭 編, 1832, 『海東金石苑』 下 ; 1976, 亞細亞文化社, pp.231~240

朝鮮總督府 編, 1919, 『朝鮮金石總覽』 上 ; 1976, 亞細亞文化社, pp.140

~144
許興植 編, 1984,『韓國金石全文』中世上, 亞細亞文化社, pp.303~307

5. 참고문헌

『三韓金石錄』* 目錄收錄
『補寰宇訪碑錄』* 目錄收錄
「朝鮮金石說明」『朝鮮總督府月報』4-9
李能和 編, 1918,『朝鮮佛敎通史』上, 寶蓮閣, pp.182~185
葛城末治, 1935,『朝鮮金石攷』, pp.298~301

6. 원문교감

高麗國 溟州 普賢山 地藏禪院 故國師 朗圓大師 悟眞之塔碑銘 并序

太相 檢校[1]尙書 前守執事侍郞 左僕射 兼御史大夫 上柱國 知元鳳省事 賜紫金魚袋 臣崔彦撝 奉敎撰
沙湌 檢校興文監卿 元鳳省待詔 臣 仇足達 奉敎書

原夫, 鷲頭巖上, 世雄 開立敎之宗, 鷄足山中, 迦葉[2] 表傳心之旨[3], 則知認於予[4]佛, 知有心王, 觀空而其道希夷, 見性而本

1) 檢校 : 탁본에는 '撿挍'.
2) 葉 : 『총람』에는 '菓'.
3) 旨 : 탁본에는 '旨'.

源淸淨. 繇是, 西從天竺, 東届海隅, 至[5]/人則早紹眞宗, 禪伯則曾尋玄契, 驪壑探珠, 謂傳黃帝之珠, 鵠溪拾[6]印, 如得法王之印. 於是 徇[7]虛失實, 遐劫而久滯凡[8]間, 捐妄歸眞, 刹[9]那而俄登佛位./

大師 諱開淸, 俗姓金氏, 辰韓鷄林人也. 其先 東溟冠族, 本國宗枝. 祖守貞[10], 蘭省爲郎, 栢[11]臺作吏. 考有車, 宦[12]遊康郡, 早諧避地之心 流寓喙[13]鄕, 終擲[14]朝天之志./ 母復寶氏, 魂交之夕, 忽得休祥, 神僧 欻自空來, 立於階下, 懷裏[15]出木金雙印, 示之 曰, "何者 要之", 母氏 脉脉無言, 其僧卽留金印而去. 覺後 方知有娠, 因斷葷[16]辛,/ 肅設仁祠, 虔修佛事, 以大中八年 四月 十五日 誕生.

---

4) 予 : 『전문』·『금석원』에는 '三', 『총람』·탁본에는 '予'.
5) 至 : 『총람』에는 '印'.
6) 拾 : 『금석원』에는 '□'.
7) 徇 : 『금석원』에는 '侚'.
8) 凡 : 탁본에는 '仉'.
9) 刹 : 탁본에는 '剎'.
10) 貞 : 『전문』에는 '眞'.
11) 栢 : 『금석원』에는 '柏'.
12) 宦 : 『금석원』에는 '宧'.
13) 喙 : 탁본·『금석원』에는 '喙'.
14) 擲 : 『금석원』에는 '阝'.
15) 裏 : 탁본에는 '裹'.
16) 葷 : 『금석원』에는 '暉'.

大師 面如滿月, 脣似紅蓮. 纔有童心, 靜無兒戲. 八歲而初爲鼓篋[17], 十年而暗効横[18]經, 甘羅入仕之年, 學/窮儒典, 子晉昇仙之歲, 才冠孔門. 此時 特啓所天, 懇求入道, 謂曰, “潛思前夢, 宛若同符”, 愛而許之, 難拒先度. 是以卽爲負笈[19], 兼以擔書, 既持[20]浮海之囊, 遂落掩[21]/泥之髮[22], 尋師於華嚴山寺, 問道於正行法師[23]. 法師[24] 知此歸心, 許令駐足. 其於師事, 備[25]盡素誠, 志翫雜華, 求栖祇樹, 高山仰止, 備[26]探鷲嶺之宗, 學海栖遲, 勤覽猴[27]/池之旨[28].

大中末年, 受具足戒於康州嚴川寺官壇. 既而 忍苦尸羅, 忘勞草繫 傷鴨之慈心愈切, 護鵝之慜念彌深. 守夏已闌, 却[29]歸本寺, 再探衆典, 以導群迷, 超/懽喜之多聞, 邁顔生之好學. 此時遠聞蓬島中有錦山, 乘盃而欻涉鼇波, 飛錫而尋投鹿菀. 栖禪之際, 偶覽藏經, 披玉軸一音, 得金剛[30]三昧[31], 十旬絶粒, 先修[32]

---

17) 篋 :『금석원』에는 ‘匧’.
18) 横 : 탁본·『금석원』에는 ‘擴’.
19) 笈 :『총람』에는 ‘芨’.
20) 持 :『금석원』에는 ‘扌’.
21) 落掩 :『금석원』에는 ‘□□’.
22) 髮 :『금석원』에는 ‘髮’, 탁본에는 ‘髮’.
23) 師 :『총람』에는 ‘寺’.
24) 師 :『총람』에는 ‘寺’.
25) 備 :『전문』·『금석원』에는 ‘俻’. 備의 古字.
26) 備 : 탁본에는 ‘俻’.
27) 猴 : 탁본에는 ‘猻’.
28) 旨 : 탁본에는 ‘旨’.
29) 劫 : 탁본에는 ‘刧’,『전문』에는 ‘郄’.

正/覺之心, 三歲食[33]松, 冀[34]證菩提之果. 勤參之際, 忽有老人, 瞻仰之中, 飜爲禪客, 粲然發玉. 皓爾[35]垂霜[36], 謂大師曰, "師宜亟傍窮途, 先尋崛[37]嶺. 彼有乘時大士, 出世/神人, 悟楞伽寶月之心, 知印度諸天之性." 大師 不遠千里, 行至五臺, 謁[38]通曉大師. 大師曰, "來何暮矣, 待汝多時", 因見趍庭, 便令入室. 心深求法, 禮事師甚[39],/ 一栖道樹之旁, 幾改階蓂之序, 所以始傳心印, 常保髻[40]珠, 不出巖[41]巒[42], 唯[43]栖雲水. 大師年德, 皆至耄期, 不任極倦誨人, 兼[44]疲看客, 教禪師 事同法主[45], 勤接來徒/ 牛頭添上妙之香[46], 麈[47]尾代玄譚之柄, 可謂 猶如洪州大寂, 地藏虧[48]誘引[49]之門, 有若魯國宣尼[50], 子夏代師資之道

30) 剛 : 『금석원』에는 '□'.
31) 昧 : 『전문』에는 '味'.
32) 旬絶粒 先修 : 『금석원』에는 '□□□□□'.
33) 食 : 『금석원』에는 '飡'.
34) 冀 : 탁본에는 '䨳', 『금석원』에는 '糞'.
35) 爾 : 탁본 · 『전문』 · 『총람』에는 '尒'.
36) 霜 : 『금석원』에는 '□'.
37) 崛 : 『금석원』에는 '屾 '.
38) 謁 : 『전문』에는 '□謁' .
39) 甚 : 『금석원』에는 '□'.
40) 髻 : 『총람』에는 '髺', 탁본 · 『금석원』에는 '髫'.
41) 巖 : 탁본에는 '巗'.
42) 巒 : 『금석원』에는 '□'.
43) 唯 : 『금석원』에는 '□'.
44) 兼 : 『금석원』에는 '無'.
45) 主 : 『금석원』에는 '□'.
46) 妙之香 : 『전문』 · 『금석원』에는 '妙香之'.
47) 麈 : 『전문』에는 '塵'.

者矣. 文德二年 夏, 大師歸寂, 和尙墨巾, 倍[51]增/絶學之悲, 恒切忘師之恨, 所以敬修寶塔, 遽立豊碑. 兼以常守松門, 幾遭草寇, 誥[52]遮洞裏, 惟深護法之懷, 堅操汀邊, 志助栖禪之懇.

爰有當州[53]慕法弟子閔規/闕湌, 欽風志切, 慕道情深, 早侍禪扉, 頻申勤款, 仍捨普賢山寺, 請以住持. 大師對曰, "深感檀那[54], 有緣則住", 逡巡穐入, 便副禪襟, 廣薙[55]丘原, 遐通[56]道路. 又以高/修殿塔, 逈啓[57]門墻, 來者如雲, 納之似海. 深喜吉祥之地, 慧月當軒, 共依功德之林, 慈雲覆室.

亦有知當州軍州事大[58]匡 王公荀息, 鳳毛演慶, 龍額呈祥, 趍理窟/以探[59]奇, 詣[60]禪山而仰異, 人中獅[61]子, 扣山陰翫月之門, 天上麒麟, 投剡縣栖霞之舍.

---

48) 虧 : 『전문』·『총람』·『금석원』에는 '□'.
49) 引 : 『금석원』에는 '□'.
50) 尼 : 『총람』·『금석원』에는 '杘'.
51) 倍 : 『금석원』에는 '□'.
52) 誥 : 『금석원』에는 '□'.
53) 州 : 『금석원』에는 '門'.
54) 那 : 『총람』·『금석원』·탁본에는 '郍'.
55) 薙 : 『금석원』에는 '□'.
56) 通 : 『금석원』에는 '邇'.
57) 啓 : 탁본에는 '啟', 『금석원』에는 '啓'.
58) 大 : 『전문』·『금석원』에는 '太'.
59) 探 : 『총람』·『전문』에는 '探'.
60) 詣 : 『총람』에는 '諱'.
61) 獅 : 『전문』·『금석원』에는 '師'.

本國 景哀大王 聞大師德高天下, 名重海東, 恨[62]闕迎門, 遙[63]申避席, 仍遣/中使崔映[64], 高飛鳳詔, 遠詣鴦廬, 請扶王道之危, 仍表國師之禮. 此際 大[65]匡 齊携僚佐, 直赴禪關[66], 共陳列賀之[67]儀, 皆罄[68]群黎之慶. 況復隣州比縣, 典郡居官, 冠盖/相望[69], 道途不絶[70]. 大師 此時 蹔移慈盖, 來至郡城, 尊[71]州師[之][72]勤王, 讚邑人之奉佛. 川南止觀, 長流福慧之泉, 嶺外言歸, 仰見淸凉之月.

纔臻舊隱, 忽患微痾, 漸至[73]/危虛, 潛知去矣. 以同光八年秋九月 二十四日, 示滅於普賢山寺法堂, 俗年九十有六, 僧臘七十有二, 于時 山崩海竭[74], 地裂溪枯, 道俗悲哀, 人天感慟. 門人不/勝追慕, 國士徒切恨嗟, 其月二十八日, 號奉色身, 假𨪐[75]

62) 恨 : 『금석원』에는 '阝'.
63) 遙 : 『금석원』에는 '逕'.
64) 映 : 『전문』·『총람』은 '暎'.
65) 大 : 『전문』·『금석원』에는 '太'.
66) 關 : 『금석원』에는 '門".
67) 之 : 『금석원』에는 '受'.
68) 罄 : 『금석원』에는 '□'.
69) 冠盖相望 : 『금석원』에는 '冠□扌□'.
70) 絶 : 『금석원』에는 '□'.
71) 尊 : 『금석원』에는 '□', 『총람』·『전문』에는 '尊'.
72) 之 : 모든 판본에는 없으나, 뒷구절 '讚邑人之奉佛'로 미루어 추정.
73) 至 : 『금석원』에는 '□'.
74) 竭 : 『전문』에는 '渴'
75) 𨪐 : 『금석원』·탁본에는 '𨪐'.

于當寺西峯石室, 去寺三百來步.

大師 功成億劫, 運値千年, 神通則龍樹推[功][76], 變化則馬鳴讓美, 故得/紹興三寶, 降伏四魔, 道情早冠於燈[77]蘭, 心路曾超於安遠. 所以欲出迷辻, 焚慧炬於昏[78]衢之畔, 將超彼岸, 艤慈航於苦海之中, 可謂智慧無碍, 神心叵量, 一切/之導師, 生人之先覺者矣.

上足弟子 神鏡·聰靜·越皛[79]·奐言·惠如·明然·弘琳禪師等, 俱栖慧菀[80], 共守禪扃, 思法乳以年深, 想慈顔而日遠. 切恐鯨池灰起, 先憂陵/谷之遷, 鯨[81]海塵飛, 忽恨歲年之往. 所冀[82] 記大師之言說, 遠示無窮, 流吾道之祖宗, 傳於不朽. 由是門徒抗表, 頻扣金門, 衆懇聞天, 達於玉扆./

今上 聖文世出, 神武天資, 三駈而克定三韓, 一擧而齊成一統, 今則高懸金鏡, 普照靑丘. 所以賑[83]恤黎民, 已致中興之[84]運, 歸依釋氏, 皆披外護之恩. 以此錫謚/曰 朗[85]圓大師, 塔名

---

76) [功] : 모든 판본에 글자가 없으나, 뒷구절의 '變化則馬鳴讓美'와 對句가 되므로 한 글자가 추가되어야 할 것인데, 경명왕이 짓고 崔彦撝가 전액을 쓴 「鳳林寺眞鏡大師寶月凌空塔碑」에서 '勤勞則高鳳推功, 敏捷則揚烏讓美'로 나오는 것에 근거하여 추정.

77) 燈 : 『금석원』에는 '鐙.'

78) 昏 : 『금석원』에는 '□'.

79) 皛 : 『전문』에는 '晶'.

80) 菀 : 苑과 통용.

81) 鯨 : 『금석원』·『총람』·탁본에는 '鰊'.

82) 冀 : 탁본에는 '臮'.

83) 賑 : 『총람』·『금석원』에는 '振'.

84) 之 : 『전문』에는 없는 글자.

悟眞之塔. 申命下臣, 式揚高躅. 彦撝詞林末學, 禁苑微臣, 叨奉綸言, 仰銘禪德. 譚劉琨之山高海闊, 盧[86]湛焉知, 美郭泰之龍聖龜神,/ 蔡邕不愧. 重宣前義.

乃作銘云.

奧哉正覺　利見迦維,
傳心鷲嶺　立敎猴池.
爰有至人　生於海裔,
崛[87]山[88]尋師　潛傳玄契.

賢岫領[89]衆　顯示眞宗,
高懸法鏡　逈掛洪鐘./
方忻宴坐　忽歎歸滅,
日慘雲愁　天飜地裂.

大君悲咽　門下感傷,
燈傳雪[90]巘[91]　塔聳雲崗./

85) 朗 :『총람』·『전문』에는 ‘郎’.
86) 盧 : 탁본에는 ‘盡’, 『금석원』에는 ‘畫’.
87) 崛 :『금석원』에는 ‘□’.
88) 山 :『금석원』에는 ‘出’.
89) 領 :『금석원』에는 ‘□’.
90) 雪 :『금석원』에는 ‘□’.
91) 巘 :『전문』에는 ‘巇’.

天福五年 七月 三十日立. 刻者 任文尹[92].

【陰記】[93]

院主僧 純乂
典座僧 釋超
都維那 靈寂
史僧 弘信
當州 都領 佐丞 王乂
執事郎中 俊文
執事郎中 官育
員外 金乂
色執事 仁悅・順忠

(원문교감 : 이인재)

92) 刻者 任文尹 :『금석원』에는 글자 없음.
93) 陰記 :『총람』・『금석원』에는 없는 글자임.

6. 興法寺眞空大師塔碑

1. 자료의 개요

1) 찬자 : 王建(고려 태조)
   서자 : 崔光胤이 唐太宗文皇帝書에서 集字
   각자 : 미상

2) 시기 : 고려 太祖 23년(940)

3) 있는 곳 : 원래는 강원도 원주시 지정면 안창리 홍법사지에 있었으나, 국립중앙박물관으로 이전

4) 규모
   ① 높이 : 상단부 78.8cm, 하단부 82cm
   ② 폭 : 상단부 102cm　③ 두께 : 미상　④ 85행×33자
   ⑤ 글자 크기 : 1.8cm　⑥ 서체 : 楷書 음기 구양순체
   ⑦ 현상태 : 현재 귀부와 이수는 절터에 남아 있으나, 비신은 일찍이 무너질 때 깨어진 조각 몇 편이 국립중앙박물관에 있다. 귀부와 이수는 원형이 잘 보존되어 있는데, 활달한 조각의 귀부와 깊게 새긴 이수의 雲龍이 화려하다.

2. 자료의 구조

1) 제액, 서자

2) 서 :

① 도입 : 蓋聞微言立敎 ~ 再揚吾道者焉
② 가계와 탄생연기 : 大師 ~ 以咸通十年 正月 一日 誕生
③ 출가, 수행 : 大師生有殊相 ~ 忝日禪僧
④ 중국 유학 : 此閒 觀曝骨之墟 ~ 方到燕臺之畔
⑤ 귀국 및 교화 : 迺於天祐十五年六月 ~ 一宵堅不留宿
⑥ 입적, 건비 : 豈期大師素無疾疹 ~ 旌國土追攀之志

3) 명 : 乃爲銘曰 ~ 銀燈石塔
4) 음기 : 靈鳳山 ~ 信希奈

3. 眞空大師(869~940) 연보

諱 忠湛, 俗姓 金氏, 先祖는 鷄林의 冠族, 兎郡의 宗枝

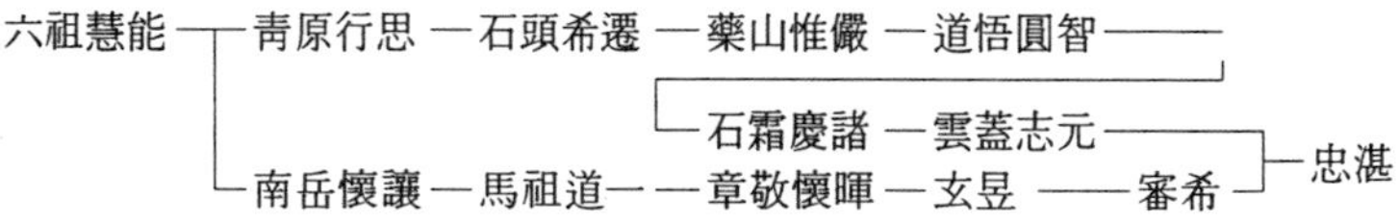

1세	경문왕 9	869	1월 1일 출생
21세	진성여왕 3	889	武州 靈神寺에서 구족계를 받음. 그 후 法相部와 律藏을 연구
?			입당, 雲蓋禪宇 淨圓大師에게 수학하고 명산 유적을 돌아다니며 봄
50세	경명왕 2	918	귀국
?			김해에 머물다가 개경으로 감
?			王師의 예우를 받음
?			태조의 명으로 홍법사에 주지
72세	태조 23	940	입적

4. 교감자료

李俁, 1668,『大東金石書』
朝鮮總督府 編, 1919,『朝鮮金石總覽』上 ; 1976, 亞細亞文化社, pp.144~149
劉燕庭 編, 1832,『海東金石苑』上 ; 1976, 亞細亞文化社 pp.240~251
許興植 編, 1984,『韓國金石全文』中世上, 亞細亞文化社, pp.308~313
서울특별시 編, 1987,『서울金石文大觀』, pp.75~88

5. 참고문헌

鮎貝房之進, 1934,『雜攷』6輯 上, pp.466~469
葛城末治, 1935,『朝鮮金石攷』, pp.301~305

6. 원문교감

故眞空大師碑(題額)

高麗國 原州 靈鳳山 興法寺 王師 眞空之塔(마멸)[1]
臣崔光胤 奉敎 集太宗文皇/
盖聞微言立教 始開鷲嶺之譚, 妙旨專心 終入雞山之定. 雖曰別行法眼 竊惟同稟玄精. 慶喜於是當仁 和修以其[2]嗣位. 至於馬鳴繼美 垂妙法於三乘, 龍樹揚芳 見其□□□□. 非[3]/相離相

---

1)『금석원』·『총람』에는 靈鳳山 이하 마멸.
2) 鷲嶺~ 和修以其 :『금석원』·『총람』에는 마멸.
3) 非 :『금석원』·『대관』·『총람』·『전문』에는 '□'.

非身是身. 降乃[4]□□□□□□□□□□□□□□□□□□□□□□□□□□□□□□□□□. 初[5]聞圓覺 東入梁朝, 始見大弘 北遊魏室. 於是 師資所契 付囑同風[6]/, 祖法相承 心燈不絶. 所以一花欻現 六葉重榮. 近自江西 流於海裔, 亦有鳳林 家于[7]章敬. 曾孫惟我大師 再揚吾道[8]者焉.

大師 法諱忠湛 俗姓金氏. 其先鷄[9]林冠族 兎郡宗枝. □□/島以分榮, 託桑津而別派. 遠祖多□□□□□□□□□□□□□□□□□□□□□□□□□□□□ □陶潛而不事王侯, 希賈誼而寧求祿位. 所以考盤樂道 早攻莊列[10]/之書, 招隱攀吟 常避市朝之譽. 母[11]於□□□□□□□□□□□□□□□□□□□□□□□□□□□□賢[12]之子 豈無修聖善之心. 感此靈奇 求生法胤, 以咸通十年正月[13]/一日誕生.

---

4) 非/相離相 非身是身. 降乃 : 『대관』에는 '□相離相 非身是身 降乃□' , 『총람』에는 '□相離相 非身是身 降及'.
5) 初 : 『금석원』·『총람』에는 '□'.
6) 付囑同風 : 『금석원』·『총람』에는 '□□□□'.
7) 于 : 『전문』에는 '子'.
8) 一花欻現～再揚吾道 : 『금석원』에는 마멸. 『총람』에는 '一'字 다음부터 마멸.
9) 鷄 : 『금석원』에는 '雞'.
10) 莊列 : 『금석원』에는 '莊□'. 『총람』에는 '□□'.
11) 母 : 『금석원』에는 '毋'.
12) 於□～□賢 : 『금석원』·『총람』에는 마멸.
13) 正月 : 『금석원』에는 '□□'. 『전문』에는 '正八月', 『총람』에는 '正□'.

大師生有殊相 弱無戲言. □□□□□□□□□□□□□□□□□□□□□□□□□□ 性靈超衆 神悟絶倫, 槐市横經 杏園命筆. 二親嘗邀相者, 相之[14]/云, "若至甘羅之歲 鳳擧難量, 終臻賈誼之[15]□ □□□□. □□□□□□□□□□□□□□□□□□□□至失於怙恃, 唯恨栖遑. 爰有長純禪師, 是導師修度世之緣 當[16]/亡父[17]結空門之友. 大師隨其長老 得居[18]□□□□□□□□□□□□□□□□□□□□□□□ □□俗塵 方登僧位. 尋令昇堂覩奥 入室鉤深. 迅足駸駸 後發先至, /覺枝脉脉 前開晩成. 所以偃仰禪林 優游[19]□□ □□□□□□□□□□□□□□□□□□□□ □□□□ 認印度重光, 終至相傳 窺楞伽再闡. 迺於龍紀元年 受具戒/於武州靈神寺. 旣而習其相部 精究毗尼[20]. 捧[21]□□□ □□□□□□□□□□□□□□□□□□□□ □宗[22]論道. 謂學人曰, "淺溜穿石 同心斷金, 鑽燧之勤 寫瓶之易." 皆/由積微不已 跬步遄征. 俄成學海之功 永就[23]□□□□. □□□□□□□□□□□□□□□□□□. □□釋[24]

---

14) 之 :『금석원』·『총람』에는 '□'.
15) 之 :『금석원』·『총람』에는 '□'
16) 當 :『금석원』·『총람』에는 '□'.
17) 父 :『대관』에는 '文'.
18) 居 :『금석원』·『총람』에는 '□'.
19) 遊 :『총람』에는 '□'.
20) 尼 :『총람』에는 '□'.
21) 捧 :『금석원』·『총람』에는 '□'.
22) 宗 :『금석원』·『총람』에는 '□'.
23) 永就 :『총람』에는 '□□'.

子, 忝曰[25]禪僧.

此閒,[26] 觀曝骨之墟 見殭屍之處. 他山靜境 豈無/避地之方, 此地危邦 終絶居山之計. □□□辶[27]華[28]□□□□□□□□□□□□□□□□□□□□□□□□□□□者 同載而征 達于彼岸. 此時 徑登雲蓋禪宇 虔禮淨圓大師[29]./ 大師是栖雲壑之居 佩石霜[30]之印. 知[31]□大師遠[32]離□□□□□□□□□□□□□□□□□□□□□ □□圖南 迴奮垂雲之翼, 豫章向上 高[33]揮拂日之枝. 大師謂曰, "汝/還認其到此階梯 預呈其[34]遷喬[35]". 所以不[36]離寶所[37] □□□□ □□□□□□□□□□□□□□□ □□□□河東 參禪門於紫嶽. 故能初窺聖典 久栖禹穴之旁, 始覽靈/蹤 方到燕臺之畔.

---

24) 釋 : 『총람』에는 '□'.

25) 忝曰 : 『총람』에는 '叅曰'. 『전문』에는 '天日'.

26) 閒 : 『전문』에는 '間'.

27) 辶 : 『대관』에는 '□'.

28) 華 : 『금석원』·『총람』에는 '□'.

29) '雲蓋~大師 : 『총람』에는 9자 마멸.

30) 石霜 : 『총람』에는 '石□'.

31) 知 : 『금석원』에는 없음.

32) 知□大師遠 : 『총람』에는 '□□□□□'.

33) 高 : 『총람』에는 '□'.

34) 其 : 『총람』에는 '□'.

35) 喬 : 『총람』에는 '□'. 『금석원』에는 '喬'자 다음에 '□□'가 더 있음.

36) 所以不 : 『총람』에는 5자 마멸.

37) 所 : 『금석원』·『총람』에는 '□'.

迺於天祐十五年[38]六月[39] 得達于□□□□□□□□□□□□□□□□□□□□□□□□□□學. 俱於問訊 慶抃交深, 數月論禪 周年問法. 惟彌天發口[40] 乃[41]/離日搖脣, 量語路之端 酌言□[42]之□[43]. 此日 揣[44]於兩地 心□□□□□□□□□□□□□□□□□□□□ □□之光 愁見甲兵之色. 所以便辭金海 遙指玉京. 行道遲遲 於[45]/焉入境, 不唯摩勒重敷 兼亦優曇一現[46]. 奉迎內殿 尋以□□□□□□□□□□□□□□□□□□□□□□[47]仕[48]遙 屢吐象王之說. 重重避席 恭披弟子之儀, 一一書紳 待[49]/以王師之禮. 翌日請移□□□□□□□[50]淨精廬 永元[51]□□□□□□□□□□□□□□□□□□□□□□□□術[52] 大師 遠從丹慊[53] 再到京畿. 所以別飾玉堂 令昇繩榻. 問/大師曰, "寡人

---

38) 五年 : 『금석원』에는 '□□'.
39) 十五年六月 : 『총람』에는 '□□□□□'. 『금석원』에는 '月'자 다음에 '中'.
40) 口 : 『전문』에는 '□'.
41) 乃 : 『금석원』에는 '及'.
42) □ : 『대관』·『전문』에는 없음.
43) 酌言□之□ : 『금석원』에는 '酌□□□□'. 『총람』에는 '酌□□□'.
44) 揣 : 『총람』에는 '槠'.
45) 遲 於 : 『금석원』에는 '□□'. 『총람』에는 '遲□'.
46) 亦優曇一現 : 『금석원』에는 '亦□□□□'. 『총람』에는 '□□□□'.
47) 『대관』에는 모두 21자 마멸.
48) 仕 : 『금석원』에는 '□'.
49) 待 : 『전문』에는 '結'.
50) 移□□□□□□ : 『금석원』에는 '移□□□□□□□□'. 『총람』에는 '□□□□□□□'.
51) 永元 : 『금석원』에는 '永□'. 『총람』에는 '□□'.
52) 術 : 『총람』·『전문』·『대관』에는 '□'.

少尙威武 未精學問[54] 不曉先[55]王之典 寧□□□□□□□□□□□□□□□□□□□□□□□□□存亡之志. 所喜不勞漢夢 仍覩秦星, 世宗之遇摩騰 梁武之/逢寶誌 無以加也. 生生世世 永修香火之因[56], 子子孫孫 終表奉持之至. 所以重起其興法禪院, 以住持[57]□ □□吉祥之地, 尙論往美 更知延福之庭. 志有終焉 心無悔矣. 然/則 遂於此地 高敞禪扃, 來者如雲 學人如霧[58]. 依[59]舊瑠璃□□□□□□□□□□□□□□□□□於國[60] □□□□□聞興法之談. 不受大師之誨者 處處精舍, 其徒擯之. 終日/了無與[61]言 一宵堅不留宿.

豈期大師素無疾疹 富有□□, 異於座品之[62]□□□□□□□□□□□□□ [天福][63] 五年 七月十八日 詰旦, 告門人曰, "萬法皆空 吾將去矣. 一心/爲本 汝等勉旃." 顔貌如常 寂然坐化[64]. 俗年[65]七十有二 僧[臘五十有一]□□. 地動山崩 雲愁日慘[66].

---

53) 慊 : 『금석원』에는 '㡺', 『전문』에는 '縑'.
54) 問 : 『전문』에는 '□', 『대관』에는 '口'.
55) 威武 未精學問 不曉先 : 『금석원』에는 '威□□□□□□□□'. 『총람』에는 '□□□□□□□□'.
56) 永修香火之因 : 『금석원』에는 '□□□□之因'. 『총람』에는 '□□□□□□'.
57) 終表~住持 : 『금석원』·『총람』에는 모두 마멸.
58) 來者如雲 學人如霧 : 『금석원』에는 '□□□雲 □□□霧'.
59) 依 : 『총람』에는 '來者如雲~依'까지 모두 8자 마멸.
60) 於國 : 『금석원』·『총람』에는 '□□'
61) 與 : 『금석원』에는 '与'. 『전문』에는 '語'.
62) 異於座品之 : 『금석원』에는 '□於庶品之'. 『총람』에는 마멸.
63) 天福 : 모든 판본에 '□□'이나 내용상 추정.
64) 坐化 : 『금석원』·『전문』·『대관』에는 '坐□'.

□□/□□□□□□□. □□悲盈 四部天人 增絶學之哀, 寧惟慟徹 諸方士庶 泣亡師之/痛[67]. 寡人忽聆遷化 尤慟于懷, 追切洪德[68]不能[69]已[70]. 特宗林禪伯 季葉古皇 朝[71]□□□□□□□□□ □萬[72]壽之遐長 乖羣情之敬仰. 今則梁雖折[73]矣 室可修焉. 然則先/忻於水積魚歸 後恨於林傾鳥散. 所冀[74]早儀明[75]禮 正當□□, 贈謚眞空大師 塔號[76]□□□□□□□□□□□□□之塔. 惟大師雪山成道 煙洞證心. 傳十八代之祖宗 統/三千年之禪教, 則知浹洽浮世 擧其廣則. 誰曰[77], 黄輿周□ □香散馥. 便牽胡蝶之心 水[78]□□□ □□□□ □□忘機. 仍引狎鷗之興 幾多眄蠁 無限昭彰, 可謂闡揚身毒之/風, 敷演竺乾之法者矣. 門徒弟子五百[79] □□□□, □□□身之贖 切恐蒼[80]山變谷,

---

65) 寂然坐化 俗年 : 『총람』에는 '□□□□□□'. '俗年'을 『금석원』에는 '□□'.
66) 地動山崩 雲愁日慘 : 『총람』에는 마멸.
67) 痛 : 『전문』에는 '賢'.
68) 洪德 : 『금석원』에는 '泥洹'.
69) 切洪德不能 : 『총람』에는 '□□□□□'.
70) 已 : 『금석원』에는 '□已'. 『전문』에는 '已已'.
71) 宗林禪伯 季葉古皇 朝 : 『총람』에는 마멸.
72) 宗林禪伯~□萬 : 『총람』에는 모두 21자 마멸.
73) 梁雖折 : 『금석원』·『전문』에는 '果雖核'. 『총람』에는 '折'이 아니라 '核'.
74) 冀 : 『총람』에는 '□'.
75) 早儀明 : 『총람』에는 '□□□'.
76) 當□□ 贈謚眞空大師 塔號 : 『총람』에는 모두 마멸. '號'를 『금석원』에는 '号'.
77) 則 誰曰 : 『총람』에는 '□□□'.
78) 周□ □香散馥 便牽胡蝶之心 水 : 『총람』에는 모두 13자 마멸.
79) 百 : 『총람』에는 '□'.

渤[81]□□□□□ □□□□[82]成田. 陳情而特請龜文 瀝懇而頻干鳳德. 所冀顯無爲之化 留在[83]水雲[84], 期不朽之緣 刻於金石, □恤之慟 措詞齏臼[85] 慰門人閔[86]□□□□ □□□□. □□□□ □□□□□之心, 歸美栢臺 旌國士[87]追攀之志.

乃爲銘曰/

□□□□ □□□□ □□□□ □□□[88]流 雍[89]袂賢佐 蹇裳[90]□□ □□□□ □□□□ □□□□ □□□□ □[91]蘇[92]認已 藏寶知印 慈航沒浪 慧炬沉光 銀燈石塔/

【 陰記 】

---

80) 蒼 :『금석원』에는 '滄'.
81) 身之贖 切恐蒼山變谷 渤 :『금석원』에는 마멸.
82) 身之贖~渤□□□□□ □□□□ :『총람』에는 모두 19자 마멸.
83) 留在 :『전문』에는 '留衆在'.
84) 留在水雲 :『전문』에는 '留衆在水雲'.
85) 齏臼 :『전문』에는 '韲臼'.
86) 刻於金石~慰門人閔 :『총람』에는 모두 마멸. 『금석원』에는 '恤之慟 措詞齏臼 慰門人閔'이 마멸. '閔'을 『대관』에는 '罔'.
87) 土 :『전문』에는 '士'.
88)『대관』에는 모두 13자 마멸. 『전문』에는 12자 마멸.
89) 雍 :『금석원』에는 '擁'.
90) 流 雍袂賢佐 蹇裳 :『총람』에는 모두 마멸. '蹇裳'을 『전문』에는 '褰裳'.
91) 모든 판본에 18자 마멸로 되어 있으나 잣구상 19자 마멸인 듯.
92) 蘇 :『금석원』에는 '珠'. 『총람』에는 '□'.

靈鳳山 故王師眞空大師碑陰

盖聞湯王滅夏 終敷開網之仁, 武帝……西陲之敎. 親窺寶誌 爰談東夏之風. 由是 大集朝臣 車/馬以奉迎. 僧會出遊東菀[93] 輦輿而同□. ……我國家 三[94]韓角立 未知彼此之僞眞, 一國雄飛 忽辨[95]戰爭之優劣. 遐霑聖德 廣……/ 大師奏表曰, "殿下精同四乳 眼耀雙瞳. 以此梨察在元皇之座, 圖澄逢趙主之燐[96]. 然猶……僧[97]憚於來往 志在登臨. 山家之鬱鬱森森 道人卽住[98], 海/國之幽幽秩秩 君子攸寧[99]. 伏乞燐[100]其……

大師今辭樂土 欲入深山, 高飛一軸之文 聊送/九重之闕. 寡[101]人與大師 情深膠柒 義……東化. 所誓其興[102]法禪院 縱爲古寺 尙在仁方, 和尙生前 永作栖遑之處.

大師在家弟子[103]……州官

通玄上坐[104] 郎中 昱會粲 金舜粲

廣休長老[105] 侍郎 興林粲 秀英粲

---

93) 菀 : 『대관』에는 '苑'.
94) 三 : 『총람』·『대관』에는 '二'.
95) 辨 : 『금석원』에는 '辯'.
96) 燐 : 『전문』에는 '憐'.
97) 僧 : 『전문』에는 '憎'.
98) 卽住 : '旣往'.
99) 寧 : 『금석원』에는 '盂'.
100) 燐 : 『전문』에는 '憐'.
101) 寡 : 『금석원』에는 '京'.
102) 興興 : 『전문』에는 '興'.
103) 在家弟子 : 『금석원』에는 '□□□□'.
104) 通玄上坐 : 『총람』에는 '□□□□'.

惠泰長老[106] 上朶[107] 信希朶

(원문교감 : 안영근)

105) 廣休長老 : 『총람』에는 '□□□□'.

106) 惠泰長老 : 『총람』에는 '□□□□'.

107) 上朶 : 『대관』에는 '興上朶'.

7. 境清禪院慈寂禪師凌雲塔碑

1. 자료의 개요

1) 찬자 : 崔彦撝로 추정됨
   찬집고서자 : 문하승 □裕
   각자 : 문하승 然訓·法悟·心藏
2) 시기 : 天福 6년(고려 太祖 24, 941) 10월 27일
3) 있는 곳 : 慶北 榮豊郡 上里面 鳴鳳里 鳴鳳寺
4) 규모[1)]
   ① 비신 높이 : 184cm ② 폭 : 96.5cm ③ 두께 : 20.5cm
   ④ 30행×59자 ⑤ 글자크기 : 2cm
   ⑥ 서체 : 歐陽詢流 楷書
   ⑦ 현상태 : 螭首와 龜趺를 갖추고 있으며, 碑身은 화강암으로 碑文의 마멸이 심하다. 題額이 있으나 역시 마멸이 심해 알아볼 수 없을 정도이다.

2. 자료의 구조

1) 비제목, 찬자, 찬집고서자, 각자 : 高麗國 ~ 心藏等
2) 서

---

1) 비신 높이·폭·두께, 글자크기의 치수는 秦弘燮, 1966,「鳴鳳寺 慈寂禪師 凌雲塔碑」『考古美術』통권 68호, p.175에 의거하였다.

① 도입 : 虛空也 ~ 我禪師者乎
② 가계와 탄생연기 : 禪師法諱 ~ 三月十六日誕生
③ 출가, 수행 : 禪師生有□姿 ~ 簡明師哲匠之□
④ 교화 : 其後□□□□□ ~ 不可同年而語哉
⑤ 입적, 입비 과정 : 宴坐於斯 ~ 油楷龜文

3) 명 : 銘曰 ~ 孔恨逝川

4) 입비시기 : 天福六年 ~ 十月 二十七日 立

5) 음기
① 도평성첩, 기타 : [都]評省帖 ~ 停勵古寶
② 후원인물 : 國主 神聖大王 ~ 石匠 相昕

3. 慈寂禪師(882~939) 연보

法諱 洪俊, 俗姓 金氏, □州人. 祖 陸正, 父 志儒.

四祖道信 — 五祖弘忍 — 六祖慧能 — 南嶽懷讓 — 馬祖道一 — 章敬懷暉 —
— 圓鑑玄昱 ┬ 眞鏡審希 ┬ 元宗璨幽
　　　　　 └ 弘覺利觀　└ 慈寂洪俊 — 綽麟·承湛 등

1세	헌강왕 8	882	3월 16일 출생
?			봉림산파 혹암선원 眞鏡大師 審希에게 출가
18세	효공왕 3	899	명주 入良律師에게 구족계 받음
37세	경명왕 2	918	심희를 따라가서 景明王을 만남
?			예천에서 正匡 □□의 후원을 받음
53세	태조 17	934	高麗 太祖를 만남. 태조의 청으로 龜山禪院의 주지가 됨
58세	태조 22	939	8월 1일 都評省에서 境清禪院의 조성에 대한 下教를 알리는 帖을 洪俊의 門徒에게 보냄 10월 1일 龜山禪院에서 죽음
	태조 24	941	8월 21일 국가로부터 '鳴鳳山境清禪院'이라는 山院名을 윤허받음 10월 27일 비가 세워짐

4. 교감자료

朝鮮總督府 編, 1923,『朝鮮金石總覽』上, 補遺篇 ; 1976, 亞細亞文化社, pp.7～12
朝鮮總督府中樞院 編, 1937,『吏讀集成』, p.12
黃壽永 編, 1976,『韓國金石遺文』, 一志社, pp.98～104
南豊鉉, 1976,「高麗初期의 貼文(慈寂禪師凌雲塔碑陰銘)과 吏讀」『國語國文學』72·73합집, p.322
趙東元 編, 1983,『韓國金石文大系』3, 圓光大, p.72 * 탁본
許興植 編, 1984,『韓國金石全文』中世上, 亞細亞文化社, pp.313～318
許興植, 1988,『한국의 古文書』, 民音社, p.258
李丞宰, 1992,『高麗時代의 吏讀』, 太學社, p.227
南豊鉉, 1994,「高麗初期의 貼文과 그 吏讀에 대하여 - 醴泉鳳岩寺의 慈寂禪師의 陰記의 解讀 -」『古文書硏究』5.

5. 참고문헌

葛城末治, 1935,『朝鮮金石攷』, 大板屋號書店, pp.306～310
홍기문, 1957,『리두연구』, 과학원출판사, p.314
南豊鉉, 1976,「高麗初期의 貼文(慈寂禪師凌雲塔碑陰銘)과 吏讀」『國語國文學』72·73합집, p.322
金光洙, 1979,「羅末麗初의 豪族과 冠班」『韓國史硏究』23
蔡尙植, 1982,「淨土寺址 法鏡大師碑 陰記의 分析」『韓國史硏究』36
金周成, 1983,「新羅下代의 地方官司와 村主」『韓國史硏究』41
許興植, 1988,『한국의 古文書』, 民音社, p.258
李丞宰, 1992,『高麗時代의 吏讀』, 太學社, p.227
이인재, 1992,「『通度寺誌』「寺之四方山川裨補篇」의 분석」『역사와 현실』8, p.293
金在應, 1994,「新羅末·高麗初 禪宗寺院의 三綱典」『震壇學報』77

6. 원문교감

高麗國 尙州 鳴鳳山 境淸禪院 故敎謚 慈寂禪師 凌雲之塔碑 銘幷序[2)]

大相 檢校尙書 □□□□□□□□□[3)] 上柱國 [臣崔彦撝][4)] 奉敎撰

門下僧 □裕 奉敎撰集古書

刻字 門下僧 然訓·法悟·心藏等

虛[5)]空也, 無相無形, 佛性也, 不生不滅. □□□從□□心□□□量[6)], 此眞□□諸實性, 猶如色則非色, 同夫炎[7)]水之波, 名惟假名, 類[8)]彼[9)]乾城之□[10)], 心識[11)]之所□/□[12)], 語[13)]言[之][14)]所

---

2) 幷序 : 『총람』·『전문』에는 '幷序', 『유문』에는 '□□幷序'. 탁본에는 '幷序'이며, 그 앞에서 2자를 隔字한 것임.

3) □□□□□□□□□ : 『총람』·『유문』·『전문』에는 '□□□□□□□□□', 탁본도 9자가 마멸. 『朝鮮金石攷』는 8자로 보고 '左僕射兼御史大夫'라 추정(p.309).

4) [臣崔彦撝] : 『조선금석고』, p.309 참조. 『총람』·『유문』·『전문』에는 '□□□', 탁본에는 4자가 마멸된 듯함.

5) 虛 : 『총람』에는 □, 탁본은 마멸.

6) 量 : 『유문』에는 '(量)', 『전문』에는 '量', 『총람』에는 '□', 탁본은 마멸.

7) 炎 : 『유문』에는 '(炎)', 『전문』에는 '炎', 『총람』에는 '□', 탁본에는 '炎'. 崔彦撝, 「淨土寺法鏡大師慈燈塔碑」, "懿歟大覺 愍我群生 休飮炎水 莫越化城 色則非色 名惟假名 知惟眞實 試是慧明"으로 보아 '炎'이 맞음.

8) 類 : 『유문』에는 '(類)', 『전문』, 탁본에는 '類', 『총람』에는 '□'.

名□[15]. 曰[16], □□□□□□□□[17], □聖□□, 先覺□心[18], [求][19]之[20]者, 求無所求, 學之者, 學無所學, 有無之□, 實在玆乎. 所以靈智蘊心, 暗守摩尼之寶, 靈□[21]/□若[22], □□妙用[之][23]機, □□□□□□法□□□□□□, 我禪師者乎.

禪師法諱洪俊, 俗姓金氏. 其先辰韓茂族, 兎郡名家, 或紫闕廣善, 或黃門輔國[24]./ □從瑤源別派, 玉樹分枝, □□□□□□□□□□□□□□名配在□□□世, 藩服貴豪, 今爲□州人也. 大

---

9) 彼 : 『유문』·『전문』에는 '彼', 『총람』에는 '被', 탁본에는 '彼'.
10) □ : 탁본은 글자가 있으나 확인 불가능. 『총람』·『유문』·『전문』에는 □.
11) 識 : 『총람』에는 □.
12) □ : 『총람』에는 없음, 탁본은 마멸.
13) 語 : 『유문』·『전문』에는 '落', 탁본은 마멸.
14) [之] : 바로 앞구절의 '心識之所□□'와 對句가 되므로 '之'로 추정. 『총람』·『유문』·『전문』에는 '□', 탁본은 마멸.
15) □ : 『유문』·『전문』에는 '夆', 탁본은 마멸.
16) 曰 : 『총람』에는 □.
17) □□□□□□□□ : 『유문』·『전문』에는 □□□□□□□□□□.
18) 心 : 탁본에는 '心'인 듯함. 『총람』·『유문』·『전문』에는 □.
19) [求] : 뒷구절 "學之者 學無所學"과 對句가 되므로 의미상 '求'로 추정. 『총람』·『유문』·『전문』에는 '□', 탁본은 마멸.
20) 之 : 『유문』·『전문』·탁본에는 '之', 『총람』에는 □.
21) □ : 『유문』에는 '(悚)', 『전문』에는 '悚', 『총람』에는 □, 탁본에는 '悚'로 추정.
22) 若 : 『유문』에는 '(若)', 『총람』에는 □, 탁본은 마멸.
23) [之] : 앞구절의 '暗守摩尼之寶'와 대구가 되므로 '之'로 추정. 『총람』에는 □, 『유문』에는 '(心)', 『전문』에는 '心', 탁본은 마멸.
24) 黃門輔國/ : 『유문』·『전문』에는 '黃門輔國/', 『총람』에는 '黃門輔/國', 탁본에는 '黃門輔國' 다음에서 행이 나뉘어져 있음.

父陸正, 父志儒, 或五千學道, 或三百尋篇, 問義/□論[25], 故[26]文好[27]在重. □□□□, □□□□, □□□□, □□□□, □抄□戒[28], 嘗於假寐, □□□□, [潛][29]感幽靈[30], 冀生智子, 斷其葷血, 稍淨身心, 以中和二年三月十/六[31]日誕生.

禪師生有[聖][32]姿, □[33]無兒戲. 至於[34]幼學, 鼓篋登筵, 溫恭而克紹家風, 秘護[35]而聿修祖德. 況又五行俱下, 名振里閭. 嘗覽釋經, □於儒敎, □□[之][36]/□, □浮天[37]於溟渤之源, 蟻

---

25) 論 : 『유문』에는 '論?', 탁본은 마멸.

26) 故 : 『유문』에는 '(故)', 『총람』에는 □, 탁본은 마멸.

27) 好 : 『유문』에는 '(好)', 『총람』에는 □, 탁본에는 '好'.

28) □抄□戒 : 『유문』에는 '□(抄)□(戒)', 『총람』에는 □□□□, 탁본에는 '戒' 외에는 마멸.

29) [潛] : 景明王 찬술, 崔彦撝가 전액을 쓴 「鳳林寺眞鏡大師寶月凌空塔碑」의 "潛感幽靈"에서 '潛'으로 추정. 『총람』·『유문』·『전문』에는 □, 탁본은 마멸.

30) 靈 : 『총람』에는 '雷'.

31) 六 : 『유문』에는 '(六)', 『총람』에는 □, 탁본은 마멸.

32) [聖] : 崔彦撝, 「毗廬庵眞空大師普法塔碑」·「興寧寺澄曉大師寶印塔碑」·「淨土寺法鏡大師慈燈塔碑」의 '生有聖姿'에서 '聖'으로 추정. 『총람』·『유문』·『전문』에는 □, 탁본은 마멸.

33) □ : 『총람』·『유문』·『전문』에는 □, 탁본은 마멸. 崔彦撝, 「毗廬庵眞空大師普法塔碑」, '弱無兒戲'와 崔彦撝, 「地藏禪院朗圓大師悟眞塔碑」, '靜無兒戲' 및 崔彦撝, 「淨土寺法鏡大師慈燈塔碑」, '幼無兒戲'로 보아 '弱', '靜', '幼' 중 어느 하나로 추정됨.

34) 於 : 『총람』에는 □, 탁본은 마멸.

35) 秘護 : 『총람』에는 □□, 탁본은 '秘護'인 듯함.

36) [之] : 뒷구절의 '蟻□之林'과 대구이므로 '之'로 추정. 『총람』·『유문』·『전문』에는 □, 탁본은 마멸.

蛭[38]之[39]林, 爭□□於□章之□, □□□其大小□□□□□譚.

此際□□□親[40], 出家是務, 父母聞此情懇, 愛而許之. 所以邐迤東行[41],/ □過太嶺, 達于黑巖禪院, 謁[42]眞鏡大師, 美[43]覩氷姿, □□玉體, 直授所志, 仰告心期. 大師沙界梯航, 法[44]門領袖. 禪師因玆[45]師事, 曲盡敬恭, 方栖道樹之/[旁][46], 果獲禪林之寶. 大師 乃語禪師曰, "天竺傳心之祖, 善揭達摩大師, 東入[47]中華, □□□□, 直至曹溪之祖, 祖祖相傳, 傳彼百巖, 達于東海, 不令斷絶[48], 其道弥/善. 今者, 吾與汝[49]曹, 顯揚慧目[50], 使欲鳳林永茂, 冀示將來者也".

---

37) 天 :『유문』에는 '(天)',『총람』에는 □.
38) 蛭 :『유문』에는 '(蛭)',『총람』에는 □, 탁본은 마멸.
39) 之 :『유문』에는 '(之)',『총람』에는 □, 탁본은 마멸.
40) 親 :『총람』에는 □.
41) 東行 :『총람』에는 □□.
42) 謁 : 탁본에는 '謁'인 듯함.『총람』·『유문』·『전문』에는 '詔'.
43) 美 :『유문』에는 '美?', 탁본은 '美'인 듯함.
44) 法 :『유문』에는 '法?'.
45) 玆 :『전문』에는 '慈'.
46) [旁] : 地藏禪院朗圓大師悟眞塔碑」, "一栖道樹之旁"에서 '旁'으로 추정.『총람』·『유문』·『총람』에는 □, 탁본은 마멸.
47) 入 : 탁본은 마멸되어 불분명하나 '入'인 듯함.『총람』·『유문』·『총람』에는 '□'.
48) 不令斷絶 : 탁본은 '不令斷絶'.「鳳林寺眞鏡大師寶月凌空塔碑」의 '不令斷絶' 참조.『총람』에는 '至今將絶',『유문』에는 '不今?斷絶',『전문』에는 '至今斷絶'.
49) 汝 : 탁본은 '汝'인 듯함.『총람』·『유문』·『전문』에는 □.
50) 慧目 :『유문』에는 '慧?目?',『총람』에는 □□, 탁본에는 한 자는 '慧'인 듯하고 나머지 자는 '目'.

乾符六年，受具於溟州入[51]良律師. 其後禮窣堵婆，投勝地名山之境，探摩訶衍，簡明師哲匠之/□.

其後，□□□□[52]，景明[53]大王以鳳林大師，法敎尊崇，玄機閟[54]邃，特飛丹[55]詔，欲赴京華. 禪師□□而行，至於設佛，住持於東泉寺，趍覲[56]於北闕中，此[57]□/□山，築□□□，□□國師之禮，虔行曩列[58]，寧徵臣伏之儀.

以後，得抵醴泉，仍逢檀越，便是正匡□□，東瞻□□，必有神人，入我都城，先□嘉瑞，郊迎之[59]際，□/禮禪師，請住玄關，不[絶]四事[60]，所以欸[61]焉數歲，暫駐靈軒.

龍坐藏鱗，暫膺蓮[62]塢，鶴鳴戢[63]翼，方叶聞天，豈謂/上[64]聞，

---

51) 入 :『총람』에는 □.

52) □□□□ :『총람』·『전문』에는 □□□□□，『유문』에는 '□□十?四?年?'，탁본은 마멸. 글자 수는 '景明大王' 앞에서 1자를 隔字했으므로 4자가 맞음.

53) 明 :『전문』에는 '月'.

54) 閟 :『전문』에는 '悶'.

55) 丹 :『유문』에는 '丹?'.

56) 覲 :『전문』에는 '觀'.

57) 此 :『총람』에는 □.

58) 曩列 :『유문』에는 '曩(列?)'，『총람』에는 □□，탁본에는 '曩列'.

59) 之 :『유문』에는 '之?'，탁본은 마멸.

60) 不[絶]四事 : 의미상 '絶'로 추정.『총람』·탁본에는 '不□四事'，『유문』에는 '不□(功?)事'，『전문』에는 '不□功事'.

61) 欸 :『전문』에는 '欲'，탁본에는 '欸'인 듯함.

62) 蓮 :『유문』에는 '蓮' 또는 '(戲)'，탁본은 마멸.

63) 戢 :『전문』에는 '栽'，탁본에는 '戢'.

禪師宣65)敎七66)孫67), 法膺之子, 高開善誘, 廣說微68)言, 學佛之徒, 時時雲集. 此時, 特遣王人, □於寶所, 方領69)其禪衆, 來赴鳳城. 禪師平視高位, 早□彼/此, □守70)祖師之德, 感深仰禮之□. 在□71)貪程, 秖爲□傳之故, 看燈禮塔, 潛思付囑[之]72)因, 漸漸超山, 行行騫嶺, 倍程之際, 尋至京華. 上73)瞻望鳳儀, 實切/歸依之願, 得披龍步, 深增喜慰之心. 翌日延入玉堂, 迴昇繩榻. 上欽仰禪德, 覺逮□十培之英, 奉承道風, 申親74)受三歸之禮. 所恨披雲之晩, 竊感往75)緣. 仍令/所□76), □於□77)內, 便□78)龜山禪院, 請以住持. 此日, 暫至茅廬, 方停蓴盖, 學人79)

---

64) 上 : 『총람』·『유문』·『전문』에는 '□上'. 탁본은 마멸되어 알 수 없으나 '上' 앞에서 1字를 隔字한 것으로 보임.

65) 宣 : 『유문』에는 '宣?', 『총람』에는 □, 탁본은 마멸되어 불분명하나 '宣'인 듯함.

66) 七 : 『전문』에는 '七', 『총람』에는 □, 『유문』에는 '亡?', 탁본은 마멸.

67) 孫 : 『유문』에는 '孫?', 『총람』에는 '孫', 『총람』에는 □, 탁본에는 '孫'.

68) 微 : 『총람』·『유문』에는 '微', 『전문』에는 '徵', 탁본에는 '微'인 듯함.

69) 方領 : 『유문』에는 '方?領?', 『전문』에는 '方頒', 『총람』에는 □□, 탁본에는 '方領'.

70) 守 : 『유문』에는 '守?', 『총람』에는 □.

71) □ : 『유문』에는 '(衆?)', 『총람』·『전문』에는 □, 탁본에는 '衆'인 듯함.

72) [之] : 앞구절 '秖爲□傳之故'와 대구이므로 '之'로 추정. 『총람』·『유문』·『전문』에는 □, 탁본은 마멸.

73) 上 : 『유문』·『전문』에는 '□□上', 탁본에서는 '上'자 앞에서 2자를 隔字함.

74) 親 : 『유문』에는 '親?', 『총람』에는 □, 탁본은 마멸.

75) 往 : 탁본에는 '往', 『총람』·『유문』·『전문』에는 □.

76) □ : 『총람』·『유문』·『전문』에는 □, 탁본은 마멸. 의미상 '司'로 추정.

77) □ : 『유문』에는 '(守)', 『전문』에는 '守', 탁본에는 '京'인 듯함.

雨驟, 森森稻麻, 來者仙馳, 列列桃李, 在迷思返, 虛往實歸, 聲振十方, 名高千載, 且/與[80]唐之章[81]□, 不可同年而語哉.

宴坐於斯, □經五載, 遊[82]宗所逼, 化往依□. □天福四年十月一日, 示化於龜山法堂[83], 亡貌如生, 菓唇似語, 捨身之理, 寧□恒/□, 或攀樹泥洹, 或道山入定, 或蟬蛻而去, 或火焚以殂. 俗年五十有八, 僧夏四十八[84]. 其月六日, 門人等肩舁靈函, 假肂于寺之北[85]麓, 士庶闐川, 香葉溢谷, □/泉悲□, 雲日注愁. 上乃常仰玄宗, 忽聆遷化, 其□良深靈涕, 實慟于懷, 賜謚曰, 慈寂禪師, 塔名凌雲之塔, 禮也.

禪師功成億劫, 運叶千年, 應淳精而玉[86]成[87]/徧方, 含靈數而出於勝境, 有塵之菓, 無所施其法, 忘[88]念之花, 無所呈其色, 栖

---

78) □ : 『유문』에는 '乃?', 『전문』에는 '乃'. 崔彦撝, 「菩提寺大鏡大師玄機塔碑」, "捨菩提寺 請以住持"와 崔彦撝, 「地藏禪院朗圓大師悟眞塔碑」, "仍捨普賢山寺 請以住持"에 의거하여 '捨'로 추정할 수 있으나, 탁본에는 '乃'에 가까움.

79) 人 : 『총람』에는 '者', 탁본에는 '人'인 듯함.

80) 與 : 『유문』에는 '(與)', 『총람』에는 □, 탁본은 마멸.

81) 章 : 『유문』에는 '章?', 『총람』에는 □, 탁본은 마멸.

82) 遊 : 『총람』에는 □, 탁본에는 '遊'.

83) 堂 : 『총람』에는 '室', 탁본에는 '堂'.

84) 八 : 『총람』에는 '六', 탁본에는 '八'.

85) 北 : 『총람』에는 '此', 탁본에는 '北'.

86) 玉 : 『유문』에는 '玉?', 탁본에는 '玉'.

87) 成 : 『유문』에는 '成?', 탁본에는 '成'.

88) 忘 : 『유문』에는 '忘?', 『총람』에는 □, 탁본에는 '忘'.

動域而常靜, 處幽居而不坐. 聞之者, 風駈垢埃, 得之者, 日[89]破昏黑. 禪林杞梓, 寔/法域之棟梁, 奈□等華[90], 誠慈宗之墻塹, 作群生之慈父, 爲□病之毉[91]王[92]者[矣][93].

傳法弟子[94]綽麟承湛等一百餘人, 俱切心喪, 永思目[95]語, 追惟/禪[96]德, 以報法恩[97]. 其親□□, 佐丞歆魯, 官居宰輔, 職綰宮闈[98], □王氏之連枝, 奉竺[乾][99]之別派, 與[100]在家弟子尙父金公善紹, 大相洪公仁□, 如玉[101]惟貞, 斷金是[102]/視, 同資禪化, 各持不朽之緣, 共感道風, 皆薦無壃[103]之福, 不唯法域柱石,

---

89) 日 : 『유문』에는 '曰?', 『전문』에는 '曰', 『총람』에는 □.

90) 奈□等華 : 탁본에는 '奈□等華'. '禪林杞梓'와 對句가 되므로 글자 수는 4자가 맞음. 『유문』·『전문』에는 '奈□等□華', 『총람』에는 '□□□□華'.

91) 毉 : 탁본은 '毉', 『총람』·『유문』·『전문』에는 □. 「鳳林寺眞鏡大師寶月凌空塔碑」의 "衆病之遇毉王" 참조.

92) 王 : 『총람』에는 □, 탁본에는 '王'.

93) [矣] : 崔彦撝의 「毗盧庵眞空大師普法塔碑」, "爲一切之導師者矣 傳法弟子"와 「地藏禪院朗圓大師悟眞塔碑」, "生人之先覺者矣 上足弟子" 등에 의거하여 '矣'로 추정. 『총람』·『유문』·『전문』에는 □, 탁본은 마멸.

94) 傳法弟子 : 탁본은 '傳法弟子'. 앞에서 2자를 隔字했음. 『총람』·『유문』·『전문』에는 '□□傳法弟子'.

95) 目 : 『총람』에는 □, 탁본에는 '目'.

96) 禪 : 『총람』에는 □, 탁본은 마멸.

97) 以報法恩 : 『유문』·『전문』에는 '以報□法恩', 탁본에는 '法恩' 앞에서 1자를 隔字.

98) 闈 : 『유문』에는 '闈?', 탁본에는 '闈'인 듯함.

99) [乾] : 의미상 '乾'으로 추정. 竺乾은 印度를 말한다. 『총람』·『유문』·『전문』에는 □, 탁본은 마멸.

100) 與 : 『총람』에는 □, 탁본에는 '與'

101) 玉 : 『유문』에는 '玉' 또는 '王?', 탁본에는 '玉'.

102) 是 : 『총람』에는 □, 탁본에는 '是'.

兼作仁國金湯. 下臣學海微派, 詞林末品, 叨膺鳳詔, 油楷[104]龜文.

銘曰[105], /

竺乾之敎, 迦葉是資,
自從西域, 來至東陲.
光□法印, 遠副心期,
秋潭月規[106], 夏嶺雲披[107],
□[108]樹□英, 玄關仰止,
漢廣濫觴, 滔滔法水./
藹藹貞幹, 梟梟禪□[109],
志切[110]調猿, 情深救蟻.
先師付囑, 大重因緣,
從凡出衆, 發聖超賢[111].

---

103) 壃 : 『총람』·『전문』에는 '疆', 『유문』에는 '疆' 또는 '(壃)', 탁본에는 '壃'. '疆'과 '壃'은 음과 뜻이 같음.

104) 油楷 : 『총람』에는 □□, 탁본은 마멸.

105) 曰 : 『유문』에는 없음. 탁본에는 '曰'.

106) 規 : 『총람』에는 □, 탁본에는 '規'인 듯함.

107) 披 : 『총람』에는 □, 탁본에는 '披'인 듯함.

108) □ : 『전문』에는 '婁', 탁본은 마멸.

109) 禪□ : 『유문』·『전문』에는 '禪深', 『총람』에는 □□, 탁본은 마멸되어 한 자는 '禪'인 듯하고 나머지 자는 알 수 없다. 押韻의 원칙상 '深'은 부적당.

110) 切 : 『유문』에는 '功'.

111) 發聖超賢 : 『총람』·『전문』에는 '發超聖賢', 탁본에는 '發聖超賢'.

慈心如海, □性[112]保天,
非愛藏壑, 孔恨逝川./

天福六年歲次辛丑 十月 二十七日 立

【陰記】

都[113]評省帖 洪俊和尙 衆徒 右法師. 師矣[114], 啓以, 僧矣段, 赤牙縣,[115] 鷲山中,/ 新處所[116], 元聞爲, 成造爲內臥乎亦在之, 白賜, 縣[117]以, 入京爲使臥, 金達含/進置, 右寺原問內[118]乎矣, 大山是在以, 別地主[119]無亦在彌, 衆矣, 白賜臥乎,/ 皃[120]如, 加知谷寺谷中, 入成造爲賜臥亦之, 白臥乎[121]味[122], 及白, 節

112) 性 : 『유문』·『전문』에는 '惟', 탁본에는 '性'인 듯함.
113) 廣 : 『총람』·『집성』·『유문』·「이두」·『전문』·『이두』에는 '都', 탁본은 마멸.
114) 右法師 師矣 : 『전문』에는 '右法師矣', 탁본에는 '右法師 師矣'.
115) 縣 : 『총람』·『집성』·『유문』·『전문』에는 '射', 『고문서』에는 '寺', 탁본은 마멸되어 알 수 없음.
116) 所 : 『총람』·『집성』·『유문』·『전문』·『고문서』에는 □이나, 「이두」·『이두』에는 '所?', 탁본은 마멸.
117) 縣 : 『총람』·『집성』·『유문』·『전문』·『고문서』에는 '且', 탁본은 마멸.
118) 內 : 『전문』에는 '公', 탁본에는 '內'.
119) 地 : 〈이두〉에는 '也', 탁본은 '地'.
120) 皃 : 『총람』·『집성』·『유문』·『전문』·『고문서』에는 '白', 탁본은 마멸.
121) 臥乎 : 『총람』·『집성』에는 □□, 『유문』에는 '臥淨?', 『전문』·『고문서』에는 '臥淨', 탁본은 마멸.
122) 味 : 〈이두〉에는 '未?', 탁본은 마멸.

中,/ 敎旨, 然丁123), 戶丁124)矣, 地段125), 知事者, 國家大福田處爲, 成造爲使賜爲, 敎126)./ 天福四年歲次己亥八月一日, 省史臣127)光./

五年辛丑八月廿128)一日, 允129)國家以130)山院名, 弁131)十四州132)郡縣, 契乙用,/ 成造令賜之./ 節133)成造使 正朝 仁謙 停勵古寶.

國主 神聖大王 國統 坦然

節三剛 院主 道玄134)

典坐 含惠

吏135)僧 惠允

在家弟子 佐承 秀文

---

123) 丁 : 『총람』·『집성』·『유문』·『전문』·『고문서』에는 '乎', 탁본에는 '丁'인 듯함.

124) 丁 : 『총람』·『집성』에는 □, 탁본에는 '丁'.

125) 段 : 『총람』·『집성』·『유문』·『전문』·『고문서』에는 □, 〈이두〉·『이두』에는 '段?', 탁본은 마멸.

126) 敎 : 『총람』·『집성』·『유문』·『전문』·『고문서』에는 없음. 탁본은 마멸.

127) 臣 : 『집성』에는 '住', 탁본에는 '臣'.

128) 卄 : 〈이두〉에는 '廿?', 탁본은 마멸.

129) 允 : 『총람』·『집성』·『유문』·『전문』·『고문서』에는 □, 탁본은 마멸.

130) 以 : 『총람』·『집성』·『유문』·『전문』·『고문서』에는 □, 탁본은 마멸.

131) 弁 : 『총람』·『집성』·『유문』·『전문』·『고문서』에는 '貴', 탁본은 마멸.

132) 州 : 『총람』·『집성』·『유문』·『전문』·『고문서』에는 '列', 탁본은 마멸.

133) 節 : 『총람』·『유문』·『전문』·『고문서』에는 '箴', 탁본은 마멸.

134) 玄 : 『총람』에는 '玄', 『유문』·『전문』에는 '堂', 탁본에는 '玄'인 듯함.

135) 吏 : 『유문』·탁본에는 '吏', 『총람』에는 '惠', 『전문』에는 '史'.

佐[136]承 玉[137]忠

太相 英會

元甫 仁剛

正甫 仁暉

元尹[138] 昕暉

元尹[139] 昕□

正位 元□

正位 □□

太卿[140] 昕□

吉永 □□

文[141]忠 宗希

□釋 □翠

□[142]

內外□□惟那 □□[143]

輔州[144]官班

---

136) 佐 : 『유문』에는 '佑', 탁본에는 '佐'인 듯함.
137) 玉 : 『유문』에는 '主?', 『전문』에는 '主', 탁본에는 '玉'인 듯함.
138) 尹 : 『총람』에는 □, 탁본에는 '尹'인 듯함.
139) 尹 : 『총람』에는 □.
140) 卿 : 『유문』에는 '鄕', 탁본은 마멸.
141) 文 : 『유문』에는 '(文)', 『총람』에는 □, 탁본은 마멸.
142) □ : 『유문』에는 '大?', 『총람』에는 없음. 탁본에는 마멸.
143) 內外□□惟那□□ : 『총람』·『유문』·『전문』에는 음기의 끝에 있으나, 탁본에는 이 위치에 있음.
144) 州 : 『총람』에는 □.

上沙喰 元吉

第二 純保

第三 英希

寺鄕[145]村主 吉萱[146]

□□[147]官班[148]

上沙喰 宗倨[149]

第二 今岳

第三 主道

村主 行悟

村主 能直

村主 宣直

鐵匠 能弌[150]居士

石匠 相昕[151]

(원문교감 : 박영제)

---

145) 鄕 : 『총람』·『전문』에는 '卿', 탁본은 마멸.

146) 萱 : 『총람』에는 '菅', 탁본은 마멸.

147) □□ : 『유문』·『전문』에는 없음. 탁본은 마멸.

148) 班 : 『총람』에는 '琎', 탁본은 마멸.

149) 倨 : 『총람』에는 □, 탁본은 마멸.

150) 弌 : 『유문』에는 '弌?', 탁본에는 '弌'인 듯함.

151) 碑에는 한 면에 '國主 神聖大王~內外□□惟那 □□'까지가 위에, '輔州官班~石匠 相昕'까지는 바로 그 아래에 새겨져 있음.

8. 淨土寺法鏡大師慈燈塔碑

1. 자료의 개요

1) 찬자 : 崔彦撝

서자 : 題額은 太祖, 본문은 具足達

각자 : 僧 光乂 · 壯超 · 幸聰 · 行超

2) 시기 : 天福 8년(高麗 太祖 26, 惠宗 즉위년, 943) 6월 5일

3) 있는 곳 : 忠北 中原郡 東良面 荷川里 淨土寺址[1)]

4) 규모[2)]

① 높이 : 315cm ② 폭 : 147cm ③ 41행×89자

④ 글자크기 : 2.4cm ⑤ 서체 : 楷書體

⑥ 현상태 : 비문의 상태가 양호한 편이나, 수십 군데에 彈痕으로 패여 있다. 篆額은 '法鏡大師'라 하였다. 비의 양식은 龍頭化한 龜頭와 雲龍紋이 있는 螭首, 특히 거북의 부리부리한 눈이 매우 사실적이다.

2. 자료의 구조

1) 현재는 이 곳이 충주댐 수몰지역이기 때문에 인근으로 이전되어 있다.

2) 채상식은 1982년 논문에서 높이 3.2m, 폭 1.46m, 字徑 약 2.5cm이고 陰記는 字徑 약 3.5cm(楷書體)라 하였으며, 『금석원』은 높이 9척 8촌, 폭 4척 5촌, 41행 89자라 하였다.

1) 제액, 찬자, 서자 : 有晋高麗國 ~ 奉敎書

2) 서

① 도입 : 原夫 曉月遐昇 ~ 代有其人者焉

② 가계와 탄생연기 : 大師 法諱玄暉 ~ 孟陬之朔 誕生

③ 출가, 수행 : 大師 生有聖姿 ~ 萬里同風 其歸一揆

④ 중국유학 : 大師 其後謂曰 ~ 或偸路百城

⑤ 귀국 및 교화 : 以此 隅到四明 ~ 俱在前言

⑥ 입적, 입비 과정 : 此際宴坐禪牀 ~ 龜文表絶學之悲

3) 명 : 銘曰 ~ 竝無中輟

4) 입비 시기, 각자 : 天福八年 ~ 行超

5) 음기 : 開天山 ~ 聰乂村主

3. 法鏡大師(879~941) 연보

諱 玄暉, 俗姓 李氏, 全州 南原人, 父 德順, 母 傅氏.

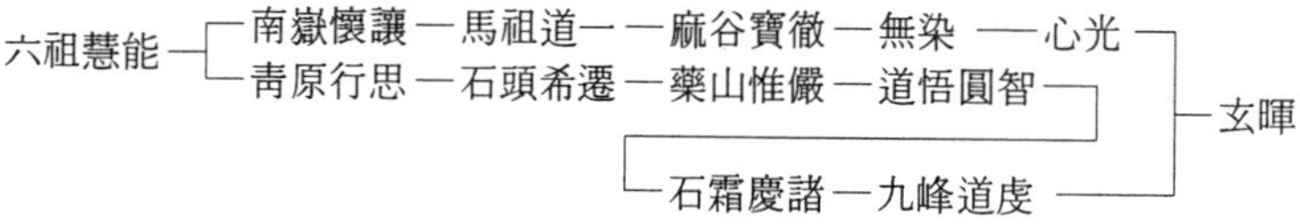

1세	헌강왕 5	879	1월 1일 출생
?			출가하여 영각산사 심광대사를 스승으로 함
20세	효공왕 2	898	충남 가야산사에서 구족계를 받음
?			전란을 피하여 武州로 감. 綠林을 교화시킴
28세	효공왕 10	906	당에 건너가서 구봉산 도건대사에게 心要를 받음
46세	태조 7	924	귀국 왕건에 의해 國師 대우를 받고 中州 淨土寺에 머물게 됨 佐丞 劉權說의 귀의를 받음

63세	태조 24	941	11월 26일 새벽 입적. 승랍 41 11월 28일 북쪽 봉우리의 양지바른 곳에 장례 지냄. 시호와 탑명을 추증함 최언위에게 비문을 짓게 하고 태조가 제액을 씀
	태조 26, 혜종 즉위	943	6월 5일 비가 세워짐
	혜종 1	944	6월 1일 음기가 쓰여짐

4. 교감 자료

서울대 규장각 소장 탁본, 奎12547
劉燕庭 編, 1832,『海東金石苑』上 ; 1976, 亞細亞文化社, pp.251～268
朝鮮總督府 編, 1919,『朝鮮金石總覽』上 ; 1976, 亞細亞文化社, pp.149～157
許興植 編, 1984,『韓國金石全文』中世上, pp.318～328
蔡尙植, 1982,「淨土寺址 法鏡大師碑 陰記의 分析」『韓國史硏究』36

5. 참고문헌

『朝鮮古蹟圖譜』
葛城末治, 1935,『朝鮮金石攷』, pp.311～315
金光洙, 1979,「羅末麗初의 豪族과 官班」『韓國史硏究』23
李智冠 校監 譯註, 1993,「忠州 淨土寺 法鏡大師 慈燈塔碑文」『伽山學報』2

6. 원문교감

有晉 高麗國[3] 中原府 故 開天山 淨土寺 敎謚法鏡大師 慈燈[4]之塔 碑銘 并序

太相 檢校尚書 左僕射 前守兵部侍郎 知翰林院事 臣 崔彦撝 奉教撰

沙粲 前守興文監卿 賜緋銀魚袋 臣 具足達 奉教書

原夫曉月遐昇 照雪於四方之外 春風廣被 揚塵於千嶺之旁. 然則木星著明 散發生之玄霧 青暈迴[5]耀 浮芳序之法雲. 或沍色凝寒 或陽和解凍 聚此太平之美[6] 激[7]于離日之暉. 所以二氣相承 三光助化 可謂麗天之影 瞻[8]望所宗. 此/則弘之在言 拾此於實.

嘗試論之 尺璧非寶 亡羊則唯貴寸陰 玄[9]珠是珍 罔象則眞探秋露. 故知儒風則詩惟三百 老教則經乃五千 孔譚仁義之源 聃[10]演玄虛之理. 然而雖念忘[念][11] 敢言得理. 此則域中之教方內之譚 曷若正覺道成/ 知一心之可得 眞如性淨 在三際之非殊. 故知澡慧六通 不生不滅 凝情三昧[12] 無取無行. 盖因方便之門 猶認秘微之義 事惟[13]善誘 心在眞宗.

---

3) 高麗國 : 『총람』에는 '高□□', 『금석원』에는 '高麗□', 『전문』에는 '高麗'.
4) 燈 : 『전문』에는 '鐙'.
5) 迴 : 『전문』에는 '廻'.
6) 美 : 『총람』에는 '□'.
7) 激 : 『총람』·『금석원』에는 '□'.
8) 瞻 : 『전문』에는 '明'.
9) 玄 : 『전문』에는 '宏'.
10) 聃 : 『전문』에는 '眒'.
11) [念] : 모든 판본에는 '□'.
12) 昧 : 『전문』에는 '味'.

然而至道希夷 匪稱謂之能鑒 玄[14]宗杳邈 非名言之所鈐. 於是 各守一隅 難通三返 筌蹄之/外 慧業所資. 而又雖渴鹿趣炎謂至清池之[15]畔 盲龜遊[16]沼 猶逢浮木之中. 則知法本不生 因生起見 見其可取 法則常如. 然則淨霔法雨之滋 便淸熱惱 虔謁微塵之衆 俄濟迷流. 菩提涅槃 法性常住 用此莊嚴佛土 成就衆生. 度天人/敎菩[17]薩 方思妙用 可謂周勤.

然則昔者如來 爲五比丘 說三乘敎 化緣已畢 尋以遷儀. 臨涅槃之時 以無上法寶 密傳迦葉 流布世間曰[18] "護念勤修 無令斷絶" 自大[19]迦葉 得其法眼 付屬阿難 祖祖相傳 心心共保. 爰有應眞菩薩 圓[20]覺大/師 東[入]中華[21] 非人不授. 至唐承襲者 竊惟六人 摩傳可 可傳璨 璨傳信 信傳忍 忍傳能. 能其後分而爲二 其一曰讓 其一曰思 其下昭昭 此則何述焉. 洎于像末 逾[22]益澆訛 大道云喪 微言且絶 則非探奇上士 契理眞人何以一匡頹俗/ 再□法輪. 必有涉進玄[23]鄕 心行靜處 時時間出

---

13) 惟 :『전문』에는 '情'.
14) 玄 :『전문』에는 '元'.
15) 之 :『전문』에는 없음.
16) 遊 :『금석원』에는 '游'.
17) 菩 :『총람』에는 '□'.
18) 曰 :『금석원』, 채상식의 글에서는 '日'.
19) 自大 :『총람』에는 '□□'.
20) 圓 :『금석원』·『전문』에는 '同'.
21) 東[入]中華 :『전문』·『총람』에는 '東□中□',『금석원』에는 '惠□中□', 채상식의 글에서는 '惠□中華'.
22) 逾 :『총람』에는 '□'.
23) 玄 :『전문』에는 '元'.

代有其人者焉./

大師 法諱[24]玄暉 俗姓李氏. 其先周朝閟德 柱史逃榮. 苦縣地靈 知[25]有猶龍之聖 鄒[26]鄉天寶 昔聞歎鳳之君. 故言匪魯司寇 無以知之者也. 遠祖初自聖唐 遠征[27]遼左 從軍到此 苦役忘歸 今爲全州南原人也. 父諱德順 尤明老易 雅好琴/詩 當白駒棲[28]谷之時 是鳴鶴在陰之處 高尙其事 素無宦[29]情. 母傅[30]氏 假寐之時 須臾得夢 阿娑[31]布施 證鳩摩羅駄[32]之祥 聖善因緣 呈鶴勒夜郝之瑞. 歿賢曾[33]爾[34] 唯我亦然. 況又在孕之時 十有三月 免懷之際 元正伍時 以乾符六年/ 孟陬之朔 誕生.

大師生有聖姿 幼無兒戲 行惟合掌 坐乃趺跏. 劃[35]墁堆砂 必模[36]像塔 分飡汲水 須給虫[37]魚. 然則因覩牛涔 冀[38]游鼇[39]

24) 諱 :『총람』에는 '□'.
25) 知 :『전문』에는 '如'.
26) 鄒 :『전문』에는 '郡'.
27) 征 :『총람』에는 '□'.
28) 棲 :『총람』·『금석원』에는 '捿'.
29) 宦 :『총람』·『금석원』에는 '宧'.
30) 傅 :『총람』에는 '傳'.
31) 娑 :『전문』에는 '姿'.
32) 駄 : =馱.『금석원』·『전문』에는 '馱'.
33) 曾 :『총람』에는 '□'.
34) 爾 :『금석원』에는 '爾의 약자'.
35) 劃 :『금석원』·『전문』에는 '畫'.
36) 模 :『금석원』과 채상식의 글에서는 '摸'.

壑 潛辭塵世 實欲出家 聞於二[40]親 志切且[41]慊. 父母謂曰 "今思前夢 宛若同符 始覺曩因 猶如合契. 汝/前佛所度 汝亦度之 任你[42]東西 早登佛位. 導師慈父 便是其人".

所以永遂離塵 尋山陟嶺. 東去 獲投靈覺山寺 謁深光大師 傾盖如新 忻然自得. 追念東山之法 實謂得人 倍切歡娛 寧知昏旭. 闡揚吾道 不在他人. 所以仰惟祖宗/ 仍是崇嚴之子 猶認先系 亦爲麻谷之孫也. 足見聖道所傳 曹溪爲祖 代代相契 至于大師. 所以來自江西 派於海左 海隅聖住 天下無雙. 於是 許與[43]探玄 殷勤學佛 不出蓮宇 常住草堂. 大師實勞我心 談不容口 後生可畏/ 其德惟[44]新. 自非宿植善芽 生知靈性 其孰能至於此.

乾寧五年 受具於[45]伽耶山寺. 既而戒珠更淨 油盋[46]彌堅 修善逝之禪 靈臺不動 契文殊之慧 照境無爲[47]. 演三藏之文 解行相應 闡[48]四分之律 勤修兩存. 所以問[49]諮[50]絶吟[51] 吐言尊

---

37) 虫 : 『전문』에는 '蟲'.
38) 糞 : 『금석원』에는 '𥻘', 『총람』에는 '糞'.
39) 鼈 : 『전문』에는 '鼈'.
40) 二 : 『총람』에는 '□'.
41) 且 : 『총람』에는 '□'.
42) 你 : 『총람』에는 '伱', 『전문』에는 '徐'.
43) 與 : 『총람』·『전문』에는 '其'.
44) 惟 : 『금석원』·『전문』에는 '維'.
45) 於 : 『총람』에는 '□'.
46) 盋 : 『전문』에는 '盈'.
47) 爲 : 『금석원』에는 '□'.
48) 闡 : 『총람』에는 '開'.

道 口不/談俗 身猶蘊眞. 然則窮理在三 體元含一 必能興仁壽域 拯物阽危.

此時 雖聖運三千 而艱期百六 火辰照地 金虎司方. 此際風聞南在武州 此中安處 可能避[52]難 修保殘生. 所以大師與同侶十餘[53]人 行道茫茫 至于其所, 果然群/黎翕集 所在康寧. 然則竊承南海 多有招[提][54] 實堪駐足, 不久往於彼處 謂云 "何以棲[55]遲者焉."[56] 居無何 忽遇綠林 潛侵玄[57]室 便爲卸[58]剝 俱煞[59]同行訖 次至大師. 大師 臨白[60]刃而[61]神色怡[62]然[63] 志靑雲而目光瑩[64]尒[65], 唯無悚懼 自若從容. 魁首/觀其風度怡怡語聲切切 投劒羅拜 請師事焉. 至於豺狼革心 寇賊知禮 譬如

---

49) 問 :『총람』에는 '□'.
50) 誥 :『금석원』·『전문』에는 '詰'.
51) 吟 :『전문』에는 '命'.
52) 避 :『총람』에는 '□'.
53) 餘 :『금석원』·『전문』에는 '一', 『총람』에는 '□', 채상식은 '餘'.
54) 招[提] :『총람』·『금석원』에는 '昭隄' , 『전문』에는 '招隄'.
55) 棲 :『총람』·『금석원』에는 '捿'.
56) 者焉 :『전문』에는 '者爲焉'.
57) 玄 :『전문』에는 '元'.
58) 卸 :『금석원』에는 '却', 『전문』에는 '卻'.
59) 煞 :『전문』에는 '然'.
60) 白 :『총람』에는 '□', 채상식의 글에는 '自'.
61) 而 :『총람』에는 '□'.
62) 怡 :『총람』·『금석원』에는 '怗'.
63) 然 :『총람』에는 '□'.
64) 瑩 :『전문』에는 '榮'.
65) 尒 :『총람』에는 '爾'.

玄奘三藏 抛西域之爲牲 慧忠大師 免南陽之遇禍. 夫先聖之遭難也如彼 我大師之化人也若斯 萬里同風 其歸一揆.

大師其後謂曰 "終居此/地 必滯前程", 天祐三年 獨行沿海 尋遇乘槎之者 請以俱西. 以此寓載淩洋 達于彼岸 邐迤西上 行道遲遲. 路出東陽 經過彭澤 遂至九峯山下 虔謁道乾大師. 大師廣庭望座[66] 膜拜方半, 大師問曰 "闍梨頭白." 對曰 "玄暉目[67] 不知/闍梨." "自己[68]爲什 勿[69]不知." 對曰 "自己[70]頭不白." "追思別汝 稍似無多 寧期此中 更以相遇." 所喜昇堂覩奧 入室參禪. 纔留一旬 密付心要 受玆玄契 如瀉德缾. 若備中和易直之心 而得[71]升降周旋之節 於義爲非義 於人爲半人.

恭惟世間出/世間 皆歸佛性 體無分別 俱會一乘. 所以一托[72] 松門[73] 十經槐律. 獨提缾[74]錫 四遠參尋[75] 境之幽兮往遊 山之秀兮留駐. 所以天台仰異 地境觀風 嶺外擔簦[76] 虔禮祖師之

66) 座 : 『총람』·『금석원』에는 '塵'.
67) 目 : 『금석원』과 채상식의 글에는 自.
68) 己 : 『금석원』에는 '巳'.
69) 勿 : 『금석원』에는 '物'.
70) 己 : 『금석원』에는 '巳', 『총람』에는 '已'.
71) 得 : 『총람』에는 '無'.
72) 托 : 『총람』·『금석원』에는 '託'.
73) 松門 : 『전문』에는 '松缾門'.
74) 缾 : 『전문』에는 없음.
75) 尋 : 『전문』에는 '㶳'.
76) 簦 : 『총람』·『전문』에는 '登'.

塔 湖南負笈 遠投禪伯之居. 其後 況復北抵幽燕 西臻邛[77]蜀 或假途/諸道 或偸路百城.

以此 偶[78]到四明 忽逢三[79]鳥[80] 只賷音信 至自東方. 竊承本國 祁山霧收 漸海波息 皆銷外難 再致中興. 迺於同光二年來歸舊國. 國人相慶 歡響動天 可謂[81] 交[82]趾珠還 趙邦璧返. 唯知 優曇一現 摩勒重榮.

上乃特遣/使[83]臣 奉迎郊外 寵榮之盛 冠絶當時. 翌日 延入九重 降於三等 虔心鑽仰 待以國師. 大師披霧之時 頻搖麈[84]尾 上乃望風之際 甚悅龍顔. 所以大師 語路風流 言泉境絶 得所無得 玄之又玄. 忽聽玄譚 盡去煩襟之/悶 仍承雅況 終懷瑩慮之規. 然則 大師曰 "群緣體無 衆法歸一. 若靈藥毒草 同在林中 甘泉淤泥 共生泉下 能令分別 不有迷之."

上事佛精勤 深[85]求親近 仍擧[86]中州淨土蘭若 請以住持. 大師自此 纔涉滄溟 每思幽谷 捨玆/奚適 適我願兮. 於是 便挈山

---

77) 邛 : 『금석원』에는 '叩'.
78) 偶 : 『총람』·『금석원』에는 '隅'.
79) 三 : 『총람』에는 '□'.
80) 鳥 : 『전문』에는 '島'.
81) 謂 : 『총람』에는 '□'.
82) 交 : 『총람』에는 '□'.
83) 使 : 『전문』에는 '便'.
84) 麈 : 『전문』에는 '塵'.
85) 深 : 『총람』에는 '□'.
86) 擧 : 채상식의 글에 근거함. 『금석원』·『총람』에는 '□', 『전문』에는 '于'.

裝 尋凌漢廣 悠悠騫嶺 往以居之 境地偏佳 山泉甚美. 當州聞風而悅 詣者百千. 大師暫駐慈軒 尋鋪禪榻 四方來者 皆滿茅堂 森若稻麻 誨之不倦. 所以先難後獲 霧集雲歸. 大師誘引學流 敷/陳宗旨 理妙詞簡 幾深義精 六度之龜麟 人天之海嶽也.

爰有佐丞劉權說者 殷傅[87]說之流也. 於國忠臣 在家弟子 鑽仰尼父 必同顔氏之徒 服膺釋迦 須竝阿難之類[88]. 特趍[89]禪境 敬禮慈顔 便申避席之儀 深展摳衣之墾. 其後 下/國之賢 求仁所聚 中原之士 慕德成群. 祇[90]奉儀形者 白蓮開於眼界 敬聞言說者 甘露降於心源. 然則可謂主僧子天君法兄曰 “禪林御衆開道[□][91]天[92]子之軒 寶樹居尊 施澆季法王之化者也.”

而又知上法易 行上法難 修上法易 證上/法難. 或問[93] “萬行皆空 云何故行” 對曰 “本無苦樂 妄習爲因 衆生妄除 我苦隨盡 更於何處 猶覓菩提.” 然則朝廷士流 銜命來往 路出中府 終年幾千. 萬一之流 忙於王事 不踐門閾[94] 以爲大羞. 若乃虔謁禪關 仰承一眄 每聞曉誨 如洗朝/飢. 及其撞鍾大鳴 入海同味 觀法無本 觀心不生. 惟最上乘 止於中道 涼風旣至 百實皆成

87) 傅 : 『총람』에는 ‘傳’.
88) 類 : 『전문』에는 ‘頪’.
89) 趍 : 『전문』에는 ‘趁’.
90) 祇 : 『총람』에는 ‘衹’.
91) [□] : 『총람』·『금석원』에는 ‘人’, 『전문』에는 ‘入’이나, 뒷구절 澆季와 대구가 되어야 하므로 人과 入이 모두 적당하지 않은 듯하다.
92) 天 : 『총람』에는 ‘□’.
93) 問 : 『전문』에는 ‘間’.
94) 閾 : 『전문』에는 ‘閫’.

汝能摠持 吾亦隨喜. 由是無上覺路 分爲此宗.

大師謂大衆曰 "曾修香火之因於大王殿下 永言付囑 虔託王臣. 所以老僧忍[95]/病趁風 貪程就日 冀於一訣 不在它求" 以此卽到上都 親申誠懇, 上答曰 "法由國興 誠不虛語 實願大師 安心道念 久護生靈. 弟子牆塹法城 金湯祇[96]樹" 大師對曰 "菩薩弘誓 上乘發言 護法爲心 流慈是務 正應如是 今/窺聖朝" 又問 "修行功用 遠近當殊." 答曰 "滴水下巖 卽知朝海." 又問 "了言相信 先會暗同 爭奈童蒙 如何勸[97]發." 曰 "兒喉旣閉 乳母奚爲. 夫金韞於山 則山[98]稱寶嶽 珠藏於水 則水號珍川. 其道念玆 亦同於此 此情何已 俱在前言."

此際/宴坐禪牀 經行慧苑 演心法玄玄[99]之話 論性[100]根切切之譚. 然則眞空無象 實際絶言 豈惟慧日光沈 方感泥洹之早 慈雲色斂[101] 忽牽滅度之悲而已矣哉. 天福六年 十一月 二十六日 詰旦 告門人曰 "去留有期 來往無住 於焉示化 所在/如然. 汝勉旃奉行遺誡 不隳宗旨 以報吾恩也" 未示滅之前夕 弟子問 "和尙欲去 付囑何人" 師曰 "燈燈自有 童子點" 問 "彼童子

---

95) 忍 : 『전문』에는 '忽'.
96) 祇 : 『총람』·『전문』에는 '衹'.
97) 勸 : 『전문』에는 '觀'.
98) 山 : 『총람』에는 '□'.
99) 玄玄 : 『전문』에는 '元元'.
100) 性 : 『총람』·『금석원』에는 '信'.
101) 斂 : 『총람』·『전문』에는 '歛', 『금석원』에는 '叙'.

如何示展” 曰 “星布靑天裏 於中郁 得知” 言竟坐滅 俗年六十有三 僧臘四十有一.

于時 雲日慘凄 風泉/鳴[102]咽 山川震動 鳥獸悲啼. 諸天唱言人無眼目 列郡含憾[103] 世且空虛. 天人感傷 斷可知矣 聖感靈應 豈誣也哉. 弟子闊行等三百餘人 號奉以其月二十八日 窆[104]于北峰之陽 遵像敎也.

臨終之際 奉表告辭云 “老僧不遂素懷 永辭聖代/矣” 上乃披覽 皇情悼焉. 乃贈謚曰法鏡大師 塔名慈燈之塔. 則知尊師之道焯然 追遠之儀賅矣 於是乎在 莫之與京.

惟大師 惟岳降靈 哲人生世 敷揚釋敎 闡示禪宗. 然則爲物現生 憂人弘道 貌和言寡 飢至飽歸. 所/以心樹花鮮 法流水淨 月明江闊 木落山高. 故能薝蔔神香 醍醐勝味 正道無說 權機[105]有言. 由是四方施捨之緣 歸於大衆 一世有無之屬 贍[106]彼窮人. 然則可謂問道楞伽[107] 尋師印度 求深斷臂 志切傳心. 遂使一國歸仁 實助帝王之化/ 千門入善 偏霑黎庶之心.

下臣忽捧芝泥 令修藴[108]曰. 臣才非呑鳥 學謝聚螢 强措菲詞式揚禪德. 所冀垂于不朽 永示無窮. 國主追哀[109] 鳳篆[110]彰亡

---

102) 鳴 : 『전문』에는 ‘嗚’.
103) 憾 : 『총람』·『금석원』에는 ‘恨’.
104) 窆 : 『총람』에는 ‘窆’.
105) 機 : 『금석원』에는 ‘擹’.
106) 贍 : 『전문』에는 ‘瞻’.
107) 伽 : 『전문』에는 ‘迦’.
108) 藴 : 『전문』에는 ‘苞’.

師之慟 門人感慕 龜文表絶學之悲.

銘曰/

懿歟大覺 愚[111]我群生,
休飮炎水 莫越[112]化城.
色則非色 名惟假名,
知惟眞實 試是慧明.

倬[113]哉至人 厤谷孫子,
具體則圓 猶如顔氏.
道冠憐鷹 慈超救蟻,
□悟眞宗 潛傳閟[114]旨.

紹隆三[115]寶 祀[116]接四依,
玄情乘運 妙用息機,

---

109) 哀 :『총람』·『금석원』에는 '□'.
110) 篆 :『전문』에는 '喙'.
111) 愚 :『총람』·『금석원』에는 '慜'.
112) 越 :『총람』·『금석원』에는 '趍'.
113) 倬 :『전문』·『금석원』에는 '悼'.
114) 閟 :『전문』에는 '悶'.
115) 三 :『총람』에는 '□'.
116) 祀 :『총람』·『금석원』에는 '祗'.

智流激爽　心路知歸.

聞/所未聞　得其無得,
法無去來　宗判南北.
靡見聖心　誰尊禪德,
佛戒恒行　師言不忒.

心傳靈器　道贊聖朝,
化被群惑　威摧衆妖[117].
初從宴坐　屢赴嘉招,
惟思惟慮　匪斲[118]匪雕.

服煖緼[麢][119]　食甘禪悅,
大君感傷　眞宰思渴,
唯喜學人　竝無中輟/

天福八年 歲次癸卯 六月丁未朔[120] 五日辛亥 立
鐫字僧 光乂 壯超 幸聰[121] 行超[122]

---

117) 妖 :『금석원』에는 '妭'.
118) 斲 :『전문』에는 '斯'.
119) 煖緼[麢] :『전문』에는 '煩緹廣',『금석원』에는 '煖緹廣',『총람』에는 '煖緼廣'. 모든 판본에 廣이라 되어 있으나, 廣은 麢의 오자.
120) 朔 :『전문』에는 '朐'.
121) 聰 :『전문』에는 '聽'.

【陰記】 123)

開天山

維天福九季 歲次 甲辰 六月一日 辛丑 立碑 記事

爰有中原府 道俗二官 公卿夫老 黎人士庶 共是歸仰 虔爲大師弟子 □載此碑 略題名字

弘琳大德 景孚大統[124] 法譽大統 談弘大德 嚴信和尙 釋訪和尙 帝弘和尙 訓乂和尙 能珠儀娘

權說佐丞 堅書佐丞

遵讓元輔 弼良元輔 龍希元尹 朴謙元尹 舒兢元尹 崔律元尹

義貞佐尹 孔融佐尹 俊弘佐尹

張希阿粲 奉希阿粲 萱直阿粲 崔儒阿粲 新城阿粲

崔忠柰[125]

春一柰[126] 崔貞柰[127] 國奉柰[128] 仁鏡柰[129] 乂奉柰[130]

---

122) 超 : 『금석원』에는 '□'.

123) 『전문』과 채상식, 1982, 앞의 글 참조. 『금석원』·『총람』에는 없음.

124) 統 : 『전문』에는 '純'.

125) 柰 : 『전문』과 채상식의 글에는 '奈'.

126) 柰 : 『전문』과 채상식의 글에는 '奈'.

127) 柰 : 『전문』과 채상식의 글에는 '奈'.

128) 柰 : 『전문』과 채상식의 글에는 '奈'.

官訓侍郎 龍佋侍郎 堅訓侍郎 奉立侍郎 金佋侍郎 仁往侍郎 奠儒侍郎 彦猶侍郎 聰明侍郎 直奉侍郎

奠奉卿 □寶卿 崔讓卿 居律卿 門佋卿 由信卿 必奉卿 聽讓卿 信輿卿 漢乃達卿 金達卿

執事郎中 □□ □□ 玄魏

史 秀貞

兵部 卿忠式 卿□□ 卿[□□]131)

倉部 卿彦書 卿孔律 卿幸規

大師 門下僧 聰芮 闊行 聰信 貞裕 仁一 慶修 法言 □悟 法郎等 三百餘人

院主僧 行周 典座 釋悟

史僧 行裕 直歲僧 孝行

都唯那僧 行璘

諭德山人 靑州 釋希侍郎

元州 仁人員外 當城 幸璘卿

目竹縣 聰乂 村主

(원문교감 : 조경시)

---

129) 柰 : 『전문』과 채상식의 글에는 '奈'.

130) 柰 : 『전문』과 채상식의 글에는 '奈'.

131) [□□] : 모든 판본에는 없으나, 아래의 倉部卿이 3인이었던 것으로 보아 兵部卿도 3인으로 추정됨.

9. 五龍寺法鏡大師普照慧光塔碑

1. 자료의 개요

1) 찬자 : 崔彦撝(葛城末治의 추정)
   서자 : 釋 禪扃(『大東金石書』에 근거)
2) 시기 : 天福 9년(高麗 惠宗 1년, 944) 5월 29일
3) 있는 곳 : 京畿道 開豊郡 嶺南面 太院里 沙器幕洞 五龍寺址
4) 규모
   ① 높이 : 전체 높이 3.7m, 비신의 높이 2.08m
   ② 너비 : 1.01m　③ 두께 : 21cm　④ ?행×62자[1)]
   ⑤ 글자크기 : 본문 1.8cm, 제액 7cm
   ⑥ 서체 : 본문 楷書, 음기 行書
   ⑦ 현상태 : 비신 하단부는 마멸되었다. 이수·비신·귀부를 모두 갖추었는데 이수·비신은 稜蠻岩이며, 귀부는 화강암이다. 이수에는 4마리의 용이 서려 있는데, 전면 왼쪽 용의 머리 부분은 결실되었다. 이수 뒷면 가운데에는 '五龍之寺'라는 제액을 해서로 양각하였으며, 비신에는 비문 외에는 장식문양이 없다. 귀부는 머리를 곧게 세운 용맹

---

1) 『朝鮮金石總覽』에 근거한 것이다. 『海東金石苑』은 61자라 하였는데, 비문의 제8행과 제18행의 하단 결락부분의 수는 『海東金石苑』·『朝鮮金石總覽』이 같으나, 『朝鮮金石總覽』은 맨 마지막에 한 글자를 더 판독하고 있다.

스러운 모습이며, 등에 새긴 귀갑문은 이수의 용조각과 함께 뛰어난 수법이다. 귀갑문의 뒷부분에는 卍자가 두 곳에 새겨져 있다.

2. 자료의 구조

1) 제액, 찬자, 서자 : 有晉 ~ □□
2) 서
   ① 도입 : 盖聞 ~ 代有人焉
   ② 가계와 탄생연기 : 大師 ~ 誕生
   ③ 출가, 수행 : 大師 ~ 靈宗律師
   ④ 중국유학 : 旣瑩戒珠 ~ 何假他心
   ⑤ 귀국 및 교화 : 閑覩此門 ~ 亦若仙人之時
   ⑥ 입적, 입비 과정 : 貞明七年 ~ 雅麗之工
3) 사 : 其詞曰 ~ □□
4) 입비 시기, 각자 : 天福 ~ □□
5) 음기 : 檢校 ~ 侍郞
6) 추기 : □□ ~ □□

3. 法鏡大師(871~921) 연보

諱 慶猷, 俗姓 張氏. 父 未榮, 母 孟氏.

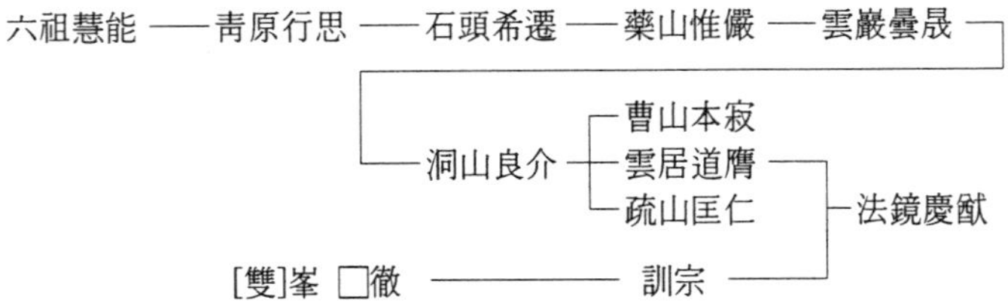

1세	경문왕 11	871	4월 11일 출생
15세	헌강왕 11		訓宗長老에게 출가
18세	진성여왕 2		通度寺 靈宗律師에게서 구족계를 받음
?		902 이전	道膺이 입적하는 902년 이전 당에 가서 雲居道膺의 법 전함. 逈微(가지산)·麗嚴(성주산)·利嚴(수미산)과 함께 海東 4無畏大師라 칭하여짐
38세	효공왕 12	908	武州의 會津으로 귀국했으나 전란을 만나 암혈에 숨음
?		918 이전	궁예가 남쪽을 정벌·순행할 때 진영에서 만남
?		918 이후	태조에게 알려져 王師의 예우를 받음
51세	태조 4, 경명왕 5	921	日月寺에서 입적. 승랍 33세
	태조 5, 경명왕 6	922	踊巖山 東峰에 신좌를 옮김
		?	시호를 法鏡, 탑명을 普照慧光이라 함
	혜종 1	944	비가 세워짐

4. 교감자료

劉燕庭 編, 1832,『海東金石苑』上 ; 1976, 亞細亞文化社, pp.268~278
李能和, 1918,『朝鮮佛敎通史』下, 寶蓮閣, pp.24~25
朝鮮總督府 編, 1919,『朝鮮金石總覽』上 ; 1976, 亞細亞文化社, pp.163~169
許興植 編, 1984,『韓國金石全文』中世 上, 亞細亞文化社, pp.328~337

5. 참고문헌

今西龍, 1916,『朝鮮總督府大正五年度古蹟調査報告』
鮎貝房之進, 1934,『雜攷』제6집 상권, pp.469~470
葛城末治, 1935,『朝鮮金石考』, pp.315~319
「朝鮮金石說明」『朝鮮總督府月報』, 4-9

6. 원문교감

五龍之寺(題額)[2]

有晉高麗國 踊巖山 五龍寺 故 王師[3] 敎謚 法鏡大師 普照慧光之塔 碑銘 幷序

□□□□ □□[4]

盖聞鷲嶺開宗，摽[5]立敎無爲之化，雞山入定，止傳[6]心有待之風，或先□微言，或始□善□．所[7]以別行法眼，深問[8]全軀，無非解脫[9]，□□□□ □□□□□□ □□□□[10]/ 仰呈雪立之誠，唯知道存，方駐雲遊之志．所以英靈間出，祖[11]孫[12]相承，其道

---

2) 五龍之寺(題額)：『금석원』에는 없음.

3) 故 王師：『총람』은 王師 앞에 2字 缺．『금석원』은 존칭의 표시로 1칸 띄어 썼다. 띄어 쓴 것으로 보아야 할 듯하다.

4) □□□□ □□：『전문』에는 없음. 글지은 이와 글쓴 이의 이름이 들어가야 할듯하다. 글쓴 이는 葛城末治,『朝鮮金石攷』, 318쪽에 의하면 崔彦撝로 추정된다.

5) 摽：『전문』에는 '標'.

6) 傳：『전문』에는 '專'.

7) 所：『총람』에는 □.

8) 問：『총람』·『금석원』에는 □.

9) 解脫：『총람』에는 □□.

10) □□□□ □□□□□□ □□□□：『금석원』은 13자 결.『전문』에는 없음.

11) 祖：『전문』에는 '法'.

日新, 遍[13]公[14]天下[15], 今猶古也, 代[16]有人焉./

大師 法諱慶猷, 俗姓張氏. 其先南陽冠族, 大漢宗枝. 遠祖偶涉鯨波, 來栖[17]兎郡. 父[18]曰[19]未[20]槃[21], □[22]知禮樂[23], □[24]□[25]聰明[26], 侍□孔聞[27]詩[28]□ 老[29]□學[30]道[31] □□□□□□□□□□□[32]/ 守道奉公, 終身從事. 母孟氏, 嘗於假寐, 忽得禎祥, 驚覺之時, 自知有娠, 常修淨念, 便斷葷辛. 以咸通十二年四月十一日 誕生.

---

12) 孫 : 『금석원』·『총람』에는 □.
13) 遍 : 『총람』에는 □.
14) 公 : 『금석원』·『총람』에는 □.
15) 天下 : 『총람』에는 □□.
16) 代 : 『금석원』·『총람』에는 □.
17) 栖 : 『전문』에는 '棲'.
18) 父 : 『총람』에는 □, 『전문』에는 '以'.
19) 曰 : 『총람』·『전문』에는 □.
20) 未 : 『금석원』·『총람』에는 □.
21) 槃 : 『금석원』에는 □, 『전문』에는 '生'.
22) □ : 『전문』에는 '師'.
23) 樂 : 『총람』에는 □.
24) □ : 『금석원』에는 '宀'.
25) □ : 『전문』은 禮樂과 聰明 사이가 비어 있다.
26) 聰明 : 『금석원』·『총람』에는 □□.
27) 聞 : 『금석원』에는 '門'.
28) 詩 : 『전문』은 '許'.
29) 老 : 『총람』에는 □.
30) 學 : 『금석원』·『총람』에는 □.
31) 道 : 『총람』에는 □.
32) □□□□□□□□□□□ : 『금석원』은 9자 결, 『전문』에는 없음.

大師 生有法相, 夙懷菩提[33], 〔甘羅入仕][34]/之年, 五行俱下, 子晉昇仙之歲, 三尅便成. 其後志切離塵, 心求坐[35]西[36]. 諮[37]於[38]父母, □託[39]宗師. 貳[40]親囑曰 "莫以因循.[41] 弥[42]招[43]苦果[44]以[45]此." 先是[46] [雙][47]峯[48]□徹禪師[49], □□□□□□/歸寂滅. 冢子訓宗長老, 部署門徒, 不出松門, 頻經槐律. 此際大師 年纔十五, 志冠[50]期[51]□, 所願超[52]門閥[53], □終[54]禪

---

33) 大師 ~ 菩提 : 『금석원』은 9자 결, 『총람』은 10자 결. 그런데 이 구절이 모두 들어가면 대사 앞은 존칭의 의미인 띄어쓰기가 없었다고 보아야 할 듯하다.

34) [甘羅入仕] : 『총람』·『금석원』에는 모두 결락이고 『전문』에는 없음. 그러나 崔彦撝가 찬한 「毗盧庵眞空大師普法塔碑」를 참조하여 추정하였다.

35) 坐 : 『금석원』에는 □.

36) 西 : 『금석원』에는 '而', 『총람』에는 □.

37) 諮 : 『총람』에는 □.

38) 於 : 『총람』에는 '其', 『금석원』에는 □.

39) 託 : 『총람』에는 □.

40) 貳 : 『금석원』에는 '弍'.

41) 循 : 『금석원』·『총람』에는 □.

42) 弥 : 『총람』에는 □.

43) 招 : 『금석원』·『총람』에는 □.

44) 果 : 『금석원』·『총람』에는 □.

45) 以 : 『전문』에는 以 앞에 '師'가 있음.

46) 先是 : 『금석원』에는 □□.

47) [雙] : 모든 판본에는 결락으로 되어 있으나, 태조가 시호를 내리며 한 말에 雙峯이 나오는 것으로 미루어 추정하였다.

48) 峯 : 『금석원』·『총람』에는 □.

49) 徹禪師 : 『금석원』·『총람』에는 □□□.

50) 冠 : 『총람』에는 □.

51) 期 : 『금석원』에는 '月'.

52) 超 : 『총람』에는 永, 『금석원』에는 □.

扃[55], 終修[56]□道[57]. 所[58]以[59]玄[60]關[61]開[62]□□[63]所叅[64]□□□□□. 遂[65]/令削染, 許於入室, 猶剩迎門. 光啓四年, 受具於通[66]度寺 靈宗律師.

旣[67]瑩戒珠, 言[68]歸慈[69]室, 聞一知十, 德成敎尊. 然[70]則[71]空[72]谷釣魚[73], 易緣木[74]求[75]魚[76]之[77]□, □山[78]□□, □[79]守

53) 門閥 : 『금석원』·『총람』에는 □□.
54) 終 : 『전문』에는 □.
55) 禪扃 : 『금석원』·『총람』에는 □□.
56) 終修 : 『금석원』·『총람』에는 □□.
57) 道 : 『금석원』·『총람』에는 □.
58) 所 : 『금석원』·『총람』에는 □.
59) 以 : 『금석원』에는 □, 『총람』에는 '開'.
60) 玄 : 『금석원』·『총람』에는 □.
61) 關 : 『금석원』에는 □, 『총람』에는 '宜'.
62) 開 : 『금석원』·『총람』에는 □.
63) □□ : 『금석원』에는 □, 『총람』에는 '趣'.
64) 所叅 : 『금석원』·『총람』에는 □□. 한편 『전문』에는 '叅' 뒤에 결락 없이 '遂'로 이어져 있다.
65) 遂 : 『금석원』에는 없음.
66) 通 : 『금석원』·『총람』에는 '近'.
67) 旣 : 『금석원』·『총람』에는 □.
68) 言 : 『금석원』·『총람』에는 □.
69) 慈 : 『전문』에는 '慧', 『총람』에는 □.
70) 然 : 『금석원』에는 □.
71) 則 : 『총람』에는 □.
72) 空 : 『금석원』에는 □.
73) 谷釣魚 : 『금석원』·『총람』에는 □□□.
74) 易緣木 : 『금석원』·『총람』에는 □□□.
75) 求 : 『금석원』에는 □.
76) 魚 : 『금석원』·『총람』에는 □.

株待[80]/兎之時. 所以挈甁出門, 飛錫遵路. 所冀因待朝天之使, 偶逢[81]泛[82]棄[83]之時, 西南得朋, 邂[84]逅[85]□過. 大師 虔陳素思[86], 涕[87]泗交流[88], 專[89]介[90]疑聽[91], 深[92]信厥功[93], 奉[94]□□□, □□□□[95],/ 遄達西津. 此時 華亭繫舟, 桂苑[96]尋徑, 望東林之佳境, 瞻北渚之樂郊. 仄[97]企聞[98]雲居[99]道膺和尙, 道冠楞伽[100], 功高善[101]逝, 爲[102]寶樹[103]之王[104]者[105], 作禪株[106]

---

77) 之 : 『금석원』·『총람』에는 □.
78) 山 : 『금석원』에는 □.
79) □ : 『금석원』·『전문』에는 없음.
80) 守株待 : 『금석원』·『총람』에는 □□□.
81) 逢 : 『금석원』에는 '逢'.
82) 泛 : 『전문』에는 '汎'(=泛).
83) 棄 : 『총람』에는 '葉', 『전문』에는 '弃'.
84) 邂 : 『금석원』에는 '解', 『총람』에는 □.
85) 逅 : 『금석원』에는 '适'.
86) 思 : 『금석원』에는 □.
87) 涕 : 『금석원』에는 '氵', 『전문』에는 '涉'.
88) 交流 : 『금석원』에는 □□.
89) 專 : 『금석원』에는 □.
90) 介 : 『금석원』·『총람』에는 □.
91) 疑聽 : 『금석원』·『총람』에는 □.
92) 深 : 『금석원』에는 □.
93) 信厥功 : 『금석원』·『총람』에는 □□□.
94) 奉 : 『금석원』에는 □.
95) □□□ □□□□ : 『금석원』·『전문』은 6자 결.
96) 苑 : 『금석원』·『총람』에는 '菀'.
97) 仄 : 『금석원』에는 □, 『총람』에는 빈 칸.
98) 聞 : 『금석원』에는 '間'.
99) 居 : 『총람』에는 '㞐', 『금석원』에는 '凥'.
100) 楞伽 : 『총람』에는 □□.

之主[107]人. □□□□□[108] 慶猷[109]/逈[110]微麗嚴利嚴, 共海東謂之四無畏大士也. 和尙曰 "聞言識士, 見面知人[111], 萬里同風[112], 千年[113]一遇." 所以四賢 情深避席, 感[114]切□[115]堂. 以後蘊[116]素[117]筌蹄[118], □□□□[119], [不][120]勞口舌[121]/之契[122], 暗諸目擊之符. 於是 潛付慈燈, 密傳法要[123], 遂曰 "吾道東矣,

---

101) 善 : 『금석원』 · 『총람』에는 □.
102) 爲 : 『금석원』에는 □.
103) 樹 : 『금석원』에는 □.
104) 王 : 『총람』에는 '三', 『금석원』에는 □.
105) 者 : 『금석원』 · 『총람』에는 □.
106) 作禪株 : 『금석원』 · 『총람』에는 □□□.
107) 主 : 『총람』에는 '一', 『금석원』에는 □.
108) □□□□□ : 『금석원』 · 『전문』에는 4자 결.
109) 慶猷 : 『금석원』 · 『총람』에는 □□.
110) 逈 : 『금석원』 · 『전문』에는 '逈'.
111) 人 : 『전문』에는 '心'.
112) 風 : 『전문』에는 '居', 『금석원』에는 □.
113) 年 : 『금석원』에는 '秊'.
114) 感 : 『금석원』에는 □.
115) □ : 『전문』에는 '開'.
116) 蘊 : 『금석원』 · 『총람』에는 □.
117) 素 : 『금석원』에는 '緊', 『총람』에는 □.
118) 筌蹄 : 『금석원』 · 『총람』에는 □□.
119) □□□□ : 『전문』에는 결자 없음.
120) [不] : 『총람』에 근거하면 1자 결인데, 뒷구절과 대구가 되는 것으로 보아 不로 추정된다.
121) 勞口舌 : 『금석원』 · 『총람』에는 □□□.
122) 契 : 『전문』에는 契 뒤에 □答之契가 있으나, 글자 수로 보아 없어야 할 듯하다.
123) 要 : 『총람』에는 '口'.

慶猷一人. 起予者商, 於是乎在." 所謂 廣弘佛道, 何論[124]貴賤[125]之家[126], 遐演禪[127]宗[128], 豈[129]□□□之[130]□. □□□[131]/力, 何假他心.

閑[132]覩此門, 本離文字, 每思心境, 終拂客塵. 愍[133]彼偏方, 迷於得理, 好佩[134]雲居[135]之印, 期蘇日[136]域之流. 是則眞宰勉旃[137], 道人勞止, 忘[138]其□□ □□□□ □□□[139]/周, 應忙返魯. 迺[140]於天祐五年七月, 達于武州之會津.

此時 兵戎滿地, 賊寇滔天, 三[141]佛[142]所居[143], 四郊多壘. 大

124) 論 : 『금석원』에는 '言'.
125) 貴賤 : 『금석원』에는 □□.
126) 家 : 『금석원』에는 □.
127) 禪 : 『총람』에는 □.
128) 宗 : 『금석원』·『총람』에는 □.
129) 豈 : 『금석원』·『총람』에는 □.
130) 之 : 『금석원』에는 □.
131) □□□ : 『금석원』·『전문』에는 2자 결.
132) 閑 : 『금석원』에는 '門'.
133) 愍 : 『금석원』에는 '慜', 『총람』에는 □.
134) 佩 : 『총람』에는 '珮'.
135) 居 : 『금석원』에는 '凥', 『총람』에는 □.
136) 蘇日 : 『금석원』에는 □□.
137) 勉旃 : 『금석원』에는 □□.
138) 忘 : 『총람』에는 □.
139) □□ □□□□ □□□ : 『금석원』에는 8자 결.
140) 迺 : 『금석원』에는 '迎'.
141) 三 : 『금석원』에는 '弎'.
142) 佛 : 『금석원』에는 '鍾'.

師 深[144]藏巖[145]穴, 遠避烟塵[146], 與[147]麋鹿[148]同[149]□, 逢[150]□□□□[151]. [所以][152]珠[153]/衝[154]水媚, 當大溟暎[155]月之時[156], 玉透山輝, 是深洞聞風之處[157].

先王 直從北發, 專事[158]南征, 侚[159]地之[160]行, 逃天者少. 特差華[161]介[162], 先詣 禪扃, 奉傳[163] 詔書[164], 令[165]赴軍壁

143) 居 : 『금석원』에는 '凥'.
144) 深 : 『총람』·『전문』에는 '來'.
145) 巖 : 『금석원』에는 '巗'.
146) 塵 : 『총람』에는 □.
147) 與 : 『금석원』에는 □.
148) 麋鹿 : 『총람』·『금석원』에는 □□.
149) 同 : 『금석원』에는 □.
150) 逢 : 『총람』에는 □.
151) □□□□ : 『금석원』·『전문』은 3자 결.
152) [所以] : 모든 판본에는 결락이나 내용으로 보아 所以로 추정.
153) 珠 : 『금석원』·『총람』에는 □.
154) 衝 : 『전문』에는 '啣'.
155) 暎 : 『전문』에는 '映'(=暎).
156) 時 : 『금석원』에는 □.
157) 處 : 『금석원』에는 '豦'.
158) 事 : 『금석원』에는 '重'.
159) 侚 : 『전문』에는 '徇'(=侚).
160) 之 : 『금석원』에는 □.
161) 華 : 『금석원』에는 '草'.
162) 介 : 『금석원』에는 □.
163) 傳 : 『금석원』에는 □.
164) 詔書 : 『금석원』·『총람』에는 □□. 『금석원』은 書 뒤에 1자 결로 되어 있는데, 이것은 詔書 앞에서 존대의 표현으로 인해 한 칸을 띄어 썼음을 감안하면 『총람』이 맞는 듯하여 이에 따른다.
165) 令 : 『총람』에는 □. 『전문』에는 令이 赴軍壁也 뒤에 있음.

也[166]. /大[167]師 欻聆 帝命, 寧滯王程. 及其方到柳營, 便邀蘭殿, 留連再三, 付囑重疊, "寡[168]人 遽[169]廻龍[170]旆 祇[171]俯[172]鳳儀," 大師 難[173]赵[174] 乘[175]輿, 續[176]起[177]□□, □□□□[178], □□□□. [然][179]/則曾覩藏經, 仍窺僧史, 宋武平敵, 覺賢遂附鳳之誠, 隋文省方, 法瓚膺從龍之愿[180]. 一心重法, 千載同符, 豈期神器[181]將傾, 國綱[182]始墜, 君臣[183]□□, 父子[184]□

---

166) 赴軍壁也 : 『금석원』·『총람』에는 □□□□.
167) 大 : 『금석원』·『전문』에는 大師 앞에 결자가 없으나, 『총람』에는 1자 결로 되어 있다. 대사에 대한 존경의 표현으로 띄어 쓴 듯하므로 『금석원』·『전문』을 따른다.
168) 寡 : 『총람』에는 □, 『금석원』에는 '寡'.
169) 遽 : 『총람』에는 □.
170) 龍 : 『금석원』에는 '德'.
171) 祇 : 『총람』에는 '祗', 『금석원』에는 '衼'.
172) 俯 : 『금석원』·『총람』에는 □.
173) 難 : 『금석원』에는 □.
174) 赵 : 『금석원』에는 '赴'.
175) 乘 : 『금석원』에는 赵과 輿 사이에 2칸이 비어 있고, 『총람』에는 □□인데 존경의 표현으로 띄어 쓴 듯하다.
176) 續 : 『총람』에는 □.
177) 起 : 『금석원』·『총람』에는 □.
178) □ : 『금석원』에는 '彳'.
179) [然] : 『총람』·『전문』에는 □이고 『금석원』에는 없으나 내용으로 보아 추정.
180) 愿 : 『금석원』·『총람』에는 □.
181) 器 : 『총람』에는 □.
182) 國綱 : 『금석원』에는 □□.
183) 君臣 : 『금석원』에는 □□.
184) 父子 : 『금석원』에는 □□.

□, □□□□之[185]/兇, 翻剗忠貞之佐, 淩夷之漸, 實冠夏殷. 此時 共恨獨夫, 潛[186]思明主. 無何群兇競起, 是秦朝鹿死之年, 大憝皆銷, 唯漢室龍興之歲[187]/

今上 西鍾定議, 北極居尊, 懸聖日於桑[188]津, 掃妖[189]氛[190]於棗[191]海, 忽聞 大師, 久[192]窺慧[193]日, 曾[194]聽玄風, 巨浪乘杯[195], 中華問[196]道. 上乃略驅車[197], 驚[198]□[199]詔[200]□, □□□□, □[201]仰[202]/尤深量海, 而欽承愈切[203], 每廻稽首, 恭申捨瑟之儀, 常以鞠躬, 猥罄摳衣之禮. 所以屢祈警誡, 更切歸依,

---

185) 之 : 『금석원』에는 없음.

186) 潛 : 『총람』에는 □.

187) 歲 今上 : 『총람』에는 歲와 今上 사이가 14자 결. 그러나 결락이라기보다는 내용으로 보아 今上이 나오므로 행을 바꾸어 쓴 듯하다.

188) 桑 : 『금석원』에는 '来'.

189) 妖 : 『금석원』에는 '妭'.

190) 氛 : 『금석원』·『총람』에는 '塵'.

191) 棗 : 『금석원』·『총람』에는 □.

192) 久 : 『총람』에는 □.

193) 慧 : 『금석원』·『총람』에는 '惠'.

194) 曾 : 『총람』에는 □.

195) 杯 : 『전문』에는 '盃'.

196) 問 : 『전문』에는 '聞'.

197) 略驅車 : 『금석원』·『총람』에는 □□□.

198) 驚 : 『금석원』·『총람』에는 □.

199) □ : 『총람』·『전문』에 근거. 『금석원』에는 '辶'.

200) 詔 : 『금석원』·『총람』에는 □.

201) □ : 『전문』에는 없음.

202) 仰 : 『금석원』에는 없음. 『총람』에는 □.

203) 切 : 『전문』에는 '地'.

待[204]以 王師, 助君臨之吉[205]□. 其子[206]□□□□□□□□□□□[207]/ 太弟 太匡 王信, 便取摩納袈裟一[208]領, 鍮石盋[209]盂一口, 上乃登時適[210]捧, 跪獻 大師. 然則敬佛之心, 尊師之道, 元魏[211]奉僧祠[212]之日[213], 大[214]□[215]□□□之時[216], □□□□□□[217]/, 如斯之盛者也. 然則栖遲奈苑[218], 宴坐蓮扉, 來者如雲, 納之似海, 稻麻有列, 猶如長者之園, 桃李成蹊, 亦若仙人之市.

貞明七年三月廿三日[219], 子[220]□□□□□□□□[221]/, 仍聞[222]刀戰之聲, 則是奉迎之騎, 示滅于日月寺法堂, 俗年五十有

204) 待 : 『금석원』에는 '特'.
205) 吉 : 『금석원』·『총람』에는 □.
206) 其子 : 『금석원』·『총람』에는 □□.
207) □□□□□□□□□□□ : 『금석원』은 9자 결, 『전문』은 12자 결.
208) 一 : 『금석원』·『전문』에는 '弌'.
209) 盋 : 『전문』에는 '鉢'.
210) 適 : 『전문』에는 '遞', 『금석원』에는 '辶'.
211) 魏 : 『금석원』에는 '親'.
212) 祠 : 『총람』에는 □.
213) 日 : 『금석원』에는 □.
214) 大 : 『금석원』에는 □, 『전문』에는 人.
215) □ : 『전문』에는 '間'.
216) 之時 : 『금석원』에는 □□.
217) □□□□□□ : 『금석원』은 5자 결.
218) 苑 : 『총람』·『금석원』에는 '菀'.
219) 廿三日 : 『금석원』·『총람』에는 □□□.
220) 子 : 『금석원』·『총람』에는 □.
221) □□□□□□□□ : 『금석원』은 7자 결, 『전문』은 9자 결.

一, 僧臘[223]三十有三. 于[224]時 天昏地裂, 霧黯[225]雲愁, 山禽悲啼, 野[226]□□□ □□□□ □□□□ □□□[227]/懷. 至明年正月十九日, 遷 神座[228]於踊巖[229]山之東峰[230], 去寺三百來步.

惟 大師天資志[231]氣, 嶽[232]降英靈, 探幽而衆妙[233]會[234], □□[235]而□□□, □□□□, □□□□, □□[236]/四魔, 冠薰修於正[237]覺, 超[238]應化於眞如. 況又曾聽 玉音, 夙傳金口. 可謂禪山蘊美[239], □資□輔[240]之風[241], 慧[242]水[243]□慈, □助[244]

---

222) 聞 : 『금석원』 · 『총람』에는 '聋'.
223) 臘 : 『금석원』 · 『총람』에는 '臈'.
224) 于 : 『금석원』에는 '千'.
225) 黯 : 『총람』에는 □.
226) 野 : 『금석원』에는 □.
227) □□□ □□□□ □□□□ □□□ : 『총람』에는 1자가 더 결락 표시가 되어 있다. 그러나 문장구조로 보아 『금석원』 · 『전문』에 근거하는 것이 맞을 듯하다.
228) 神座 : 『전문』에는 神座 앞에 □이나, 존경의 뜻으로 띄어 쓴 것이다.
229) 巖 : 『금석원』 · 『총람』에는 '巘'.
230) 峰 : 『총람』 · 『금석원』에는 '峯'.
231) 志 : 『금석원』에는 □.
232) 嶽 : 『금석원』 · 『총람』에는 '岳'.
233) 妙 : 『총람』에는 玅, 『금석원』에는 □.
234) 會 : 『금석원』에는 □.
235) □□ : 『금석원』 · 『전문』은 3자 결.
236) □□ : 『금석원』은 없음. 『전문』은 □. '惟 大師 - 四魔'에서 『금석원』은 大師 앞에서 3자를 띄어 썼는데, 문장구조로 보아 『총람』에 근거하는 것이 맞을 듯하여 이를 따른다.
237) 正 : 『금석원』 · 『전문』에는 '三'.
238) 超 : 『전문』에는 '起'.
239) 美 : 『총람』에는 □.

□[245] 王[246]之化, □□□□, □□□□, □□□□, □[247]/奉聖心, 恭承汲引之謩[248], 正受流傳之旨.

上迺仍飛丹詔, 以慰門人曰 "懿彼雙峯[249]法[孫][250] □爲一國慈[251]父, 今則□難[252]□矣[253]. □□□□□□□□□□□□□ □□□[254]/訓, 用報法恩, 正當追福之辰, 宜擧易名之典." 乃賜謚曰法鏡, 塔名普照慧光. 申命下臣, 式揚洪烈[255], 辭而不克[256], 率尒[257]成章. □□東[258]□□□, □□□□, 難[259]□□□[260]

---

240) 輔 : 『총람』에는 □.
241) 風 : 『총람』에는 '夙'.
242) 慧 : 『금석원』에는 □.
243) 水 : 『금석원』·『총람』에는 □.
244) 助 : 『금석원』에는 □.
245) □ : 『총람』에는 □ 앞에 □이 또 있고, 존칭의 의미인 띄어쓰기를 적용하여 □ □임.
246) 王 : 『금석원』에는 '天'.
247) □ : 『금석원』·『전문』에는 없음.
248) 謩 : 『전문』에는 '暮'.
249) 雙峯 : 『금석원』은 □□.
250) [孫] : 모든 판본에 결락으로 되어 있으나, 선사가 출가할 때를 묘사한 부분의 내용으로 미루어 雙峯 - 訓宗 - 慶猷로 이어진 듯하다.
251) 慈 : 『금석원』에는 □.
252) 難 : 『금석원』에는 □.
253) 矣 : 『금석원』에는 □.
254) □□□□□□□□□□□□□ □□□ : 『전문』은 17자 결, 『금석원』은 14자 결. 上迺仍飛丹詔~訓에서 『금석원』은 上 앞에서 3자 띔.
255) 洪烈 : 『총람』에는 □□.
256) 克 : 『총람』에는 '能'.
257) 尒 : 『전문』에는 '个'.
258) 東 : 『금석원』에는 □.

[之][261]/夐, 莫尋荊岫之高. 所以聊著[262]斯[263]文, 雖集褒[264]稱[265]之美, 直書其傳[266], 恨[267]非雅麗之工.

其詞曰/
偉矣吾龜氏　堂堂到處春
可畏囊中寶　唯知席上珍[268]
倬哉玄敎主[269]　生我海東濱
曹溪□[270]祖塔　□□□□□
日[271]□□□□　□□□□□
□□□□□　□□□□□/
君王重捨瑟　宰輔屢書紳
學徒探法要[272]　來者結良因

---

259) 難 :『금석원』에는 □.
260) □□□ :『금석원』·『전문』에는 2자 결.
261) [之] : 모든 판본은 결락이나 뒤의 문장과 대구이므로 추정함.
262) 著 :『금석원』에는 '着'.
263) 斯 :『전문』·『금석원』에는 '期'.
264) 褒 :『전문』에는 '褒'.
265) 稱 :『총람』에는 □.
266) 傳 :『금석원』에는 '傳'.
267) 恨 :『전문』에는 '快'.
268) 珍 :『금석원』에는 '珎'.
269) 主 :『전문』에는 '立'.
270) □ :『금석원』은 비어 있고,『전문』에는 缺이라고 되어 있으나 결자 표시가 잘못된 듯하다.
271) 日 :『금석원』에는 □.
272) 要 :『금석원』에는 □.

宴坐方注[273]目　泥洹[274]忽傷神[275]

寶月沈[276]□□　□□□□□

□□□□□　□□□□□

□□□□□　□□□□□[277]/

天福九年龍集 甲辰 五月 壬申 朔 二十九日 庚子[278] 立

石匠 □ □□[279]

【 陰記 】[280]

檢校都□□事僧 釋 定□

第一座僧 釋 奘玄

院主僧 釋 □希

典座僧 釋 神榮

都維那僧 釋 繼希

直歲僧 釋 虛允

---

273) 注 :『전문』에는 '江'.

274) 洹 :『전문』에는 '汗'.

275) 神 :『금석원』에는 □.

276) 沈 :『총람』에는 □.

277) 결락 부분 :『전문』은 26자 결.『금석원』은 이 이하가 下缺로 되어 있음.

278) 庚子 :『총람』에는 '戊子',『전문』에는 '庚戌'.

279) □ □□ :『총람』은 石匠에서부터 없음.

280) 陰記 :『총람』에는 裏面,『금석원』에는 그 내용이 없음.

專知碑事僧 釋 湛洪

專知地理事 大德 聰訓

修道使者

佐尹 康守英

廣評省吏 王翼

在學弟子 官位 姓名 皆於後[在][281]

神聖大王

康公[萱][282] 太匡 兼夫人 朴氏

黔弼 太匡

王□ 太匡

劉權說 佐丞 兼夫人 金氏

王濡 佐丞

崔彦撝

韓桂逢 元甫 兼夫人 黔氏

鄭□ 元甫

韓憲閨 元尹

韓平 侍郎

□□□□□□□□□□□□□□□□□□□□□□□□□□

281) [在] : 『전문』에는 '左', 『총람』에는 □, 내용으로 보아 추정.

282) [萱] : 모든 판본에는 결락이나 康公萱으로 추정됨.

□□□□□□/

□□/

□□□□□□□□□□□□□□□□□□□□□□□□□□

□□□□□□/[283]

□□□□□□□□□□□□□□□□□□□□□□□□□[284]

伏惟/

神聖大王 太□□□□□□□氏 別演禪宗 因□□子曰/

故法鏡大師□□初祖□□□□□□□□□□□□□之□□□

雨□之□□□□護祐/

□□無孫□□佛□□□□□□□七月十三日忽 詔□□□□□

□□□□□□□□/ 僧當□會□□□□□□僧選[285]□□滿禪□

□□□□□□□□□□□□□□□□□□□/

□於□山□□□□□□□□峯□□爲□□□□□□□□□□

□□□峯□□□□□/[286]

以□周俻□殘□□□□□□□□□□□□[287]旣通□□□□□

□□□□□□□□□□□□□□□□[288]/

283) / : 『전문』에는 /표시가 없음.

284) □(25개) : 『전문』에는 24자 결.

285) 僧選 : 僧科를 가리키는 것으로 보인다. 승과가 언제부터 실시되었는지는 분명하지 않은데, 고려 광종 때 과거제를 실시하면서 같이 시행되다가(崔沖, 「居頓寺圓空國師勝妙塔碑」), 선종 1년(1084) 普濟寺 貞雙 등의 건의로 3년에 1회 시행하게 되었다고 한다. 한편 金廷彦, 「普願寺法印國師寶乘塔碑」에는 "龍德元年(921) 置海會選緇徒"라 하였다.

286) □□□□□ : 『전문』에는 6자 결.

287) □(12개) : 『전문』에는 10자 결.

東方□□□□□□□□□□□ 王□□□□□□□□□□□□
□□□□□□□/

大王謂曰如□□□□□嶺境□□居□□□太[289]□□入□山晩
爲如葷□□□□□□ 躬尋萬/

鋆 面對千巖 □石上 名此山曰踊巖 号此寺以五龍 禮也. □
□門□□名□承 敎□□/

願前之□ 聖上因思 禪化感恩□□□□□□□□之禪師□□
□僧大統禪大德/

允然華□業大德□□□所化□ 鳳詔□頒而龜文未備此□□□
□□□□□□□□□[290]/

大王欽仰眞宗 早承玄旨 □□□□□□ 豈□□北山於宜□□
□□□□爾□□□/[291]

無窮 而又僧□□ 詔曰 □□□□□刻之□下□□□銘□□□
□□□□□地難□/

□□□□□□□□□□上人與□引□良□□責□□□□□□
□□□□□□□□□□□□□/

□何携州使□□□□集□郡縣人去□□□□□□□□□[292]敬
□山林□□□□□□□□□[293]/

---

288) □(21개) : 『전문』에는 23자 결.
289) 太 : 『총람』에는 '犬'.
290) □(12개) : 『전문』에는 13자 결.
291) / : 『전문』에는 /표시가 없음.
292) □(9개) : 『전문』에는 7자 결.
293) □(9개) : 『전문』에는 12자 결.

筒來月創得碑板龍□□□□此仍出其縣□□□致□□□□□□□□□□□□□□□□□□□□□[294]/

事宜兼按□□ 大王稍深□無□□勞□□□□□□□爲□有□□□□□□□□□□[295]/

請長老□□都船司郎中□直□押大□□□□□□□□□□□□□□之法經□□□□□其月/

十三日平早得達于□□ 大王□□□□□□□□□□□□□□□□□□□□□□□□[296]/

□入當□□卽日到碑賞□訖此□□□□大□□□□□ 可謂□□□□□□□□□□□□水之/

□□□□□之□□□ 然則□□□□□□□□□□□□□□□□□名之大□□□□□□□□□□□□□□[297]/

□□□□□□□至院□□□上人□□ 聞□□□□□□□□□□□□□□□□文□□□□□□□□[298]/

□上□□□□□□□□ □□□□□□□□□□□□□□□□□鳳遂□□□□□□□此洪/

□□□□□□□□□□ □□□□□□ 然則□表裏□□□□□□□臘□□□□□□□□□□□[299]/

---

294) □(21개) : 『전문』에는 22자 결.
295) □(10개) : 『전문』에는 13자 결.
296) □(24개) : 『전문』에는 26자 결.
297) □(14개) : 『전문』에는 15자 결.
298) □(8개) : 『전문』에는 9자 결.
299) □(11개) : 『전문』에는 13자 결.

□希□□□□□□□□□□□□□□□□□□□□□□□□
共作忘年之□論□末□爲永代之/
□□□□有□□□□□300)

(원문교감 : 김영미)

300) □□□□□ : 『전문』에는 6자 결.

10. 興寧寺澄曉大師寶印塔碑

1. 자료의 개요

1) 찬자 : 崔彦撝

서자 : 崔潤

각자 : 崔奐規

2) 시기

① 찬술 시기 : 龍德 4년(신라 景明王 8, 924) 甲申 4월 15일

② 세운 시기 : 天福 9년(고려 惠宗 1, 944) 甲辰 6월 17일

3) 있는 곳 : 江原道 寧越郡 水周面 法興里 法興寺(옛 興寧寺址) 境內

4) 규모

① 높이 : 227.3cm　　② 폭 : 113.6cm

③ 앞면 36행×81자, 뒷면 29행 총 385자

④ 글자크기 : 1.8cm　　⑤ 서체 : 해서체

⑥ 현상태 : 매끄러운 대리석 표면에 얕은 새김을 하여 탁본이 쉽지 않다. 이수의 중간 부분에 새겨진 제액은 두꺼운 이끼층으로 덮여서 육안으로는 판독이 불가능하다. 비의 앞면은 서향을 하여 이끼류가 거의 없으나, 다만 군데군데 비면이 떨어져 나갔다. 뒷면은 이끼류가 비교적 많고 습하다.

2. 자료의 구조

1) 찬자, 서자

2) 서

① 도입 : 原夫 ~ 吾得之大師焉

② 가계와 탄생연기 : 大師諱折中 ~ 以寶曆二年四月七日誕生

③ 출가와 수행과정 : 生有聖姿 ~ 巡參知識

④ 교화 및 사회 제세력과의 관계 : 中和二年 ~ 實猷生途

⑤ 입적과 입비 과정 : 至于乾寧七年 ~ 乃作銘云

3) 명 : 大覺大乘兮 ~ 永辭春

4) 입비 시기와 각자 : □□長老 ~ 崔奐規刻字

5) 음기 : 謹錄賢哲僧俗弟子尊位 ~ 持客契廉禪師

3. 澄曉大師(826~900) 연보

諱 折中, 字 미상, 俗姓 미상, 漢州 鵂嵒人. 父 先幢, 母 白氏.

珍傳
道允 —— 澄曉
慈忍

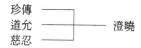

1세	헌덕왕 18	826	4월 7일 출생
7세	홍덕왕 7	832	禪侶의 걸식에 감홍받아, 五冠山寺 珍傳法師에게 출가
15세	문성왕 2	840	浮石寺에서 華嚴學을 배움
19세	문성왕 6	844	白城郡 長谷寺에서 具足戒를 받음
?			楓岳 長潭寺 道允和尙을 만남
?			道譚禪院 慈忍禪師를 만남. 이후 16년 간 선원에 머뭄
?			사방으로 선지식을 찾아다니며 배움
57세	헌강왕 8	882	前國統大法師 威公이 谷山寺 주지로 청하여 잠시 머뭄
?			師子山 釋雲乂禪師의 청으로 사자산에 감

?			헌강왕이 師子山 興寧禪院을 中使省에 예속시킴
?			정강왕(886~87)이 사자를 누차 보냄
61세	정강왕 1	886	상주 남쪽으로 피난하여 잠시 鳥嶺에 머뭄. 이 때 홍녕선원이 병화로 불탐
63세	진성여왕2	888	왕이 陰竹縣 元香寺를 길이 禪宗에 속하게 함
?			雙峰寺 道允塔에 배례차 남행하여 公州에 이르자, 長史 金休와 郡吏 宋嵒이 성으로 맞이함. 계속 남행하여 進禮郡(錦山) 경계에 이르렀을 때 도적을 만났으나, 觀音과 勢慈(勢地)의 힘으로 화를 면하고 武府에 도착함. 왕이 無量과 靈神의 두 절에 주지토록 하였으며, 武州郡吏 金思尹이 芬嶺郡 桐林寺에 주지토록 청하였으나, 災害處라는 이유로 불응함. 배를 타고 북으로 서해를 건너다 풍랑을 만나 唐城郡 西界에 도착하였으며, 平津과 守珍(강화)을 거쳐 銀江禪院에 이름 왕이 荒壤縣 副守 張連說을 보내어 國師의 예를 표하였으나, 이를 사양함
75세	효공왕 4	900	입적. 縣制置使 金堅奐이 사리를 얻음. 僧臘 56. 傳法弟子 如宗·弘可·神靖·智空 등 1,000여 인
	효공왕 10	906	桐林에 石墳을 세우고 사리를 안치함. 傳法弟子들이 비석 건립을 청원함. 효공왕이 시호를 澄曉大師, 탑명을 寶印之塔이라 함. 翰林學士 朴仁範에게 비문 찬술을 명하였으나 미완
	경명왕 8	924	경명왕이 崔仁渷에게 비문 찬술을 명하여 비로소 완성
	혜종 1	944	비가 세워짐

4. 교감자료

朝鮮總督府 編, 1919, 『朝鮮金石總覽』 上 ; 1976, 亞細亞文化社, pp.157~162 * 비문만 수록

黃壽永 編, 1976, 『韓國金石遺文』, 一志社, pp.105~107 * 음기만 수록

許興植 編, 1984, 『韓國金石全文』 中世上, 亞細亞文化社, pp.337~346 * 비문과 음기 모두 수록

朴貞柱, 1992, 「新羅末·高麗初 獅子山門과 政治勢力」(翰林大碩士學位

論文) * 비문만 수록

5. 참고문헌

李能和, 1918,『朝鮮佛教通史』下, p.16 * 비문만 발췌 수록
菅野銀八, 1923,「新羅興寧寺澄曉大師塔碑撰者に就て」『東洋學報』 13 - 2
忽滑谷快天, 1930,『朝鮮禪教史』, p.101
葛城末治, 1935,『朝鮮金石攷』; 1978, 亞細亞文化社, pp.319~323
鄭永鎬, 1969,「新羅獅子山興寧寺址 研究」『白山學報』 7
「朝鮮金石說明」『朝鮮總督府月報』 4 - 9

6. 원문교감

有唐 新羅國 師子1)山 興2)[寧禪院 故]3)教謚澄曉大師 寶印之塔碑銘幷序

朝請大夫 守執事侍郎 賜紫金魚袋 臣 崔彦撝 奉教撰
崔潤 奉勑4)書 兼篆額5)

---

1) 子 :『총람』에는 '□'.
2) 興 :『총람』·『전문』에는 '□'.
3) 寧禪院 故 :『총람』·『전문』에는 '□□□□'.
4) 勑 :『전문』에는 '教'.
5) 額 : 모든 판본에는 없음. 이하 모든 판본에는 없으나 명기된 것은 비문을 직접 확인한 것에 의함.

原夫眞宗寂寂 强□立敎之門, □□□□ □□傳心之旨. 其要也 玄機玄境, 其宗也 佛語佛心. 名言不見其始終. 視聽莫知其規矩. 爰有乘時大士 出世神人 不假言津 獨逝而直歸性海, 寧遵意路 孤征而深入禪/山. 必有穿鑿異端 信其邪見, □□□□□□□ 心猿每鬧於毒林, 待以良緣 知之善誘 引斯迷者 吾得之/大師焉.

大師 諱折中 字□□ 俗姓□□ [漢州][6] 鵂嵓[7]人也. 其先因窋牟城 遂爲郡族. 父曰先幢 藝高弓馬 名振華夷. 孝慈載於史官 功業藏於王府, 作郡城龜鏡 爲閭里棟梁. 母白氏 假寐之時 夢一天/女 謂之曰, "阿娑[8]必生智子." 因以寶□□□□□娠[9]大師焉[10]. 以寶曆二年 四月七日 誕生.

生有聖[11]姿 不曾兒戱. 年七歲 覩禪侶之乞食者, 因慕出家 遂辭二親. 於是孤逝至五冠山寺 謁珍傳法師. 爰[12]於摩頂之時/便曉[13]息心之旨, 仍居慈室 落采披[14][緇][15], [法師][16]謂[17][曰][18]

---

6) [漢州] : 모든 판본에는 '□□'이나 내용으로 추정.
7) 嵓 : 박정주는 '嵒', 『전문』에는 '崇'.
8) 娑 : 『전문』에는 '要', 박정주는 '瓔'.
9) 娠 : 『총람』에는 '□'.
10) 焉 : 『총람』에는 '□'.
11) 聖 : 『전문』에는 '曹'.
12) 爰 : 『총람』에는 '□'.
13) 曉 : 『총람』 · 박정주에는 '□'.
14) 披 : 모든 판본에는 '□'.

"後代之染道人 於是復現者". 衆口喃喃 且與救蟻沙彌 不可同年而語哉.

年十有五 直詣浮石 因聽雜華, 尋方廣之眞詮 究十玄之妙義. 義學沙門 始聞[19]其語 方認其/心, 猶如孔詣膺門 競[20]作忘年之友, □□□□ 守[21]爲弁日之交.

至十九 於白城郡 長谷寺 受具足戒. 大師 上壇之日 忽看紫氣 直起壇中. 此寺有老僧 謂衆曰, "此沙彌 不是凡人 非一朝一夕之故, 仍觀此驗 合得/戒珠, 必是後代之誘引迷途 先標異瑞也[22]." 追[23]思前夢 宛若合符. 於是 精護浮囊 遠尋絶境. 企聞楓岳 長[24]潭寺 有道允和尙, 久遊華夏 纔返故鄕. 特詣禪扉自[25]投五體. 和尙曰, "靈山別汝[26] 記得幾生, 邂逅相逢 來何暮矣."/ 大師 旣蒙入室 深感慈風, 適我願□ 因玆師事焉. 和尙曩於中國 先謁南泉, 以此南泉承嗣於江西, 江西繼明於南嶽, 南

---

15) [緇] : 모든 판본에는 '□'이나 「太子寺朗空大師白月栖雲塔碑」의 '削染被緇' 에 의거해 추정.
16) [法師] : 모든 판본에는 '□□'이나 내용으로 추정.
17) 謂 : 『총람』에는 '□'.
18) [曰] : 모든 판본에는 '□'이나 내용상 추정.
19) 聞 : 『총람』에는 '問'.
20) 競 : 『전문』에는 '竟', 박정주는 '覔'.
21) 守 : 『총람』에는 '□'.
22) 異瑞也 : 『총람』에는 '□□□', 『전문』 · 박정주에는 '□端也'.
23) 追 : 『총람』에는 '□', 『전문』 · 박정주에는 '選'.
24) 長 : 『총람』에는 '□'.
25) 自 : 『전문』에는 '敬'.
26) 汝 : 『전문』에는 '後'.

嶽卽曹溪[27]之冢子也, 其高峻[28]可知矣. 所以大師 從此服膺 不離左右 得嗣東山之法, / 何□震旦之游.

其後徑詣道譚禪院[29] 謁[30]慈忍禪師 纔見摳衣 便如舊識. 謂曰, "相逢之晩 引於領多." 時大師 便指眼前水甁曰, "甁非甁是如何." 答曰, "汝名什摩[31]." 大師答曰, "折中." 禪師云, "非折中之時 阿誰."/ 答曰, "非折中之時 無人如此問[32]." 禪師云, "名下無處事[33] 折中不奈何 閱人知幾个 如汝者無多." 所以十六年 久駐[34]禪門[35] 深探理窟. 遂踐亡[36]言之境 終歸得議[37]之場, 可謂靑出於藍而藍無靑 絳生於茜[38]而茜無絳者/也. 所以不出戶而知天[39]下者 於大師見之矣. 入海探珠 登山采玉, 亦何常師之有, 於是乎生者焉[40]. 以後杖錫荷甁 巡參知識.

---

27) 漕溪 : 『전문』에는 '曹溪'.
28) 峻 : 『총람』에는 '曾'.
29) 院 : 모든 판본에는 '□'.
30) 謁 : 『총람』에는 '□□', 『전문』에는 '□'.
31) 『총람』에는 '摩' 다음에 '□'.
32) 問 : 『총람』에는 '問□', 박정주에는 '門'.
33) 事 : 『전문』에는 '土'.
34) 駐 : 『전문』에는 '住'.
35) 門 : 『전문』에는 '院'.
36) 亡 : 『전문』에는 '忘'.
37) 議 : 『전문』에는 '意'.
38) 茜 : 『전문』에는 '荳'.
39) 天 : 『총람』에는 '□'.
40) 焉 : 『총람』에는 '□'.

中和二年 前國統 大法師 威公 聞大師之萍跡 無處安之, 便戚於懷 如呑棘刺, / 忽□究[41]谷山寺 奏請住持. 雖然深感[42]丹誠 暫因駐足, 所恨近於京輦 不愜雅懷.

爰有師子山 釋雲乂[43]禪師, 竊承大師 德冠華夷 居無處所, 尋遣神足 實表丹情云, "老僧所住之居 非宜小器, 大師駐此合[44]盖/相□[45]. 不[46]是吾師 何人得住. 乞□廻鑾盖 來止松門." 大師莫逆遠誠, 仍依來意 便携禪衆 往以居之. 此寺也, 萬壑屛開 千巖壁立, 誠海東之佳境 亦天下之福田也. 大師戾止之辰 遠方來者, 朝三暮四 雨/驟風馳 桃李無言 稻麻成列.

此時/ 獻康大王 遽飛鳳筆 徵赴龍庭, 仍以師子山 興寧禪院 隷于中使省屬之. 方忻國步[47]中興 忽歎宮車晏駕. 定康大[48]王 欽崇禪敎 不□前朝, 屢遣王人 遠申[49]鑽仰. 此際運當喪亂 時屬艱/難, □祚[50]之危 危如累卵, 處處而煙塵欻起 妖氛[51]而恐及蓮扉. [光啓]二年 師[52]避地於尙州之南 暫栖烏[53]嶺. 當此之

41) 忽□究 : 『총람』에는 '□□□'.
42) 深感 : 모든 판본에는 '□□'.
43) 乂 : 『총람』·『전문』에는 '大'.
44) 合 : 『총람』에는 '□'.
45) 相□ : 『총람』에는 '□□'.
46) 不 : 『총람』에는 '□'.
47) 國步 : 나라의 운명.
48) 大 : 『전문』에는 '太'.
49) 申 : 『전문』에는 '伸'.
50) 祚 : 『총람』에는 '□'.
51) 氛 : 『전문』·박정주에는 '氣'.
52) 師 : 『총람』에는 없음.

時 本山果遭兵火 盡爇寶坊, 大師預卜吉凶 以免俱焚之難.

眞聖大王 御/宇之二年也, 特遣溟州僧正[54] 釋浦[55]道 東宮內養 安處玄等 遠降綸言 遙祈法力, 仍以陰竹縣 元香寺 永屬禪那別觀. 此日也, 方離北地 漸次南行. 路出公州 經過城下, 長史 金公休 與郡吏 宋嵒等, 遠聞[56]/慈□ 迎入郡城, 兼以揀其[57]□□名[58]居 請爲安下. 大師 謂長史曰, "貧道老之將至 擬往雙峰[59], 親尋[60]同學之徒 面禮先師之塔, 以此南去 不可踟躕." 遂以使[61]領衆行行[62] 直入進禮郡界, 忽被賊徒截道 禪衆迷途, 忽/然煙霧沈沈 須臾斗[63]暗[64]. 賊[徒][65]忽聞空裏有若甲馬之聲, 莫不驚惶逡巡潰散. 大師與衆 免其刼奪之灾, 此則觀音勢慈 擁護之力也. 所恨擧邦草寇 無處不之[66]. 此際星夜倍程達于武府. 於是 □[67]戎敬仰 一郡[68]照[69]蘇./ 大王聞 大師

---

53) 烏 : 문맥상 '鳥'인 듯하다.
54) 僧正 : 正을 『총람』에는 '□', 『전문』에는 '三'.
55) 釋浦 : 『총람』에는 '□□'.
56) 聞 : 『총람』에는 '□', 『전문』에는 '至'.
57) 其 : 박정주는 '冀'.
58) 名 : 『총람』에는 '□'.
59) 雙峰 : 『총람』에는 '□參', 『전문』에는 '雙峰參'.
60) 親尋 : 『총람』에는 '親率', 『전문』에는 '參親率'.
61) 使 : 『총람』에는 '□'.
62) 行 : 『총람』에는 '□'.
63) 斗 : 『총람』에는 '□'.
64) 暗 : 박정주는 '音'.
65) [徒] : 모든 판본에는 '□'이나 앞의 구절로 추정.
66) 之 : 『총람』에는 '□'.
67) □ : 『전문』 · 박정주는 '旡'.

游[70]歷南方 護持[71]四境, 群[72]凶稽手 大憝歸心, 則知大師 永福國家 兼爲墻塹[73], 特寄無量 靈神二寺 請以住之. 當州群[74]吏 金思尹等[75] 欽聞禪旨 深沐法恩, 請住芬嶺郡之桐林 永屬禪居 以爲終焉/之所. 惠遠居廬阜之日 晉[安][76]尊崇[77], 僧稠在龍山之時 齊文鄭重, 而又許詢之師於支遁 朱序之託彼道安 無之尙也, 可謂 爲世津梁 作時藥石, 君臣倚賴 士庶歸依者也.

無何 大師謂衆曰, "此地 必是災害所生/ 寇戎相煞, 不如早[78]爲之. 所難至無計[79]可爲也," 忽指路於北山 尋乘桴於西[80]海. 此時欻遭風浪 難整舟船. 大師問海師云, "晝夜六時 征行千里, 此中何處 爭認前程." 海師答曰, "暗算前途 必應西國也[81]." 大師作/偈云, "先想[82]遊秦落拓時 老□還作學生兒, 追思昔日求西笑 更感臨時恨太遲." 恍忽之間 沈吟之際, 其於耿戒

---

68) 郡 : 『전문』에는 '群'.
69) 顯 : 『총람』에는 '□'.
70) 游 : 『전문』에는 '遊'.
71) 持 : 『총람』에는 '□'.
72) 群 : 『전문』에는 '郡'.
73) 墻塹 : 『총람』에는 '北堂', 『전문』에는 '北壍', 박정주는 '□塹'.
74) 群 : 『총람』에는 '□'.
75) 等 : 『총람』에는 '□'.
76) [安] : 모든 판본에는 '□'이나 내용상 추정.
77) 崇 : 『총람』·『전문』에는 '□'.
78) 早 : 박정주는 '旱'.
79) 計 : 『총람』에는 '□'.
80) 西 : 『전문』에는 '四'.
81) 國也 : 『총람』에는 이 두 글자가 없음.
82) 想 : 『총람』에는 '□'.

夢見海神 謂曰, "大師 不要入唐 何妨歸本. 努力努力 莫以傷心." 忽然仍遇[83]便風 東征半日, 得達唐/城郡之西界 得抵平津. 以此進[84]往守珍 權謀止泊. 遂至銀江禪院 稍愜禪襟, 因過旬時 暫停杖屨.

大王尋遣荒[85]壤懸[86]副守 張連說, 專賚茗[香][87] 遠[88]奉琅函[89]云, "常欽王佐之才 冀表國師之禮." 大師 以[90]煙塵/所逼 世道交危, 拒其辟簡之邀 辭以周豊之懇, 謂曰, "世皆濁矣, 時久昏焉. 爝火不能除大夜之昏, 阿膠不能止黃河之濁. 每看惡路 實猒生途."

至于乾寧七年 三月九日 詰旦 忽告門人曰, "三界皆空 萬緣俱寂. 吾將/行[91]矣, 汝等勉旃 守護禪門 無隳宗旨, 以報吾恩也." 言訖坐滅, 報年七十五 積夏五十六. 于時 天色蒼茫 日光慘澹, 人間失眼 世路傷情, 況復門下弟子 俱切[92]心喪 共悲面訣. 效天竺拘尸之法 茶毘於石室之西 拾得/舍利一千粒. 其夜

---

83) 遇 :『총람』에는 '□'.
84) 進 :『총람』·『전문』에는 '□'.
85) 荒 :『전문』에는 '斧'.
86) 懸 : 縣과 서로 통용됨.
87) [香] :『총람』· 박정주 · 비문에는 '□'.
88) 遠 :『총람』에는 '□'.
89) 琅函 :『전문』에는 '銀山'.
90) 以 :『총람』에는 '□'.
91) 行 :『전문』· 박정주는 '逝'.
92) 切 :『총람』·『전문』에는 '叨'.

當縣制置使 金堅奐云, "於石壇之上 紫氣侵天, 天衆飛來 拾其舍利." 以玆[93]待旦[94] 先[95]赴院中 備說殊祥 聞於僧衆, 衆乃驚愕 往於雙林 果然拾得百餘粒. 天人恭敬 緇素悲哀 □□□矣. □□□此江/岸[96]□於[97]縣邑, 所恨遠於山舍 逼以海濡. 唯以僧託城邊, 譬如鷰栖幕上. 所以潛賫舍利 得到[98]桐林, 以天祐三年高起石墳 安其金骨.

大師 精靈岳降 惠悟天資[99], 領禪伯[100]之宗 登無生之祖[101]. 到處而[102]但開[103]禪室[104] 所[105]居/而常說[106]眞乘, 則是來者雲奔[107] 納之似海 誨之不倦 其在玆乎. 所謂爲世現生 隨方敷化 不常厥所 其利博哉. 遂使弘敞[108]禪關 闡揚大敎 掃魔軍於末代 扶王道於三朝, 收風霜[109]肅然之威 每[乘]意樹[110] 贊[111]雨露生

93) 玆 : 『총람』·『전문』에는 '去'.
94) 旦 : 『총람』·『전문』에는 '其'.
95) 先 : 『총람』·『전문』에는 '去'.
96) 岸 : 박정주는 '眉'.
97) 於 : 『총람』·『전문』에는 '□'.
98) 到 : 『총람』에는 '□'.
99) 資 : 『총람』에는 '□'.
100) 伯 : 모든 판본에는 '□'.
101) 祖 : 『총람』·『전문』에는 '□', 박정주는 '徑'.
102) 到處而 : 『총람』에는 '□□□'.
103) 開 : 『총람』·『전문』에는 '問'.
104) 室 : 『총람』·『전문』에는 '□'.
105) 所 : 『총람』에는 '□'.
106) 而常說 : 『총람』에는 '□□□', 『전문』에는 '而□□'.
107) 雲奔 : 『총람』에는 '□□', 『전문』에는 '雲□'.
108) 敞 : 『전문』에는 '敝'.

成之德/ 常灌情田112). 至於指示玄譚 敷陳厚旨, 或簸在學徒之口, 或懸於僧史之言者也.

傳法弟子 如宗 弘可 神113)靖 智空等一千來人 俱慮石城 共憂陵谷 抗表而趍於闕下 陳情而請114)竪豊碑./ 孝恭大王 夙仰華風 常欽佛115)理, 贈謚曰 澄曉大師, 塔名 寶印之塔. 仍命翰林學士 前守禮部侍郞 朴仁範 撰碑文也. 其仁範 纔惟奉命 且未修文, 因臥漳濱 忽嗟116)莊壑[也]117). [於]118)是門人 所恐芳塵稍歇 貞石無刊 勤露□/誠 □陳行狀, 誠乃雲飛119)觸石120)鶴唳聞天. 今上神器傳華 寶圖受命 繼其先志 將示後來 俾命下臣 式揚高烈. 仁渷 才非吐鳳 學媿亡羊 桂科121)雖切122)於□心 蘁臼但憂於傷手. 所冀强搖柔翰 永123)□國/主之恩 須拱□言124) 以慰[門]125)人之志. 重宣前義 乃作銘云/

---

109) 霜 : 모든 판본에는 '竅'.
110) 乘意樹 : 『총람』에는 '□□□', 『전문』· 박정주는 '□意樹'.
111) 贇 : 『총람』에는 '□', 『전문』에는 '賢'.
112) 情田 : 『총람』에는 '□□', 『전문』· 박정주는 '情由'.
113) 神 : 『총람』에는 '理'.
114) 陳情而請 : 『총람』에는 '陳 □請', 『전문』에는 '陳 而情'.
115) 佛 : 『총람』·『전문』에는 '□'.
116) 嗟 : 모든 판본에는 '夢'.
117) [也] : 모든 판본에는 '□'.
118) [於] : 모든 판본에는 '□'.
119) 飛 : 『총람』·『전문』에는 '□'.
120) 觸石 : 모든 판본에는 '□□'.
121) 科 : 『총람』에는 '□'.
122) 切 : 『총람』에는 '□', 『전문』· 박정주는 '坊'.
123) 永 : 모든 판본에는 '□'.

大覺上乘兮開□道　能仁秘旨兮引玄津
捐[126]僞悟眞兮時歷歷[127]　卽凡成聖兮世詵詵

鼈山孕秀兮生奇骨　鶴樹銜凄兮葬報身/
方知高跡兮雖入滅[128]　忽覩盛名兮亦日新

欽[129]化飾終兮有五□　繼明重[130]跡兮是千人
月吊茅堂兮長閉日　霜霑奈菀兮永辭春/

□□長老 雲超長老 [當][131]時[132]主人和尙 夐栖[長]老[133] 乂洪長老. 龍德四年 歲次甲申 四月十五日 文已成. 而以國家多事 時隔二紀, 忽遇四郡煙[134]消 一邦塵息, 天福九年 歲在甲辰 六月十七[135]日立. 崔奐規刻字.

124) □言 : 『총람』·『전문』에는 '□□', 박정주는 '□言'.
125) [門] : 모든 판본에는 '□'.
126) 捐 : 모든 판본에는 '推'.
127) 歷歷 : 『총람』·『전문』에는 '□恩', 박정주는 '曆曆'.
128) 入滅 : 모든 판본에는 '□□'.
129) 欽 : 『총람』에는 '斂'.
130) 明重 : 『총람』에는 '□靈', 『전문』에는 '明靈'.
131) [當] : 모든 판본에는 '□'이나 내용상 추정.
132) 時 : 『총람』에는 '持'.
133) [長]老 : 『총람』에는 없음. 『전문』·박정주는 '老'.
134) 煙 : 『전문』에는 '烟'.
135) 七 : 『총람』에는 '一'.

【陰記】[136]

謹錄賢哲僧俗弟子尊位 排在於後

能善寺主	乘全寺主	聰月寺主	崔虛大德
弘琳[137]大德	契貞大統	慶甫大統	性言大德

王堯君

王照[138]君

□□大[匡][139]	弼榮大[匡][140]	英章正匡	王景大承
淸端□主	金鎰蘇判	兢達蘇判	王規佐承
權悅[141]佐承	王詢佐承	王廉佐承	誠俊元甫
□□大[142]相	金奐阿飡	金休長史	鎰休郎
□順元甫	希悅助	兢悅助	式榮韓飡
寬質韓飡	兢鎰海飡	賢逄[143]元甫	
官憲元甫	廉相海飡	允逄[144]元甫	憲邕元尹
師尹一哲飡	侃榮阿飡	章劍史上	弼邢大監
姚謙郎	崔芳元	奇悟元尹	奇達元尹

---

136) 음기는 『총람』에는 없으며, 『전문』·『유문』에 근거함.
137) 琳 : 『전문』·『유문』에는 '休'.
138) 照 : 『유문』·『전문』에는 '昭'.
139) [匡] : 모든 판본에는 '王'이나 내용상 '匡'으로 추정.
140) [匡] : 위와 같음.
141) 悅 : 『유문』·『전문』에는 '□'.
142) 大 : 『유문』·『전문』에는 '□'.
143) 逄 : 『유문』·『전문』에는 '逢'.
144) 逄 : 『유문』·『전문』에는 '逢'.

知連正衛　　與一正朝　　平[145]直阿干 溟州

剋奇桼[146] 溟州　　金芮卿 溟州　　連世大監 溟州

王侃桼[147] 原州　　德榮沙干 竹州　　弟宗沙干 竹州

宋嵒史上 公州　　平直村主 提州　　貴平一吉干 提州

堅必村主 冷井[148]　堅奐沙干 新知縣　　越志山人 新智[149]縣

哀信沙干 又谷郡　　能愛沙干 又谷郡　　世達村主　奈生郡

式元大監 冷水縣　　明奐村主 酒[150]淵縣　康宣助　別斤縣

全立房所郎　　吉舍村主 丹越騏　　崔山朶昕

當時三綱典名位列

院主 希朗長老

典座 昕曉上座

史　道澄禪師

直歲 朗然禪師

□檢校維那良善長老[151]

堂維那契融上座

持客契廉禪師

(원문교감 : 남동신)

---

145) 平 : 『유문』·『전문』에는 '乎'.

146) 桼 : 『유문』에는 '奈'.

147) 桼 : 『유문』에는 '奈'.

148) 井 : 『유문』·『전문』에는 '州'.

149) 智 : 『유문』·『전문』에는 '知'.

150) 酒 : 『전문』·『유문』에는 '洒'.

151) 老 : 『전문』에는 '老' 자가 하나 더 있음.

11. 無爲寺先覺大師遍光塔碑

1. 자료의 개요

1) 찬자 : 崔彦撝

서자 : 柳勳律

각자 : 金文允

崔奐規

2) 시기 : 開運 3년(高麗 定宗 원년, 946) 5월 29일

3) 있는 곳 : 全羅南道 康津郡 城田面 月下里 月出山 無爲寺

5) 규모

① 높이 : 238cm ② 폭 : 113cm ③ ?행×71字

④ 글자크기 : 2.1cm ⑤ 서체 : 歐陽詢體 楷書

⑥ 현상태 : 비문은 풍화로 마멸이 적지 않다. 비의 양식은 각부의 조각수법이 당대의 다른 그것보다 사실적 경향을 띠었다. 陽刻을 뚜렷이 한 龍頭化된 龜頭, 섬세한 양각의 6角甲紋, 두 장을 포개어 만든 이수 등이 조각예술의 우수성을 보인다.

2. 자료의 구조

1) 찬자, 서자 : 太相 ~ 敎書

2) 서

① 도입 : 盖聞 ~ 其人也
② 가계와 탄생연기 : 大師 ~ 誕生
③ 출가, 수행 : 大師 ~ 尤保尸羅之律
④ 중국유학 : 及其夏末 ~ 皆如此類也
⑤ 귀국 및 교화 : 迺於天祐二年六月 ~ 出於內庫
⑥ 입적, 입비 과정 : 所恨群魔難伏 ~ 慰門下送終之懇

3) 명 : 銘曰 ~ 天長地久
4) 입비 시기, 각자 : 開運三年 ~ 崔奐規

3. 先覺大師(864~917) 연보

諱 逈微, 俗姓 崔氏, 武州人. 父 樂權, 母 金氏.

(국내) 融堅長老
六祖慧能 ─ 南嶽懷讓 ─ 馬祖道一 ─ 西堂智藏 ─ 道義 ─ 廉居 ─ (국내) 體澄 ─ 逈微
六祖慧能 ─ 青原行思 ─ 石頭希遷 ─ 藥山惟儼 ─ 雲巖曇晟 ─ 洞山良价 ─ 雲居道膺 ─ 逈微

1세	경문왕 4	864	4월 10일 탄생
15세	헌강왕 4	878	보림사 體澄에게 출가
19세	헌강왕 8	882	화엄사 관단에서 구족계를 받음 여름 도윤사에서 융견장로를 만남
28세	진성여왕 5	891	중국으로 유학해 운거도응과 만남
31세	진성여왕 7	893	중국 담주 절도사의 청으로 □□에 머뭄
42세	효공왕 9	905	무주의 회진현으로 귀국 무주 소판 왕지본의 청으로 무위갑사에 머뭄
49세	신덕왕 1	912	왕건과 함께 철원에 감
54세	경명왕 1	917	궁예에게 죽임을 당함
	정종 1	946	비가 세워짐

4. 교감자료

劉燕庭 編, 1832,『海東金石苑』권3 ; 1976, 亞細亞文化社, pp.278~289
朝鮮總督府 編, 1919,『朝鮮金石總覽』上 ; 1976, 亞細亞文化社, pp.169~174
許興植 編, 1984,『韓國金石全文』中世上, 亞細亞文化社, pp.346~351

5. 참고문헌

李俁, 1668,『大東金石書』, p.43
李能和, 1918,『朝鮮佛教通史』上, p.147 ; 下, p.16
葛城末治, 1935,「康津 無爲寺 先覺大師 遍光塔碑」『朝鮮金石攷』, pp.323~325
吳慶錫,『三韓金石錄』, p.13 * 목록 수록
『補寰宇訪碑錄』* 목록 수록
「朝鮮金石說明」『朝鮮總督府月報』4-9

6. 원문교감

高麗國 故無爲岬寺 先覺大師 遍光靈塔碑銘 幷序

太相 檢校尙書 左僕射兼御史[1]大夫 上柱國 知元鳳省事 臣崔彦撝 奉敎撰

正朝 [守廣]評侍[2]郎 柱國 賜丹金魚袋 柳勳律 奉敎書

---

1) 御史 :『총람』에는 □□.
2) 侍 :『총람』에는 □.

盖聞佛陁出世 鷲頭開利物之門, 迦葉乘時 雞足闔歸全之室[3]. □越[4]竺[5]乾[6]去聖 身毒懷仁, 傷鶴[7]樹之昇遐, 竢龍華之□[8]□. □悵[9]□□□隱, 其風漸衰, 豈謂祖祖傳心 當具體□[10]微之侶[11], 師師[12]/接踵, 有高山仰止之流. 至於圓覺深仁 遠居[13]南海, 大弘碩德 曾栖[14][崇][15]山. 有[16]待之心, 譜於郢匠 一蓮啓處 六葉重光. 中間徒[17]□上之□, □繼在雲居之嗣, 人能弘道, 保□祖宗, 唯我大師則其[18]/人也.

大師 法諱逈微, 俗姓崔氏. 其先博陵冠盖, 雄[19]府棟梁, 奉使雞林, 流恩兎[20]郡. 所以栖心雲水, 寓蹟[21]海壖, 今爲武州□□

---

3) 室 : 『전문』에는 '路'.
4) 越 : 『총람』에는 □.
5) 竺 : 『금석원』에는 □.
6) 乾 : 『전문』에는 '軋', 『금석원』에는 '車 '.
7) 鶴 : 『총람』·『금석원』에는 '鸖'.
8) □ : 『금석원』에는 ' 司'.
9) 悵 : 『총람』에는 □.
10) □ : 『전문』·『금석원』에는 '而', 『총람』에는 '當□□□'.
11) 侶 : 『총람』에는 □.
12) 師 : 『총람』에는 □.
13) 居 : 『총람』에는 '慮'.
14) 栖 : 『총람』에는 □.
15) [崇] : 모든 판본에는 □이나 내용상 추정.
16) 有 : 『총람』에는 □.
17) 徒 : 『총람』에는 □.
18) 其 : 『총람』에는 □.
19) 雄 : 『금석원』에는 '𨿽'.
20) 兎 : 『총람』·『금석원』에는 □.

人[也][22]. 父欒[23]權, 早閑莊老, 所[24]愛琴書, 松□□招隱之篇, 蕭寺結[25]/空門之友. 母金氏, 魂交之夕, 忽得休徵, 見胡僧入房, 擎玉案爲寄[26]. 欻焉驚覺, 尋報藁砧, 答云, "必生懷寶之兒, 先告弄璋之慶." □後□於[27]室內, 每有燈[28]煇[29]之□ □[30]甲[31]子之□[32], 證[33]定光之瑞, 以咸[34]/通五年 四月十日 誕生.

大師 生有殊相, 幼無雜交, 洎于志學之年, 潛蘊辭家之念. 此時忽垂雙淚, 虔告二親曰, "切欲出[35]塵, 投其□□." 父母 不[奪其][36]志, 維諱[37]□□ □□□爲[38] 山莫恒□□./ 遂乃斜登歧路, 直指寶林, 謁體澄[39]禪師. 禪師 法胤相承, 陳[40]田孫子也.

---

21) 蹟 : 『총람』에는 '跡'.
22) [也] : 모든 판본에는 □.
23) 父欒 : 『총람』에는 '父□', 『금석원』에는 □□.
24) 所 : 『금석원』에는 □.
25) 結 : 『총람』에는 □.
26) 寄 : 『총람』에는 '寄□'.
27) □於 : 『금석원』에는 □□. 『전문』에는 '於□□'.
28) 燈 : 『전문』·『금석원』에는 '鐙'.
29) 煇 : 『금석원』에는 '軍'.
30) □ : 『금석원』·『전문』에는 없음.
31) 甲 : 『금석원』에는 □.
32) □ : 『금석원』·『전문』에는 □□.
33) 證 : 『총람』에는 □.
34) 以咸 : 『총람』에는 □□.
35) 出 : 『전문』·『금석원』에는 '去'.
36) [不奪] : 모든 판본에는 □□이나 내용상 추정.
37) 諱 : 『총람』에는 □, 『금석원』에는 '言'.
38) 爲 : 『총람』에는 □.

和尙雖云 "一見便似[41]相知" 謂曰 "昔別稍遙, 今來何暮" 許令[入][42]室□□. 于[43]玆敬□禪宗[44], □□□□ □□[於][45]□□釋子, □□/於救蟻沙彌, 勤苦增勞, 不離左右.

至於中和二年 受具戒於華嚴寺官壇. 大師 經陟戒壇[46], □爲[47]安坐, 白虹之氣, 來覆法堂. [於][48]是, □□知[49]有□人[50]□爲[51]□□之[52]□□□□ [無][53]傾油鉢[54], □□[55]/戒珠[56] 敢虧草繫之心, 尤保尸羅之律.

及其夏末[57], 往度倫[58]山 禮見融堅長老[59]. □□[60]□□ 僧陳

39) 澄 : 『금석원』은 '燈'.
40) 陳 : 『전문』·『금석원』에는 '東'
41) 似 : 『금석원』에는 □.
42) [入] : 모든 판본에는 □이나 내용상 추정.
43) 于 : 『금석원』에는 □.
44) 宗 : 『총람』에는 '家'.
45) [於] : 모든 판본에는 □이나 '於救蟻沙彌'와 대구로 추정.
46) 經陟戒壇 : 『금석원』에는 □□□□.
47) 爲 : 『총람』에는 □.
48) [於] : 모든 판본에는 □이나 전후 문맥으로 추정.
49) 知 : 『금석원』에는 □.
50) 人 : 『금석원』에는 □.
51) 爲 : 『금석원』에는 □.
52) 之 : 『총람』에는 □.
53) [無] : 모든 판본에는 □. 「광조사진철대사보월승공탑비」의 '油鉢無傾'에 의거해 추정.
54) 鉢 : 『전문』에는 '知', 『금석원』에는 □.
55) □ : 『전문』에는 人.
56) □□戒珠 : 「五龍寺法鏡大師普照慧光塔碑」에는 '旣瑩戒珠'라 했음.

問[61]□, □□西河之[62]上, 追思北海之中. 所以數[63]□論禪 中霄[64]□□[65]. 長[老曰][66]□□□□□[67]道知在□人[68]./ 盍雲巘披雲 藥山采藥. 老僧 恨不隨他西笑, 問徑上游□[69] 禮祖塔於曹溪3, 巡[70]□□□□地[71]□ □□□利涉[72] 莫[73]以因循 時不待人, 曷維其已所[74]屬[75]. 遠從罔象[76] [探][77]玄珠[78]於[赤水之濱][79], □□黃□[80], [懸]法[81]/鏡於靑丘之畔. 洎于大順二年春

---

57) 末 :『총람』에는 □.
58) 倫 :『총람』에는 □.
59) 老 :『금석원』에는 □.
60) □ :『총람』에 근거.『전문』에는 '兮',『금석원』에는 '⿱亼木 '.
61) 問 :『총람』에는 □□□.
62) 之 :『총람』에는 □.
63) 數 :『금석원』에는 □.
64) 霄 :『금석원』에는 '胥',『전문』에는 '霄'.
65) □ :『총람』에 의거.『금석원』에는 '言 ',『전문』에는 '諱'.
66) [老曰] : 모든 판본에는 □□이나 내용상 추정.
67) □□□□□ :『총람』·『금석원』에 근거.『전문』에는 □□□□.
68) 人 :『총람』에는 □.
69) 游□ :『총람』에는 □□.
70) 巡 :『총람』에는 □.
71) 地 :『총람』에는 □.
72) 利涉 :『총람』에는 '川沙'.
73) 莫 :『총람』에는 '漠'.
74) 所 :『금석원』에는 □.
75) 屬 :『총람』에는 '囑'.
76) 遠從罔象 :『총람』에는 '遠從同罔象'.
77) [探] : 모든 판본은 □이나 내용상 추정.
78) 玄珠 :『총람』에는 □□.
79) [赤水之濱] :『총람』에는 □□□□,『전문』·『금석원』에는 '□□□須'.
80) □□黃□ :『총람』에는 '□□黃龍',『금석원』에는 '□ 黃□',『전문』에는

首, 忽遇入/朝使車, 託足而西, 達于彼岸, 維舟鏡水, 指路鍾[82]陵. 企聞[83][雲居][84]道膺大師, 先佛□□ □□□□ □□□□之兆[85] 實沿付囑之心. 行道遲遲 遠經[86]□□ □工[87]□□□□□□□□□□□[88]/大師 若披皇覺. 大師謂曰, "吾子歸矣, 早知汝來, 如欲昇堂[89], 指[90]其寶藏[91]." 所喜者, □□室家之美, □傳[92]禪敎之宗. 由是, 覩奧幽扃, 探玄理窟, 參尋□□□□□□□□□□□□□□□出□□[93] /豈惟迦維演法, 阿難之獨步釋門, 闕里談經 顔子之□□□室而[94]已矣哉[95].

'龍□黃之'.

81) [懸]法 : 『총람』에는 □, 『금석원』·『전문』에는 '□法'.

82) 鍾 : 『총람』에는 □.

83) 聞 : 『금석원』에는 □.

84) [雲居] : 『전문』·『금석원』에는 □□, 『총람』에는 없으나 내용상으로 추정.

85) 兆 : 『총람』에는 '化'.

86) 遠經 : 『총람』에는 □□.

87) 工 : 『금석원』에는 □.

88) □□□□□□□□□□□ : 『총람』에 근거, 『전문』에는 □□□□, 『금석원』에는 □□□□□□□ □□.

89) 堂如欲昇堂 : 『총람』에 근거. 『전문』에는 '如欲□昇堂', 『금석원』에는 '□□昇堂'.

90) 指 : 『금석원』에는 □.

91) 寶藏 : 『총람』에 근거. 『전문』에는 '實藏', 『금석원』에는 '實□'.

92) 傳 : 『금석원』에는 □.

93) □□□□□□□□□□□□□□出□□ : 『총람』에 근거. 『전문』에는 □□□□□□□□□□□□□出□□□□□□□□□□□, 『금석원』에는 □□□□□□□□□□□□□□□□□□.

94) 而 : 『총람』에는 □.

95) 矣哉 : 『총람』에는 □□.

景福三年 潭州節帥[96] 馬公□・節度副使 金公夐[97], 聞風欽仰, 拂霧敬恭[98], □□□□□□□□□□□□□□□□□□[99]請□/居其爲時所瞻依 皆如此類也.

迺於天祐二年六月[100] □退定武州之會津[101]. 此時[102]知州蘇判[103]王公池[104]本, 竊承大師, 纔諸捨筏[105], 已抵平津[106], □地□之攀[107]□□□□□□□□□□□□□[108]慈[顔][109]/每以趁塵, 如窺慧日, 常於四事, 遠假天廚, 實展□□ □□□□. 仍以□那[110]山 無爲岬寺, 請[111]以住持. 大師, 唯命是聽, 徙居靈境. 此寺也, 林泉□意[112] 寂[113]□□□ □□□□ □□□□ □

---

96) 帥 :『금석원』에는 '師'.
97) 夐 :『전문』에는 없음.
98) 恭 :『총람』에는 □.
99) □ :『전문』에는 □□.
100) 六月 :『총람』에는 □□.
101) 退定武州之會津 :『총람』에는 □□□□□□□. 『금석원』에는 '□□□武州□□□'.
102) 時 :『금석원』에는 □.
103) 蘇判 :『총람』・『금석원』에는 □□.
104) 池 :『총람』에는 '他'.
105) 筏 :『전문』에는 없음. 『금석원』에는 '栰'.
106) 平津 :『총람』에는 '□淮'.
107) □之攀 :『총람』에는 □□□, 『금석원』에는 ' □攀'.
108) □□□□□□□□□□□□□ :『금석원』에 근거. 『총람』에는 12자 결, 『전문』에는 13자 결.
109) [顔] : 모든 판본에는 □이나 내용상 추정.
110) 以□那 :『총람』에는 □□□□□.
111) 請 :『총람』에는 □.

於114)□/地. 然則重修基址, 八換星霜, 來者如雲, 納之似海.

□□□□□□□, 時□□□, □□於□□之年115), 亂甚於劉曹之代. 上無聖主, 猶鋪猬聚之徒, 下有庸流116), 莫防鯨鯢之117)難, 物118)□□□ □□如□119) / 四海沸騰, 三韓騷擾. 至九年八月中 前主永平北120)□ □□□□. □□121)□發舳艫 親駈122)車駕. 此時 羅州歸命, 屯軍於浦嶼之旁123) 武府逆鱗, 動衆於郊畿之場124). 此時㸚125)/大王聞 大師 近從吳越, 新到秦韓, 匿摩尼於海隅, 藏美玉126)於天表127). 所以先128)飛丹詔, 遽屈道竿. 大師 捧制奔波 趁風猛浪 親窺虎翼 暗縮龍頭129) 偕130)[會之131)

---

112) 意 : 『총람』에는 □.
113) 寂 : 『총람』에는 □.
114) 於 : 『총람』·『금석원』에는 □.
115) 似海~之年 : 『총람』에는 '似海□□□□□□□時□□□□□□□□□之年', 『전문』에는 '似海之年'.
116) 有庸流 : 『총람』에는 '□□流', 『금석원』에는 '有□□'.
117) 莫防鯨鯢之 : 『총람』에는 □□□□□, 『금석원』에는 '莫□鯨□之'.
118) 物 : 『총람』에는 □.
119) 如□ : 『금석원』에 근거. 『전문』에는 '如□如', 『총람』에는 □□.
120) 北 : 『총람』에는 □.
121) □□ : 『총람』은 7자가 없음.
122) 駈 : 『전문』에는 '駐'.
123) 旁 : 『전문』에는 '傍'.
124) 之場 : 『총람』에는 □□, 『금석원』에는 '之□'.
125) 此時㸚 : 『총람』에는 □□□□, 『금석원』에는 '□□□時'.
126) 美玉 : 『총람』에는 '美□', 『금석원』에는 □□.
127) 天表 : 『총람』에는 '天□', 『금석원』에는 □□.
128) 所以先 : 『총람』·『금석원』에는 □□□.
129) 頭 : 『금석원』에는 '頁'.

儔132)]吳王133), □134)明之下135)□□/無以加也.

其後 班師之際, 特請同歸, 信宿之間136), 臻于北岸. 遂於137) □郝138)□□ □拂139)□□ 供給之資, 出於內庫.

所恨群魔難140)伏, 衆病莫除, 唯141)奉142)法以栖眞143) 洒□□□□□. □今□禍者, 遍144)□□□, /枉145)殺無辜, 而乃遭艱者, 塡其146)雲屯, 同歸有罪. 然則澄公道德147), 敢悛胡石148)之兇149), [曇]始150)仁慈, 寧止赫連之暴. 況又永言移國, 唯唱□

---

130) 僧 :『총람』에는 □.
131) 會之 : 모든 판본에는 □□이나 내용상 추정.
132) 儔 :『전문』에는 '壽',『금석원』·『총람』에는 □.
133) 王 :『금석원』에는 '玉'.
134) □ :『총람』에 근거.『전문』·『금석원』에는 '轉'.
135) 下 :『금석원』에는 □.
136) 間 :『총람』에는 '閒'.
137) 於 :『총람』에는 □.
138) 郝 :『금석원』·『전문』에는 '郙'.
139) 拂 :『금석원』에는 □.
140) 難 :『금석원』에는 '雖'.
141) 唯 :『총람』에는 '雖'
142) 奉 :『총람』에는 □.
143) 眞 :『총람』에는 □.
144) 遍 :『금석원』에는 □.
145) 枉 :『금석원』에는 '抂'.
146) 其 :『총람』에는 '甚'.
147) 德 :『금석원』에는 □.
148) 胡石 :『총람』에는 □□.
149) 之兇 :『총람』에는 □□.
150) [曇]始 :『총람』에는 '慧昭',『전문』·『금석원』에는 '慧始'.

人[151]. 可[152]謂多疑者[153], □不信[154]以十[155]□□□□□□日[156]/ 大王 驟飛鳳筆, 令赴龍庭, 冀聞絶跡之譚, 猶認無[157]言之理. 大師狠[158]□□內[159], 主上鶚立當軒, 難測端倪, 失於擧措[160], 豈恐[161]就日[162]玄高之復[163]□, □君無[164]□□□□, □□□[165]終, 遭僞代[166]是. [可]謂[167]/業對將至, 因緣靡逃, 兼被崔皓懷姸, 寇謙[168]□□. 大王謂 大師曰 "吾師, 人間慈父, 世上導師, 何有存非, 不無彼此." 大師 方知禍急, 罔避危期[169], □[170]曰[171] "□□□□[172] □嬰莒[173]僕之謀[174], 仁[175]/者懷恩,

---

151) □人 : 『총람』에 근거. 『금석원』에는 □□, 『전문』에는 '喫人'.
152) 可 : 『총람』에 근거. 『금석원』에는 □, 『전문』에는 없음.
153) 多疑者 : 『총람』에는 □□□.
154) 不信 : 『전문』에 근거. 『총람』에는 '不□', 『금석원』에는 '□信'.
155) 十 : 『총람』에는 □.
156) □□□□□□日 : 『총람』에는 '□□□□日', 『금석원』에는 '□□□□□日'.
157) 無 : 『금석원』에는 □.
158) 狠 : 『전문』·『금석원』에는 '狼'.
159) □□內 : 『금석원』에는 '止 □□'.
160) 措 : 『전문』·『금석원』에는 '指'.
161) 恐 : 『전문』·『금석원』에는 '思'.
162) 就日 : 『총람』에는 □□.
163) 復 : 『총람』·『금석원』에는 □.
164) 無 : 『총람』에는 □.
165) □□□ : 『총람』에는 □□.
166) 代 : 『금석원』에는 □.
167) 可謂 : 『총람』에는 □□, 『전문』·『금석원』에는 '□謂'이나 내용상 추정.
168) 謙 : 『전문』·『금석원』에는 '寇馮'.
169) 避危期 : 『총람』에는 □□□.
170) □ : 『금석원』에는 '言'.
171) 曰 : 『총람』에는 □.

寧厠商臣之惡." 然而壹言不納. 遷□以[176]加, 捨命[177]之時, 世□□緣[178], 俗年五十有四, 僧臘三十有五. 于時, 川池忽竭[179], 日月無光, 道俗呑聲, 人天變色.

豈謂秦[180]原[181]□□[182], □□□卽世之□[183], /漢室龍興, 當/今上居尊之際. 謂群臣曰, "竊惟故大師, 道高十地, 德冠諸[184]□, 遠[185]出□方, 來儀樂土. 寡人 早[186]披瞻[187]仰, 恭□歸依, 願思有得之緣, 常切亡師之痛". 仍於雨泣, 實慟[188]□□, 追[189]□□□, 俾修□□./

---

172) □□□□ : 『전문』에는 □□□.
173) 莒 : 『전문』·『금석원』에는 '呂'.
174) 諆 : 『총람』에는 □.
175) 仁 : 『총람』에는 □.
176) 以 : 『총람』에는 '仍'.
177) 命 : 『금석원』에는 □.
178) 世□□緣 : 『총람』·『금석원』에는 □□□□.
179) 竭 : 『총람』에는 □.
180) 秦 : 『총람』에는 '□請奏'.
181) 原 : 『총람』에는 □.
182) □□ : 모든 판본에는 □□이나 '鹿死'로 추정됨. 추정은 崔彦撝, 「五龍寺法鏡大師普照慧光塔碑」의 "無何群兇競起 是秦朝鹿死之年, 大憝皆銷 唯漢室龍興之歲"에 근거함.
183) 卽世之□ : 『총람』에는 '卽□□□□'.
184) 冠諸 : 『금석원』에는 □□.
185) 遠 : 『총람』에는 □.
186) 早 : 『총람』에는 □.
187) 披瞻 : 『금석원』에는 □□, 『총람』에는 '披鑽'.
188) 實慟 : 『총람』에는 □□.
189) 追 : 『총람』에는 □.

至明年三月日，遂召門弟閑俊 化白等曰，“開[190]州之[五][191]冠山[192]，□□之藏胎處[193]. 此山也，山崗勝美，地脉平安，宜爲置冢[194]之居[195]，必致[196]尊[197]宗之祐，可師等與有司[198]，宜速[199]修山寺[200]，尋造石塔[201]/者.” 至其月日，先起仁祠，便成高塔. 塔成，師等號奉色身，遷葬于所建[202]之冢[203]. 越二年[204]詔曰，“式旌禪德，宜賜嘉名.” 賜謚爲/先覺大師，塔名爲遍光靈塔，乃錫其寺額，勅号太安，追遠之榮，未有如斯[205]之盛者也[206].

下臣謬因宦學，叨典樞[207]機，辭潤色於仙才，謝知言於哲匠. 先是，玉堂獻賦[208] 金牓[209]題名 何期[210]降/紫泥於華門，銘黃

---

190) 開 : 『전문』·『금석원』에는 ‘聞’.
191) [五] : 모든 판본에는 □이나 내용상 추정.
192) 冠山 : 『금석원』에는 □□.
193) 藏胎處 : 『총람』에 근거. 『금석원』에는 ‘□昭□’, 『전문』에는 ‘藏昭處’.
194) 冢 : 『총람』에는 ‘家’.
195) 居 : 『총람』·『금석원』에는 ‘崌’.
196) 致 : 『전문』에는 이후에 □□□□, 『금석원』에는 □이 추가.
197) 尊 : 『금석원』에는 □.
198) 有司 : 『총람』에는 □□.
199) 宜速 : 『총람』에는 □□.
200) 寺 : 『총람』에는 □.
201) 塔 : 『총람』에는 □, 『금석원』에는 ‘壇’.
202) 建 : 『총람』에는 □.
203) 冢 : 『총람』에는 ‘家’.
204) 越二年 : 『총람』에는 ‘□于□’.
205) 如斯 : 『금석원』에는 □□.
206) 盛者也 : 『금석원』에는 □□□.
207) 樞 : 『금석원』에는 ‘摳’.

絹於蓮宇. 所冀强搖柔翰, 申/大君崇法之由, 聊著[211]鮮文, 慰門下送終之悃.

銘曰

奧哉靈境　□□□□,[212]

禪□爲食　道情是兵.

卽色非色　惟名假名,

雖云方便　祇[213]爲衆生.

爰[214]有僧英[215]　□□禪伯,[216]

能使魔軍[217]　克歸[218]□□.

雨中稻[219]/痲　霜後松栢,

須拜昌言　莫[220]欺雅□.

---

208) 玉堂獻賦 : 『금석원』에 근거. 『총람』에는 '□□□則', 『전문』에는 '玉室獻賦'.

209) 金牓 : 『총람』에는 없음.

210) 何期 : 『총람』에는 □□.

211) 著 : 『총람』에는 '着'.

212) □□□□ : 『전문』에는 □□□.

213) 祇 : 『총람』에는 '祗'.

214) 爰 : 『총람』에는 '受'.

215) 英 : 『총람』에는 '乘'.

216) □□禪伯 : 『총람』에는 '□□□功'.

217) 使魔軍 : 『총람』에는 □□□, 『금석원』에는 '□魔軍'.

218) 克歸 : 『총람』에는 □□.

219) 稻 : 『총람』에는 □.

動爲佛事　翻被人□,[221]
眞衰俗盛　法弱魔[强].[222]
身辱名高　命終道光,
無儭[223]遺跡　祖[224]師舊芳.

紀德于玆　傳於不朽,
神[225]足傷心　□□□□.
塔[226]□□□　□□□□,[227]
石劫[228]/頻移　天長地久./

開運三年 歲次 丙午 五月 庚寅朔 二十九日 戊午立 [刻字臣][229] 金文允][230] 崔奐規

(원문교감 : 김인호)

220) 莫 : 『전문』에는 '難'.
221) □ : 『금석원』에는 '日'.
222) [强] : 모든 판본에는 □이나 앞의 구절과 대구이므로 추정.
223) 儭 : 『총람』에는 □.
224) 祖 : 『금석원』에는 □.
225) 神 : 『총람』에는 □.
226) 塔 : 『총람』에는 □.
227) □ : 『금석원』에는 □□.
228) 石劫 : 『총람』에는 '石□', 『금석원』에는 '□劫'.
229) 刻字臣 : 『총람』·『전문』에는 □□□, 『금석원』에는 없으나 내용상 추정.
230) 允 : 『금석원』에는 '元'.

12. 大安寺廣慈大師碑

1. 자료의 개요

1) 찬자 : 孫紹
   전자 : 文旻
2) 시기 : 光德 2년 庚戌(고려 光宗 1, 950) 10월 15일
3) 있는 곳 : 全南 谷城郡 竹谷面 元達里 泰安寺
4) 규모
   ① 높이 : 158cm ② 폭 : 91cm ③ 두께 : 22cm
   ④ 31행×60여 자 ⑤ 글자크기 : 0.8cm ⑥ 서체 : 行書
   ⑦ 현상태 : 150여 년 전에 碑身이 전복되어 큰 조각 두 개와 무수한 잔 조각으로 나뉘어져 있고, 그로 인해 비신의 오른쪽 상부 및 하부가 상당히 손상을 입은 상태이며, 龜趺의 머리 부분과 이수의 가운데 부분이 없어졌다. 보물 275호로 지정되어 있으며, 부근에 보물 274호로 지정된 八角圓堂形의 廣慈大師塔과 보물 273호로 지정되어 있는 大安寺 寂忍禪師 照輪淸淨塔이 있다.

2. 자료의 구조

1) 제액, 찬자, 서자 : 有唐高麗國 ~ 奉敎書
2) 서

① 도입 : 若夫 ~ 大師也
② 가계와 탄생연기 : 大師 ~ 誕生
③ 출가, 수행 : 大師初 ~ 法侶遠自於八表
④ 교화 : 法祖 ~ 未曾有也
⑤ 입적, 입비 과정 : 大師至開運二年 ~ 抑綴爲文

3) 명 : 銘曰 ~ 聊記貞珉
4) 입비 시기, 전자 : 光德二年 ~ 鐫字文旻
5) 비말

3. 廣慈大師(864~945) 연보

諱 允多, 字 法信, 京師人. 母 朴氏

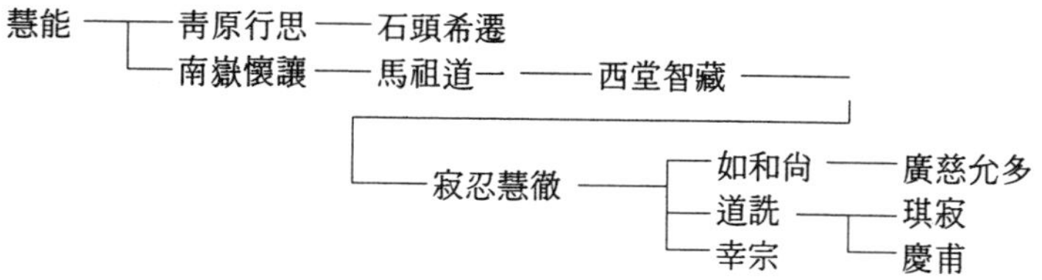

1세	경문왕 4, 함통 5	864	4월 5일 출생
8세	경문왕 11	871	출가. 사방을 돌아다니다가 桐裏의 和尙을 찾아감
16세	헌강왕 5	879	가야갑의 새 절에서 구족계를 받음 전국을 돌아다니다가 桐裏山으로 돌아옴 산적의 침입을 물리치고 활발한 교화활동 전개함
?			효공대왕이 만나기를 청했으나 兵火로 만나지는 못함
?			신성대왕(태조)이 편지 보내 만나기를 청하여 만남 興王寺에 안치

?			黃州院 王旭郎君(태조의 아들, 성종의 아버지)이 제자가 되기를 청함 內儀令 皇甫崇과 太相 忠良이 侍者와 같이 대사를 돌보니 대사가 편치 않아 동리산으로 돌아갈 것을 청하여 허락받음
?			桐裏古山으로 돌아옴
82세	혜종 2, 개운 2	945	11월 22일 입적. 승랍 66세
?			문인들이 조정에 비를 세울 것을 요청하여 孫紹에게 명하여 비문을 짓게 함
	광종 光德 2	950	10월 15일 비를 세움

4. 교감자료

劉燕庭 編, 1832,『海東金石苑』; 1976, 亞細亞文化社, pp.295~302

李能和, 1918,『朝鮮佛敎通史』下, 通文館, pp.38~42

朝鮮總督府 編, 1919,『朝鮮金石總覽』上 ; 1976, 亞細亞文化社, pp.174~179

韓國學文獻硏究所, 1977,『泰安寺誌』, 亞細亞文化社, pp.36~46, pp.142~144

許興植 編, 1984,『韓國金石全文』中世上, 亞細亞文化社, pp.351~357

5. 참고문헌

崔柄憲, 1972,「新羅下代 禪宗九山派의 成立 - 崔致遠의 四山碑銘을 中心으로 -」『韓國史硏究』7

崔柄憲, 1975,「道詵의 生涯와 羅末麗初의 風水地理說」『韓國史硏究』11

金杜珍, 1988,「羅末麗初 桐裏山門의 成立과 그 思想」『東方學志』57

추만호, 1988,「나말여초의 동리산문」『선각국사 도선의 신연구』, 영암군

추만호, 1992,『나말여초 선종사상사 연구』, 이론과 실천사

李智冠, 1994,『校勘譯註 歷代高僧碑文』高麗篇 1, 가산문고

6. 원문교감

谷城 大安寺 廣慈大師碑

有唐高麗國 武州 故[1]桐裏山 大安寺 教諡廣慈大師碑銘 幷序

太相[2] 前守禮賓令[3] 元鳳令[4] 兼知制誥 上柱國 賜紫金魚袋[5] 臣 孫紹 奉教撰

沙粲[6] [前守興文]監卿[7] 賜緋銀[8][魚袋 臣 □□□ 奉教書]

---

1) 故 : 탁본·『금석원』·『총람』·『전문』에 근거. 『사지』·『통사』에는 없다.

2) 太相 : 『통사』·『총람』·『전문』에 근거. 『금석원』에는 '大相', 『사지』에는 '太祖'로 나타난다.

3) 前守禮賓令 : 『사지』·『금석원』·『통사』·『전문』에 근거. 『총람』에는 '□守禮賓令'으로 나타난다.

4) 元鳳令 : 『금석원』·『총람』·『전문』에 근거. 『사지』·『통사』에는 元鳳令 앞에 '守'자가 첨가되어 있다.

5) 賜紫金魚袋 : 『금석원』·『통사』·『총람』·『전문』에 근거. 『사지』에는 '賜紫金袋'로 '魚'자가 빠져 있다.

6) 沙粲 : 『총람』·『전문』에 근거. 『금석원』에는 '沙(缺)', 『사지』·『통사』에는 '沙粲'부터 한 행이 없다.

7) [前守興文]監卿 : 『금석원』에는 '沙(缺)卿'으로 나타나 있고, 『총람』에는 '□□□□監□', 『전문』에는 '□'로 나타나 있으나 淨土寺法鏡大師碑·地藏禪院朗圓大師碑 등에 의하면 '前守興文' 또는 '檢校興文'의

若夫擊虛發響[9] 苟應就悟之能[10], 㪅實藏聲[11] 豈是處迷之術. 門縱闊而不可得透[12], 岸雖昵而難以獲逾[13]. 至理在中 守株者無由見性[14], 眞宗[15]非外[16] 窺管者莫以傳心[17]. 曩植曠刼之道芽 方籌/多生之法器.[18] 是以運開一千甲子 始遇聖明, 曆周[19]

4자가 빠진 것으로 추정되는데, 탁본에 의하면 첫 글자가 '前'자로 판독되므로 빠진 글자는 '前守興文'이 맞을 것으로 보인다.

8) 賜緋銀 : 탁본·『총람』에 근거. 『금석원』에는 '賜緋魚(下缺)', 『전문』에도 '賜緋魚(以下缺)'로 되어 있으나, 魚袋는 '紫金魚袋' '緋銀魚帶' 등이 있었으므로 '賜緋銀'이 옳다. 그리고 문맥상으로 보아 '賜緋銀'의 뒤에는 '魚袋 臣 □□□ 奉教書'가 생략된 것으로 보인다.

9) 若夫擊虛發響 : 탁본·『전문』에 근거. 『사지』에는 '若夫擊虗發響', 『금석원』에는 '若夫擊虛發響', 『총람』에는 '若夫擊虗發響'. 『통사』에는 '虗'는 '虛'로, '響'은 '聲'으로 나타난다. '虗'는 '虛'와 같다.

10) 苟應就悟之能 : 탁본·『사지』·『금석원』·『통사』·『전문』에 근거. 『총람』에는 '苟應就悟之□'.

11) 㪅實藏聲 : 탁본에 근거. 『통사』에는 '㪅'가 '欨'. 『사지』에는 '欨實藏聲', 『금석원』에는 '取實藏聲', 『총람』에는 '㪅實莊聲', 『전문』에는 '取實藏聲'.

12) 透 : 『사지』·『통사』에 근거. 『금석원』에는 '辶', 『총람』·『전문』에는 '進'으로 나타나나, 뒤의 '逾'와 대응하므로 '透'로 추정된다.

13) 岸雖昵而難以獲逾 : 岸은 『사지』·『통사』·『총람』·『전문』에 근거. 『금석원』에는 '□'. '昵'는 탁본·『금석원』·『총람』에 근거. 『사지』·『통사』에는 '昵', 『전문』에는 '明'. 昵=昵. '以'는 『통사』·『통사』·『전문』에 근거. 『금석원』에는 '□', 『총람』에는 '易'.

14) 守株者無由見性 : 탁본·『사지』·『총람』·『통사』에 근거. 『금석원』에는 '守株者無定見□', 『전문』에는 '守株者無定見性'.

15) 宗 : 『사지』에는 '實'.

16) 眞宗非外 : 탁본·『사지』·『총람』·『통사』·『전문』에 근거. 『금석원』에는 '眞宗□外'.

17) 窺管者莫以傳心 : 탁본·『사지』·『총람』·『통사』·『전문』에 근거. 『금석원』에는 '窺管者 莫以□心'.

五百星霜 再逢賢哲. 或禀七淨[20]而傑出, 或蘊十智[21]以挺生, 自古旣稀 至今爲貴, 兩[22]全雙美者[23] 卽我大師也[24]./

大師 法諱允多, 字法信, 京師人也. 其祖考等 皆族盛簪纓 門專孝義,[25] 家記而亂來拋墜[26] 聲譽而耳口聞言.[27] 其妣朴氏 受性溫和 爲人貞潔. 自幼未嘗於俗味,[28] 長/[經]勤修於佛事.[29]

---

18) 曩植曠劫之道芽 方鑄/多生之法器 :『사지』·『통사』·『전문』에 근거. 『금석원』·『총람』에는 '曩~多' 부분이 없고, 각각 '莫以□心(下闕)/□生之法器', '莫以傳心□生之法器'로 되어 있다.

19) 曆周 : 탁본·『금석원』에 근거. 『사지』·『통사』·『전문』에는 '歷周', 『총람』에는 '曆數'.

20) 或禀七淨 : 탁본·『사지』·『통사』·『전문』에 근거. 『금석원』에는 '或禀□□', 『총람』에는 '□禀七淨'.

21) 智 :『통사』·『사지』에는 '旨'.

22) 兩 :『사지』에는 '留'.

23) 兩全雙美者 :『사지』·『총람』·『전문』에 근거. 『금석원』에는 '□全□□□', 『통사』에는 '留全雙美者'.

24) 卽我大師也 :『사지』·『통사』·『전문』에 근거. 『금석원』에는 '卽□', 『총람』에도 '卽我' 이하가 없다.

25) 門專孝義 :『사지』·『통사』에 근거. 『총람』에는 '門傳孝義', 『금석원』·『전문』에는 '以傳孝義'.

26) 家記而亂來拋墜 :『사지』·『통사』·『전문』에 근거. 『금석원』에는 '家□而□□拋墜', 『총람』에는 '家記而□□拋墜'.

27) 聲譽而耳口聞言 : 탁본·『사지』·『통사』에 근거. 『금석원』에는 '□□□耳口聞□', 『총람』에는 '□□而耳口聞言'(본문에는 '耳□聞言'으로 되어 있으나 正誤表에 '耳口聞言'으로 고쳐졌다). 『전문』에는 '聲譽而耳口聞言'.

28) 自幼未嘗於俗味 : 탁본·『총람』·『통사』에 근거. 『사지』에는 '於'가 없다. 『금석원』에는 '自幼□□於俗未', 『전문』에는 '自幼未嘗於俗未'.

29) 長/[經]勤修於佛事 : 탁본에는 '長/□勤修於佛事', 『금석원』에는 '長(下闕)/經勤修佛事', 『총람』에는 '長□□□□佛事', 『전문』에는 '長(以下缺)/經 勤修於佛事'로 나타나고, 『사지』에는 '洎長勤修佛事', 『통사』에

迨其岳降 分娩等閑[30] 由孝感而易爲 若霜堇之出疾.[31] 時以[32]咸通五年四月五日 誕生.

大師 初放蓬矢之日 雙柱絶倫, 將辞[33]錦褓[34]之秊[35] 三亭轉麗.[36] 遨/遊而居止有方,[37] 禮度而顚沛無墜.[38] 扇枕之令譽 早著鄕閭, 搥[39]灰之捷詞 夙馳遐迩.[40] 春秋財[41]當八歲 有志三歸, 遽[42]告[43]二親 願別蝸門 要投禪敎, 父母益爲 鞠養倍/前,[44]

는 '洎長勤脩於佛事'로 각각 나타난다.

30) 閑 : 탁본·『사지』·『금석원』·『총람』에 근거. 『통사』·『전문』에는 '閒'.

31) 若霜堇之出疾 : 『사지』·『통사』에 근거. 탁본과 『금석원』에는 '若霜□之□疾', 『총람』에는 '□霜□之出疾', 『전문』에는 '苦霜堇之出疾'.

32) 時以 : 탁본·『사지』·『총람』·『통사』에 근거. 『금석원』·『전문』에는 '是以'. '時'와 '是'는 통용된다.

33) 辞 : 탁본·『사지』에 근거. 『금석원』·『총람』·『전문』에는 '辭'.

34) 錦褓 : 『사지』·『총람』에 근거. 『금석원』·『전문』에는 '襁褓'.

35) 秊 : 탁본·『금석원』·『전문』에 근거. 『총람』·『통사』에는 '年'. '秊'은 '年'의 古字.

36) 三亭轉麗 : 탁본에 근거. 『금석원』에는 '三亭轉□(下闕)'.

37) 遨/遊而居止有方 : 『사지』·『통사』에 근거. 『금석원』에는 '轉□(下闕)/遊而□定有方', 『전문』에는 '遨(以下缺)遊而居定有方'으로 되어 있으나 『사지』·『통사』에 의하면 '遨/遊' 사이에는 글자가 없고, 문맥상으로도 글자가 없는 것이 맞는 듯하다. 『총람』에는 '轉麗□□□□□有方'.

38) 禮度而顚沛無墜 : 탁본·『금석원』·『총람』·『전문』에 근거. 『사지』·『통사』에는 '墜'가 '虧'로 되어 있다.

39) 搥 : 탁본·『사지』·『통사』·『전문』에 근거. 『총람』에는 '槌'. 『금석원』에는 '□'.

40) 迩 : 탁본·『금석원』에 근거. 『사지』·『총람』·『통사』·『전문』에는 '邇'.

41) 財 : 탁본·『사지』·『금석원』·『총람』·『통사』에 근거. '겨우'의 의미. 『전문』에는 '纔'.

猶是縈紆 未能允許.45) 大師潸46)然曰, "出家修47)道 利益不無.48) 直49)饒翁50)子之錦衣 豈勝山僧之毳衲51)!" 哀鳴重52)沓諮告再三, 深認求53)情 固難橫54)奪, 登時一諾 明日55)辭膝下./步而雲遊四海 行駐56)唯伴孤影57) 炎涼焂58)歷數年. 自此 周

---

42) 遽 : 『총람』·『전문』에 근거. 『사지』·『통사』에는 '忽', 『금석원』에는 '□'.

43) 告 : 『통사』에는 '造'.

44) 父母益爲 鞠養倍/前 : 탁본·『사지』·『통사』·『전문』에 근거. 『전문』에는 '父母益爲 鞠養倍(以下缺)/前'으로 되어 있으나 '倍/前' 사이에는 문맥상 글자가 없는 것으로 생각된다. 『금석원』에는 '父母□爲□(下闕)/前'.

45) 猶是縈紆 未能允許 : 탁본·『사지』·『금석원』·『통사』·『전문』에 근거. 『총람』에는 '鞠養□□□□□未能允許'.

46) 潸然 : 탁본·『사지』·『금석원』·『총람』·『통사』에 근거. 『전문』에는 '潛然'.

47) 修 : 탁본·『사지』·『금석원』·『총람』에 근거. 『통사』·『전문』에는 '脩'.

48) 利益不無 : 『사지』·『통사』·『전문』에 근거. 탁본·『총람』에는 '利益不□', 『금석원』에는 '利□□無'.

49) 直 : 『사지』·『금석원』·『통사』·『전문』에 근거. 탁본·『총람』에는 '□'.

50) 翁 : 탁본·『금석원』·『총람』·『전문』에 근거. 『사지』·『통사』에는 '公'.

51) 豈勝山僧之潸衲 : 탁본·『사지』·『통사』에 근거. 『금석원』에는 '□□山僧之毳納', 『총람』에는 '定□山僧之潸衲', 『전문』에는 '定勝山僧之潸衲'.

52) 重 : 『사지』·『총람』·『통사』·『전문』에 근거. 희미하지만 탁본에도 '重'자로 파악된다. 『금석원』에는 '□'.

53) 求 : 탁본에 근거. 『사지』·『총람』·『통사』에는 '成', 『전문』에는 '盛', 『금석원』에는 '□'.

54) 橫 : 탁본·『사지』·『통사』·『전문』에 근거. 『금석원』에는 왼쪽의 '手'部만 있다. 『총람』에는 '扶'.

55) 明日 : 『사지』에는 '則自'.

56) 駐 : 탁본에 의함. 『통사』·『사지』에는 '住'.

廻[59]跋涉於遼東, 迤邐遠詣於桐裏[60] 叅[61]覲和尙, 䙈[62]相面目顧眄[63]形容. 數日後 侍奉上方, 和尙曰,/"古語 '心專石也穿,[64] 志切泉俄涌', 道非身外 卽佛在心. 宿習者[65]覺於刹鄁[66] 蒙昧者[67]滯在萬刧[68], 如來說諭[69] 爲精[70]鈍則再[71]語 爲根利則

57) 明日辭膝下/步而雲遊四海 行駐唯伴孤影 : 『사지』·『통사』에는 '明日'이 '則自'로 나타나며, 『금석원』에는 '明日辝(下闕)/步而雲游四海 □駐惟伴孤影', 『총람』에는 '□日辭□□□□□□□駐難伴孤影'으로 되어 있는데, 탁본에 의하면 '明'자는 불확실하지만 '則'으로 보기 어렵고, 뒤에 '日'자가 확인되므로 '明日'이 옳은 듯하다. 『전문』에는 '下(以下缺)/步'로 되어 있으나 '下/步' 사이에는 문맥상 글자가 없는 것으로 생각된다.

58) 焂 : 탁본·『사지』·『통사』·『총람』에 근거. 『금석원』·『전문』에는 '倏'.

59) 周廻 : 탁본·『금석원』·『총람』·『전문』에 근거. 『사지』·『통사』에는 '周回'.

60) 迤邐遠詣於桐裏 : 『사지』·『전문』에 근거. 『금석원』에는 '迤邐□□於□表', 『총람』에는 '迤邐□詣於桐裏', 『통사』에는 '逶迤遠詣於桐裏'.

61) 叅 : 『사지』·『금석원』·『통사』·『전문』에 근거. 『총람』에는 '恭'.

62) 䙈 : 탁본·『금석원』·『총람』에 의함. 『사지』·『통사』·『전문』에는 '頮'.

63) 顧眄 : 탁본·『사지』·『총람』·『통사』에 근거. 『금석원』·『전문』에는 '顧盼'.

64) 侍奉上方 和尙曰/ 古語 心專石也穿 : 탁본에 의하면 '侍奉 上方 和尙曰'로 '上方'과 '和尙' 사이에 각각 한 칸이 비어 있다. 『사지』·『통사』에는 '古語'가 없고, '侍奉上方 和尙曰/ 心專石也穿'으로 되어 있다. 『금석원』에는 '侍奉□上□□□尙(下闕)/ 古語 心專石也穿', 『총람』에는 '侍奉上方 和尙□□□□石也穿'으로 나타난다. 『전문』에는 '侍奉上方 和尙(以下缺)/ 古語 心專石可穿'으로 되어 있으나 '尙/古' 사이에는 문맥상 글자가 없는 것으로 생각된다.

65) 宿習者 : 『사지』·『총람』·『통사』·『전문』에 의함. 『금석원』에는 '宿習□'.

66) 刹鄁 : 탁본·『금석원』·『총람』에 근거. 『사지』·『통사』·『전문』에는 '刹那'.

略[72]言.[73] 汝自[74]好看. 不在吾說也"./[75]

於迦耶岬新藪[76] 受具[77]後 但繫[78]心猿 無縱意馬 戒瓶方挈[79] 油盔不欹[80]. 轉鞭[81]志於晝宵 綱砥[82]心於瞬息, 不戶不

---

67) 蒙昧者 : 『사지』·『통사』·『전문』에 근거. 『총람』에는 '蒙昧者', 『금석원』에는 '□□之'.

68) 刼 : 탁본·『통사』에 의함.

69) 說諭 : 『금석원』·『전문』에 근거. 『총람』에는 '況諭', 『사지』·『통사』에는 '說喩'.

70) 精 : 『사지』에는 '情'.

71) 再 : 『통사』에는 '開'.

72) 略 : 『통사』·『사지』에는 '畧'.

73) 爲精鈍則再語 爲根利則略言 : 탁본·『전문』에 근거. 『사지』·『통사』에는 '精'이 '情'으로 나타나 있고, 『금석원』에는 '爲精□則再語 爲張利□略言', 『총람』에는 '爲精鈍則再語 爲根利□略言'. 『法華經』에 "正見邪見 利根鈍根"이라 하였다.

74) 汝自 : 탁본·『사지』·『통사』·『총람』·『통사』에 근거. 『금석원』에는 '汝□', 『전문』에는 '汝身'.

75) 不在吾說也/ : 탁본·『사지』·『통사』에 근거. 『전문』에는 '心在吾說也'로 나타나지만, 『금석원』에는 '□吾(下闕)/', 『총람』에는 '不在吾說□'로 되어 있다. 『전문』에는 이 뒤에 '汝自'(以下缺)/로 나타나 있으나 『사지』에는 '汝自' 이하가 없어 잘못 들어간 것으로 보인다.

76) 於迦耶岬新藪 : 『통사』에 근거. 『전문』에는 '於伽耶岬新藪', 『사지』에는 '遊迦耶岬新藪', 『금석원』에는 '於伽耶岬□□', 『총람』에는 '吾說□□□□□□□□(7자 결)數'.

77) 受具 : 『사지』·『총람』·『전문』에 근거. 『금석원』에는 '□具'.

78) 繫 : 『통사』에는 '繁'.

79) 戒瓶方挈 : 탁본·『금석원』·『전문』에 근거. 『사지』·『통사』에는 '戒瓶方擊', 『총람』에는 '戒缾方挈'.

80) 油盔不欹 : 탁본에 근거. 『전문』에는 '油□不欹', 『금석원』·『총람』에는 '油盔不□', 『사지』·『통사』에는 '油鉢不欹'.

81) 轉鞭 : 탁본·『사지』·『총람』·『통사』에 근거. 『금석원』에는 '不鞭', 『전문』에는 '不偏'.

牖[83]見大道 不崑不海[84]得神珠.[85] 芳聲旣震於四方 法侶遠自於八表.[86]/

法祖 西堂傳於徹, 徹傳於先師如, 如傳於吾師, 卽西堂[87]曾孫也. 大師傳法化[88]於西堂 卻不勞西學[89]. 割世緣於東域[90] 眞/善誘於東人.[91] 學無學之宗[92] 終資祇夜[93] 師無師之旨[94] 必藉

---

82) 網砥 : 탁본·『사지』·『총람』·『통사』·『전문』에 근거. 『금석원』에는 '網□'.

83) 不戶不牖 : 탁본에 의함. 『통사』에는 '不戶不牗'.

84) 不崑不海 : 탁본·『사지』·『총람』·『통사』·『전문』에 근거. 『금석원』에는 '不崑不□'.

85) 神珠 : 『금석원』에는 '神□'.

86) 芳聲旣震於四方 法侶遠自於八表/ : 『통사』에 근거. 『금석원』에는 '□□□□於(下闕)/法祖'로 나타나 '四方~八表'까지가 없고, 『총람』에도 '□□震於□□□□/□□□□□(9자 결)傳於徹'. 『전문』에는 '芳聲旣震於四 法侶遠自於八表(以下缺)/法祖'로 '方'이 없다. '表/法' 사이에는 문맥상 글자가 없는 것으로 생각된다.

87) 堂 : 『총람』에는 '□'.

88) 化 : 탁본·『사지』·『통사』·『전문』에 근거. 『금석원』에는 '□', 『총람』에는 없다.

89) 卻不勞西學 : 탁본에 의함. 『금석원』에는 '郤不勞西□', 『총람』에는 '卻不勞西學'. 『사지』·『통사』에는 '却不勞於西學', 『전문』에는 '郤不勞於西學'으로 '西學' 앞에 '於'자가 더 있는데, '於'가 있는 것이 문맥상 對句가 되어 적절하지만, 탁본에는 '勞'와 '西'가 연이어 나타난다.

90) 割世緣於東域 : 『사지』에 근거. 『전문』·『통사』에는 '割世緣於東城'. 『금석원』에는 '割'자가 왼쪽의 '刀'部만 있고 '□□於(下闕)/□實際本空'. 『총람』에는 마멸.

91) 眞/善誘於東人 : 『사지』·『통사』에 근거. 『전문』에는 '眞□實際本空(以下缺)/善誘於東人'으로 되어 있으나 문맥상 '眞/善' 사이에는 글자가 없는 것으로 생각된다. 『금석원』에는 '/□實際本空'으로 되어 있다.

修多.95) 遂使弄一心者96) 能97)信一音, 纏九結者98) 漸歸九業.99) 多多方便而引導100) 輕輕威力而折摧, 化緣周於鯷岑 蹤/跡徧於桃野.101)/

不忘其本102) 卻103)歸104)故山. 纔經兩霄, 忽有山賊入寺 擬刼105)衣物 直到上方. 大師遻然而無蛩106) 不動禪座. 被威鋒之

『총람』에는 '世緣～東人'까지가 없고 '割(20자 결)學'.

92) 學無學之宗 : 『사지』·『통사』·『전문』에 근거. 『금석원』에는 '學無學□宗', 『총람』에는 '學無□之□'.

93) 終資祇夜 : 『통사』·『전문』에 근거. 『사지』에는 '終資秖夜', 『금석원』·『총람』에는 '□□祇夜'.

94) 師無師之旨 : 『금석원』에는 '師無師之□'.

95) 必藉修多 : 『금석원』에 의함. 『총람』·『사지』·『전문』에는 '必籍脩多'.

96) 遂使弄一心者 : 『전문』에 근거. 『금석원』에는 '掾弄一心者', 『총람』에는 '遂□弄一心者', 『사지』에는 '遂'와 '者'자가 없고 '使弄一心', 『통사』에는 '使弄一心者'.

97) 能 : 『사지』·『통사』에 근거. 『금석원』·『전문』에는 '大', 『총람』에는 '□'.

98) 纏九結者 : 『사지』·『통사』·『전문』에 근거. 『금석원』에는 '緾九結者', 『총람』에는 '纏九□□'.

99) 漸歸九業 : 『사지』·『통사』에 근거. 『금석원』에는 '湋海□業', 『전문』에는 '漸海九業', 『총람』에는 '□□九業'.

100) 多多方便而引導 : 『사지』·『통사』·『전문』에 근거. 『금석원』에는 '□多方便□門(下闕)/', 『총람』에는 '□多方便□門□'

101) 蹤/跡徧於桃野 : 『전문』에는 '蹤(以下缺)/跡徧於桃野'로 되어 있으나 '蹤/跡' 사이에는 문맥상 글자가 없는 것으로 생각된다.

102) 多多方便～不忘其本 : 『사지』·『통사』·『전문』에 근거. 『금석원』에는 '□多方便□門(下闕)/□□□□野不忘其故', 『총람』에는 '□多方便□門(15자 결)不□□□'.

103) 卻 : 『금석원』·『총람』·『전문』에 근거. 『사지』·『통사』에는 '却'.

104) 歸 : 『총람』에는 '□'.

105) 刼 : 『통사』에 의함.

辟惡[107] 扶慧刃之降魔. 賊徒無/斅 衝突大師[108] 自知罪過[109] 言訖 禮拜走散.[110] 見此模樣[111] 不免思惟.[112] 至夜化夢[113] 有一戰將[114] 入於殿內.[115] 見勿陀那[116] 七軀末座[117] 向大師書/

106) 大師遻然而無翌 : 『사지』·『전문』에 근거. 『금석원』에는 '大師遻而無翌', 『총람』에는 '大師□□□□'.

107) 被威鋒之辟惡 : 『사지』·『통사』에 근거. 『금석원』에는 '被(下闕)/'로 되어 있다. 『전문』에는 '辟'이 '辭'로 나타난다.

108) 賊徒無/斅 衝突大師 : 『사지』에 근거. 『통사』에는 '斅'가 '斆'로 되어 있고, 『금석원』에는 '(威鋒)~無/'까지가 없고 '被(下闕)/□□□大師'로 나타난다. 『전문』에는 '賊徒無(以下缺)/斅 衝突大師'로 되어 있으나 '無/斅' 사이에는 문맥상 글자가 없는 것으로 생각되며, '斅'가 '斆'로 나타나 있는데, '斅'와 '斆'는 동일한 자이다.

109) 自知罪過 : 『사지』·『통사』에 근거. 『금석원』에는 '自□罪□', 『총람』에는 '□無□□'. 『총람』에는 '威鋒~自'까지가 없고 '被(20자 결)無□□'로 되어 있는데, '無'는 '知'의 잘못인 듯하다. 『전문』에는 '自無罪過'.

110) 言訖 禮拜走散 : 『사지』·『통사』에 근거. 『금석원』에는 '□□ □□□數', 『총람』에는 '□□ □□□□', 『전문』에는 '言訖 禮拜走數'.

111) 見此模樣 : 『사지』·『통사』·『전문』에 근거. 『금석원』에는 '見此模□', 『총람』에는 '□□模□'.

112) 不免思惟 : 『사지』·『통사』·『전문』에 근거. 『금석원』·『총람』에는 '□既思惟'.

113) 至夜化夢 : 『사지』·『통사』·『전문』에 근거. 『금석원』에는 '至知作夢', 『총람』에는 '至夜作夢'.

114) 有一戰將 : 『사지』·『통사』·『전문』에 근거. 『금석원』에는 '有一戰□', 『총람』에는 '有一戰□'.

115) 入於殿內 : 『총람』에는 '□□□□'.

116) 見勿陀那 : 『사지』·『통사』에는 '見勿陀耶', 『금석원』에는 '見勿它舺', 『총람』에는 '□□□那', 『전문』에는 '見勿它那'.

117) 七軀末座 : 『통사』·『전문』에 근거. 탁본에는 '□軀末□', 『사지』에는 '七軀末座', 『금석원』에는 '七□□座(下闕)/', 『총람』에는 '七軀□□'.

是重忍兩字而已.118) 睡覺驚訝119) 起來盥嗽120) 端坐偶言曰, "也大奇! 也大奇!121) 白日狐疑了122) 不料淸宵蝶夢成. 古人123) 有言 '一忍得長樂者 一忍住世久好', 重忍兩字 豈徒然/哉 124)". 大師因此125) 永獲安禪 久居僧寺.126) □□□□□□□□ 黃波□如而127)洞達禪旨128) 超然聖言. 離聲色裏 出是非關, 衲

---

118) 是重忍兩字而已 : 『사지』·『통사』에는 '而已'가 없이 '視兩忍字'로 나타나고, 『금석원』·『전문』에는 '是量忍兩字而已'. 『총람』에는 '七軀(18자 결)己'로 되어 있는데, '己'는 '已'의 잘못인 듯하다. 『전문』에는 '向大師書(以下缺)/是量忍兩字而已'로 되어 있으나 '書/是' 사이에는 문맥상 글자가 없는 것으로 보인다.

119) 睡覺驚訝 : 『사지』·『통사』·『전문』에 근거. 『금석원』·『총람』에는 '睡覺□□'.

120) 起來盥嗽 : 『사지』·『통사』에 의함. 『금석원』에는 '□□盥□'. 盥嗽의 뜻은 손을 씻고 양치질을 함. 『전문』에는 '起來盥嗽'.

121) 端坐偶言曰 也大奇 也大奇 : 『사지』·『전문』에 근거. 『금석원』에는 이 부분이 '(□□盥□) □□□□□□□□'로 되어 있다.

122) 白日狐疑了 : 『사지』·『통사』·『전문』에 근거. 『금석원』에는 '白日狐疑□', 『총람』에는 '睡覺(13자 결)白日狐疑□'.

123) 古人 : 『사지』·『통사』·『전문』에 근거. 『금석원』에는 '古□'.

124) 一忍～豈徒然/哉 : 『사지』·『통사』·『전문』에 근거. 『전문』에는 '一忍得長樂者 一忍住世久好 重忍兩字 豈徒然(以下缺)/哉'로 되어 있으나 '然/哉' 사이에는 글자가 없는 것이 분명하다. 『통사』에도 '然/哉' 사이에 글자가 없다. 『금석원』에는 '一忍得長(下闕)/哉'.

125) 大師因此 : 『총람』에는 '不料淸宵蝶夢(27자 결)此'.

126) 寺 : 『전문』에 근거. 『사지』·『통사』에는 '首', 『금석원』·『총람』에는 '□'.

127) □□□□□□□□(8자 결)黃波□如而 : 『전문』에 근거. 『금석원』·『총람』에는 '僧(13자 결)而', 『사지』·『통사』에는 이 부분이 없다.

128) 洞達禪旨 : 『사지』·『통사』에 근거. 『총람』에는 '□□禪□', 『전문』·『금석원』에는 '洞達禪源'.

子盈/門[129] 慕義投仁 雲趍[130]霧聚 叅禪學道[131] 虛屆實歸[132].

孝恭大王[133] 趨[134]向谷風 遐飛綸翰 願開慧眼 以祐國祚. 于時 羅運傾否 兵火頻起, 弓裔亂紀 甄萱盜名, 天命有歸 國朝新造./ 背□梗狼煙[135] 往來辛苦於沙門 裨□終無於王.[136]

神聖大王 乘時聖主 閒代明君,[137] 富安邦撫俗之宏機[138] 通

---

129) 衲子盈/門 : 『사지』·『통사』에 근거. 『전문』에는 '衲子盈(以下缺)/門'으로 되어 있으나 문맥상 '盈/門' 사이에는 글자가 없는 것으로 생각된다. 『사지』·『통사』에도 '盈/門' 사이에 글자가 없다. 『금석원』에는 '洞達禪源□□□□然(下闕)/門'.

130) 趍 : 『통사』에는 '趨'.

131) 叅禪學道 : 『금석원』·『통사』·『전문』에 근거. 『총람』에는 '(洞達)禪(29자 결)參禪□□', 『사지』에는 '叅禪道'.

132) 虛屆實歸 : 『전문』에 근거. 『사지』·『통사』에는 '虛屆實歸'. 『금석원』에는 '虛屆實歸(下闕)/'. '屆'는 '屆'의 俗字. 『전문』에는 '虛屆(以下缺)/實歸'로 되어 있으나 '屆/實' 사이에는 문맥상 글자가 없는 것으로 생각된다.

133) 孝恭大王 : 『사지』·『통사』·『전문』에는 '孝宗大王'.

134) 趨 : 『사지』에는 '趍'.

135) 國朝新造/背□梗狼煙 : 『금석원』에는 '孝恭大王～國朝新造'까지가 없고, '虛屆實歸(下闕)/背□梗狼煙'. 『전문』에는 '國朝新造(以下缺)/背□梗狼煙'으로 되어 있으나 '朝/背' 사이에는 글자가 없었던 것으로 보인다.

136) 裨□終無於王 : 『금석원』·『전문』에 근거. 『금석원』에는 '裨□終無於王(下闕)/', 『총람』에는 '參禪(53자 결)無於□', 『사지』·『통사』에는 '背□～裨□終無益於王'까지가 없다.

137) 乘時聖主 閒代明君 : 『사지』·『통사』에 근거. 『전문』에는 '乘時聖望主閒代 明君'으로 '代'와 '明'자 사이가 한 칸 비어 있고, 『금석원』에는 '乘時□望主 間代□明□'로 되어 있으나, '聖主'와 '明君'을 수식하기 위해 원문에 한 칸씩 비워 둔 것으로 생각된다. '閒'은 『금석원』·『전문』에 근거. 『사지』·『통사』에는 '間'. '閒'은 '間'의 俗字.

138) 富安邦撫俗之宏機 : 『사지』·『통사』·『전문』에 근거. 『사지』에는 '富'

護法契理之神術, 萬機之暇 留心玄門. 自微時 飽聆大師之聲價, 因遣郎官 賫御札 入山而請曰, “仰德日久 願接梵儀. 師已老矣 / 恐難行脚[139] 何妨騎乘[140] 一詣[141]九重”. 大師曰, “老僧由來 未嘗騎馬 至於齡年, [142] 山僧亦是王民 何敢方命”, 以錫杖芒鞋 步至輦下. 上大喜 令止儀賓寺安頓 數日後 召入. 上殿勿趨[143] 上下床接之 待以賓禮, 群臣竦然. 上問曰, “古師云 心/卽佛 是心如何[144]”. 大師答曰, “若到涅槃者 不留於佛心[145]”. 問[146], “佛有何過[147] 卽得如此”.[148] 答曰, “佛非有過 心自無

가 ‘富’로 되어 있는데, 兩字는 같이 쓰인다. 『금석원』에는 ‘富安邦撫俗之(下闕)/’, 『총람』에는 ‘(裨□終)無於(王～富까지 45자 결)安邦撫□□□□’.

139) 恐難行脚 : 『사지』·『통사』·『전문』에 근거. 『금석원』에는 ‘宏機～老矣’ 부분이 없고, ‘富安邦撫俗之(下闕)/恐□行脚’.

140) 何妨騎乘 : 『사지』·『통사』·『전문』에 근거. 『금석원』에는 ‘何妨□□’.

141) 一詣 : 『사지』·『통사』·『전문』에 근거. 『금석원』에는 ‘一□’.

142) 老僧由來 未嘗騎馬 至於齡年 : 『사지』·『통사』·『전문』에 근거. 『금석원』에는 ‘老僧由來(下闕)/’, 『총람』에는 ‘撫(俗～曰까지 44자 결)老僧由來’□□□□ □□□□. 승려들은 사치를 금한다는 의미에서 馬祖道一의 말에 의해 말을 타는 것을 계율에 어긋나는 것으로 여긴다.

143) 趨 : 『사지』에는 ‘趍’.

144) 心/卽佛 是心如何 : 『전문』에 근거. 『금석원』에는 ‘未嘗騎馬～心/’ 부분이 없고, ‘老僧由來(下闕)/卽佛心 是如何’로 되어 있다. 『사지』·『통사』에는 ‘心卽佛 心何如’.

145) 若到涅槃者 不留於佛心 : 『전문』에 근거. 『사지』에는 ‘若到涅脎者 不留於佛心, 『금석원』에는 ‘若到□□者 不留於佛心’, 『총람』에는 ‘老僧由來(未嘗騎馬～若到涅槃者까지 39자 결)不留於佛□’.

146) 問 : 『사지』·『전문』에 근거. 『금석원』에는 ‘□’.

147) 佛有何過 : 『사지』·『전문』에 근거. 『금석원』에는 ‘□□□□’.

過". 問曰, "朕受天之佑 救亂誅暴 何以則生民保乂. 對曰, "殿下不忘今日之問/ 國家幸甚 生民幸甚". 問曰, "大師 以何德行化導[149]衆生". 對曰, "臣僧 自救不了[150] 何敢解脫他縛". 此日玉音琅琅 不憚雲輿之問, 大師四辯亹亹 無碍甁瀉之答.[151] 若具載文繁 括而略[152]錄.[153]

伏念今上/大王[154] 威齊兩曜 蒞政而道叶乾坤,[155] 德秀重瞳[156] 治民而令無邪黨.[157] 歸依五衍[158] 豈異於中印匿王.[159]

---

148) 卽得如此 :『사지』에 근거.『금석원』에는 '卽得必(下闕)/',『전문』에는 '卽得必此'.

149) 導 :『사지』에 근거.『통사』·『전문』에는 '遵'.

150) 自救不了 :『사지』·『통사』에 근거.『전문』에는 '自救可了'.

151) 四辯亹亹 無碍甁瀉之答 :『전문』에 근거.『사지』·『통사』에는 '大師四辯 無碍亹亹甁瀉之答'으로 '亹亹'의 앞에 '無碍'가 있는 것으로 나타나지만 앞의 '不憚雲輿之問'과 대구가 되므로 '四辯亹亹 無碍甁瀉之答'이 옳을 것으로 보인다. 그런데『금석원』에는 '(卽得如)此～無碍甁瀉之' 부분이 없고 '卽得必(下闕)/答云 六祖意不欲得觸道 然師語□了道□慧亦□去也'로 나타나며,『전문』에도 이 뒤에 '云 六祖意不欲得觸道 然師語□了道□慧亦□去也'라는 내용이 들어가 있고,『총람』에는 '不留於佛(42자 결)去也'라는 부분이 보인다. 그러나『사지』에는 '云～去也' 부분이 없는데, 이 부분이 들어갈 경우 문맥상으로도 매끄럽지 못하여 잘못 들어간 것이 아닌가 한다.

152) 略 :『통사』에는 '畧'.

153) 若具載文繁 括而略錄 :『사지』·『통사』·『전문』에 근거.『금석원』에는 '若□或□繁 括而略□'.

154) 伏念今上大王 :『사지』·『통사』·『전문』에 근거.『금석원』에는 '□□□今(下闕)/大王'.

155) 蒞政而道叶乾坤 :『사지』·『통사』에 근거.『금석원』에는 '□□而道叶軋坤',『전문』에는 '講沙而道叶乾坤'.

156) 重瞳 :『사지』에 근거.『통사』·『전문』에는 '重曈'.

157) 治民而令無邪黨 :『사지』·『통사』·『전문』에 근거.『금석원』에는 '治

尊仰三禪[160] 有同於西天戒日.[161] 正法興邦之代 修文植本之君, 專[162]美斯今 罕見振古.

大師[163] 三禮而退 命安置興王寺. 黃州院 王旭郞君[164] 遙仰淸風[165] 互傳尺牘,[166] 願爲弟子 冀效從師.[167] 遂寂滅而數年山間而復況. 內議令 皇甫崇·太常 忠良 日監大師之供饋 如執侍者之職, 大師益不安 一日諗于上曰 "麋鹿野縱[168] 甘伏丘壑 畏[169]承御命 來住王域 恐懼[170]情深 軒鶴梁鵷 未足喩也.

民而□無□□', 『총람』에는 '去也(38자 결)治民而□無□□'.

158) 歸依五衍 : 『사지』·『통사』·『전문』에 근거. 『금석원』에는 '而又歸依□□', 『총람』에는 '□又歸依□□'로 '歸依' 앞에 '而又' 또는 '□又'의 두 자가 더 들어가 있다.

159) 豈異於中印匿王 : 『사지』·『통사』·『전문』에 근거. 『금석원』에는 '□□於□□□'.

160) 尊仰三禪 : 『사지』·『통사』·『전문』에 근거. 『금석원』에는 '□仰三禪'.

161) 有同於西天戒日 : 『사지』·『통사』에 근거. 『전문』에는 '同'이 '用'으로 되어 있고, 『금석원』에는 '有用(下闕)/', 『총람』에는 '歸依(18자 결)戒□'.

162) 專 : 『사지』에 근거. 『통사』·『전문』에는 '尊'.

163) 大師 : 『사지』·『통사』·『전문』에 근거. 『금석원』에는 '有用(下闕)/□□大師'.

164) 大師~黃州院 王旭郞君 : 『금석원』에는 '大師在日 黃州院 □王旭郞君'으로 되어 있다. 『사지』·『전문』에는 '黃州院 王旭郞官', 『통사』에는 '黃州院 □旭郞官'으로 되어 있다.

165) 遙仰淸風 : 『사지』·『통사』·『전문』에 근거. 『금석원』에는 '遙仰□風'.

166) 互傳尺牘 : 『금석원』에 근거. '互'는 '互'의 俗字. 『총람』에는 '(有用於西天)戒(13자 결)傳尺牘', 『사지』·『통사』·『전문』에는 '平傳尺牘'.

167) 願爲弟子 冀效從師 : 『사지』·『전문』에 근거. 『총람』에는 '□爲弟子□□□□', 『금석원』에는 '□爲弟子 糞(下闕)/'.

168) 縱 : 『사지』에는 '蹤'.

169) 畏 : 『사지』에 의함. 『통사』·『전문』에는 '猥'.

伏望許從微情 俾雲歸古山 魚游深壑[171] 爲賜大矣". 上許之, 令歸桐裏古山, 命本道守相 劃[172]給田結奴婢[173] 以供香積. 不忘外護/之風[174] 每展八行之禮, 差官往來 絡繹于道 崇奉之盛 未曾有也'.[175]

大師 至開運二年[176] 荒落爲辜[177] 二十二日[178] 召衆有言曰,

---

170) 懼 : 『사지』에는 '惧'.

171) 魚游深壑 : 『사지』·『통사』·『전문』에 근거.

172) 劃 : 『통사』·『사지』에는 '畫'.

173) 劃給田結奴婢 : 이 전결노비는 大安寺 寂忍國師 照輪淸淨塔碑의 말미에 나타나는 '碑末~奴婢'를 가리키는 것으로 보인다. 『총람』과 『전문』 등의 금석문자료집에는 이 전결노비 부분이 적인선사비의 말미에 수록되고 있는데, 본 비의 내용에 의하면 이것이 寂忍禪師代에 있었던 것이 아니라 고려 태조가 廣慈大師에게 준 것임을 알 수 있다. 태안사의 연혁을 비교적 상세히 전해 주고 있는 『사지』에도 寂忍禪師의 新·舊 碑文을 모두 수록하고 있으면서도 이 전결노비에 대한 부분은 보이지 않고, 第三編 雜部의 第七章 雜錄 부분과, 1943년에 기록한 泰安寺事蹟의 第五章 本寺의 維持費 등에서 廣慈時의 大衆과 田畓柴, 奴婢 등으로 기록하고 있어 廣慈大師 때의 것으로 다루고 있다. 따라서 이것은 적인선사비는 현전하지 않고, 광자대사비도 부러져 마멸이 심한 관계로 華嚴寺에서 소장하고 있는 寫本을 底本으로 하여 『총람』을 편찬할 때 광자대사비에 넣어야 할 내용을 잘못하여 적인선사비로 넣었기 때문에 빚어진 착오로 판단된다.

174) 不忘外護之風 : 『사지』·『통사』·『전문』에 근거. 『금석원』에는 '效從師~不忘外護' 부분이 없고, '龑(下闕)/之風'으로 되어 있다.

175) 差官往來~未曾有也 : 『사지』·『통사』에 근거. 『전문』에는 '差官往來~未曾有也' 대신 '仍爲壇越 久受保持 各效陳雷 允□舊分'으로 나타난다. 『총람』에는 '(願)爲弟子(冀效從師~未曾有也까지 48자 결)大師'.

176) 大師 至開運二年 : 『통사』·『전문』에 근거. 『금석원』에는 '大師 至開運(下闕)/', 『총람』에는 '大師 至開運□□', 『사지』에는 '大師'가 없음.

"生也有限 滅而未定. 吾今欲行 各自[179]珍重. 佛言 '波羅提木叉[180] 是汝大師', 吾亦以此言囑汝. 汝等遵行 吾不死矣"./ 令焚香念佛[181] 合掌奄然而逝 俗秊[182]八十二 僧臘[183]六十六.

於是 緇徒號慟[184] 歎津梁之已摧,[185] 禪伯咨嗟[186] 見法輪之永閉.[187] 至於飛禽憫然[188] 走獸悽愴. 平日爽耳之/潺湲澗水[189] 變作哀聲,[190] 多年悅目之靉靆山雲[191] 皆成慘色. 感動蠢植 毫楮寫周.[192] 遂以其時事[193]申聞 尋蒙/朝令 建塔本山. 財出官廩

---

177) 辜 : 『통사』·『전문』에 근거. 『사지』에는 '辠'.

178) 二十二日 : 『사지』에 근거. 『통사』·『전문』에는 '二月二日'.

179) 自 : 『통사』·『사지』에 근거.

180) 波羅提木叉 : 『사지』·『통사』에 근거. 『전문』에는 '波羅提木又'.

181) 令焚香念佛 : 『금석원』에는 '二年～吾不死矣' 부분이 없고, '大師至開運(下闕)/令焚香略'으로 되어 있다.

182) 秊 : 『통사』·『사지』에는 '年'.

183) 臘 : 『통사』·『사지』에는 '臈'.

184) 緇徒號慟 : 『사지』·『통사』에 근거. 『금석원』·『전문』에는 '緇流號慟'.

185) 歎津梁之已摧 : 『총람』에는 '大師至開運(29자 결)歎津梁□□□'.

186) 禪伯咨嗟 : 『사지』·『통사』·『전문』에 근거. 『금석원』에는 '□□□□'.

187) 見法輪之永閉 : 『사지』·『통사』·『전문』에 근거. 『금석원』에는 '□□□□永閉', 『총람』에는 '歎津梁(11자 결)永閉'.

188) 至於飛禽憫然 : 『사지』·『통사』·『전문』에 근거. 『총람』에는 '至□□□□□', 금석원에는 '至於(下闕)/'.

189) 平日爽耳之/潺湲澗水 : 『사지』·『통사』에 근거. 『금석원』에는 '至於(下闕)/潺湲澗水'로 '飛禽～平日爽耳之'까지가 없다. 『전문』에는 '平日爽耳之(以下缺)/潺湲澗水'로 되어 있으나 '之/潺湲' 사이에는 문맥상 글자가 없는 것으로 보인다.

190) 哀聲 : 『사지』·『통사』·『금석원』·『전문』에 의거. 『총람』에는 '衰□'.

191) 多年悅目之靉靆山雲 : 『사지』·『통사』에 근거. 『금석원』에는 '□年悅目之靉靆山雲', 『전문』에는 '目'이 '耳'로 나타난다.

役以近民, 莊嚴周密 彫琢甚妙. 上首 門人等 復告于朝曰, “先師臣某 幸蒙知遇, 國恩罔極 生死俱榮 而塔上之銘闕焉. 恐先師臣 平日樹立之道行 漸/至湮沒[194] 伏乞睿澤”, □從[195] 許樹豊碑者. 爰命微臣 延揚禪化.[196] 紹 才非七步 學昧五車[197], 直言而否歎朱生[198] 斤斧而有稱禰氏,[199] 事不獲已 抑綴爲文.

銘曰[200]

---

192) 感動蠢植 毫楮寫周 :『사지』·『통사』에 근거.『금석원』·『전문』에 ‘寫’가 ‘焉’으로 나타난다.『총람』에는 ‘永閉至(18자 결)周’.

193) 遂以其時事 :『금석원』에는 ‘遂以其時(下闕)/’,『총람』에는 ‘遂□其□□’로 나타난다.

194) 漸/至湮沒 :『사지』·『통사』에 근거.『금석원』에는 ‘事申聞~漸’ 부분이 없고, ‘遂以其時(下闕)/止淪沒’로 나타난다.『전문』에도 ‘漸(以下缺)/至淪沒’로 ‘湮’이 ‘淪’으로 되어 있으며, ‘漸/至’ 사이에는 문맥상 글자가 없는 것으로 생각된다.『통사』에도 ‘漸~至’ 사이에는 글자가 없다.

195) 伏乞睿澤 □從 :『전문』에 근거.『전문』에는 ‘伏乞睿澤’과 ‘□從’ 사이에 여섯 칸이 비어 있고,『금석원』에는 ‘伏乞　　□從’으로 ‘伏乞’과 ‘□從’ 사이에 세 칸이 비어 있고 ‘睿澤’이 없으며,『사지』·『통사』에는 ‘□從’이 없다.

196) 延揚禪化 :『금석원』·『전문』에 근거.『사지』·『통사』에는 ‘延揚禮化’.

197) 才非七步 學昧五車 :『사지』·『통사』·『금석원』에 근거.『총람』에는 ‘(遂□)其(37자 결)學□□□’.

198) 直言而否歎朱生 :『사지』·『통사』·『전문』에 근거.『금석원』에는 ‘□□□亂朱□’.

199) 斤斧而有稱禰氏 :『사지』·『통사』·『전문』에 근거.『금석원』에는 ‘□斧(下闕)/偉哉開士’.

200) 事不獲已 抑綴爲文 銘曰 :『사지』·『통사』·『전문』에 근거.

偉哉開士 了達眞筌,

法門杳杳 至理玄玄.

化符海外 道尊日邊,[201]

雲歸深洞 月落澄淵.[202]

波瀾意氣[203] 平等心田,[204]

今朝示滅[205] 何處談禪.[206]

鷄山崒嵂[207] 鴨水逶迤,[208]/

土地有緣 棲遲在斯.[209]

解虎道峻 救/蟻恩垂,[210]

---

201) 道尊日邊 : 『사지』·『통사』에 근거. 『금석원』·『전문』에는 '道冠日邊'.

202) 雲歸深洞 月落澄淵 : 『사지』·『금석원』·『통사』에 근거. 『총람』에는 '(才非七步)學(17자 결)月落□□'.

203) 波瀾意氣 : 『사지』·『통사』·『전문』에 근거. 『금석원』에는 '波瀾□□', 『총람』에는 '□□□□'.

204) 平等心田 : 『사지』·『통사』·『전문』에 근거. 『총람』에는 '□等□□', 『금석원』에는 '□等□□'.

205) 今朝示滅 : 『사지』·『통사』·『전문』에 근거. 『금석원』에는 '□□□□'.

206) 何處談禪 : 『사지』·『통사』·『전문』에 근거. 『금석원』에는 '□□□□'.

207) 鷄山崒嵂 : 『사지』·『통사』에 근거. 『금석원』에는 '雞山(闕)傾', 『전문』에는 '雞山岫傾'.

208) 鴨水逶迤 : 『사지』·『통사』에 근거. 『금석원』에는 '不(下闕)/', 『전문』에는 '不水逶迤'.

209) 棲遲在斯 : 『통사』·『전문』에 근거. 『사지』에는 '捿'.

210) 救/蟻恩垂 : 『사지』·『통사』·『전문』에 근거. 『금석원』에는 '(鴨)水～救' 부분이 없고 '不(下闕)/□恩垂'.

石臻聽講　樹向來儀.[211]
兩楹忽夢[212]　隻履俄遺,
無法可說　有稱廣慈.

淸淨三業[213]　蕩除六塵, [214]
歸棲桐裏[215]　際會金人.[216]
依俙提拔[217]　彷佛波輪,[218]
玄談浩瀚　大慧精神.

將登彼岸　刧火焚薪,
介衆安仰　哀號蒼旻.
可久可大　萬歲不磷,
爰述不朽　聊記貞珉.[219]

---

211) 樹向來儀 :『사지』·『통사』·『전문』에 근거.『금석원』에는 '樹□來□'.
212) 兩楹忽夢 :『사지』·『통사』·『전문』에 근거.『금석원』에는 '□□忽夢'.
213) 淸淨三業 :『총람』에는 '(平)等(20자 결)淨三□'.
214) 蕩除六塵 :『금석원』·『통사』·『전문』에 근거.『사지』에는 '除'가 없다.『총람』에는 '蕩□六塵'.
215) 歸棲桐裏 :『사지』·『통사』에 근거.『전문』에는 '歸於桐裏',『금석원』에는 '歸於□裏',『총람』에는 '歸□□裏'.
216) 際會金人 :『사지』·『통사』·『전문』에 근거.『금석원』에는 '□會金人(下闕)/'.
217) 依俙稀提拔 :『사지』·『통사』에 근거.『전문』에는 '依化提拔'.
218) 彷佛波輪 :『사지』·『통사』·『전문』에 근거.
219) 聊 記貞珉 :『통사』·『사지』·『전문』에 근거.『금석원』에는 '依稀提拔~聊記'까지가 없고 '際會金人(下闕)/□□□□貞珉'.

光德二年 歲次庚戌 十月十五日立.[220]

鐫字 文昱[221]

碑 末	福田數 法席
時在福田四十	常行神衆法席 本定別法席無
本傳食	二千九百三十九石 四斗 二升 五合
例 食	布施燈油無
田畓柴	田畓 幷四百九十四結三十九負 坐地三結
	下院 代 四結七十二負
	柴 一百四十三結
荳原地	鹽盆 一所[222]
奴 婢	奴十名 婢十三口

(원문교감 : 김혜원)

220) 光德二年～十月十五日立 : 『금석원』·『전문』에 근거. 『총람』에는 '歸□□裏(21자 결)二年 歲次庚戌 十月十五日立'으로 '光德'이라는 연호가 빠져 있고, 『사지』·『통사』에는 '立'字가 없다.

221) 鐫字 文昱 : 『사지』·『통사』·『전문』에 근거. 『금석원』에는 '鐫字(闕)', 『총람』에도 '鐫字'만 있다.

222) 荳原地 鹽盆一所 : 『사지』에 근거. 『총람』·『전문』에는 '荳原地 鹽盆四十三結'로 나타난다.

13. 太子寺郞空大師白月栖雲塔碑

1. 자료의 개요

1) 찬자 : 崔仁滾

서자 : 金生의 글씨를 僧侶 端目이 集字함

각자 : 僧 嵩太尙座・秀規尙座・淸直師・惠超師

후기 찬자 : 門下法孫 純白

추기 찬자 : 榮川郡守 李沆

추기 서자 : 朴訥

2) 시기

① 비문 찬술 : 景明王代(917. 7~924. 8) 즉 貞明 3년(경명왕 1, 917) 11월 改葬한 이후 어느 시기

② 후기 찬술 및 비를 세운 시기 : 顯德 원년(고려 光宗 5, 954) 7월 15일

③ 추기 찬술 : 正德 4년(조선 中宗 4, 1509) 8월

3) 있는 곳 : 원래의 위치는 경북 봉화군 명호면 태자사지이나, 1509년 당시 영천군수 李沆이 경북 영주군 영천면 휴천리 자민루 아래로 옮겨 세웠으며, 1918년에 현재의 국립중앙 박물관으로 옮겼다

4) 규모

① 높이 : 203cm　② 폭 : 97cm　③ 두께 : 24cm

④ 31행×83자　　　⑤ 글자 크기 : 2.1cm
⑥ 서체 : 行書(新羅 金生의 글씨를 集字함)

2. 자료의 구조

1) 제액, 찬자, 서자 : 新羅國 ~ 釋端目集
2) 서
① 도입 : 聞夫眞境希夷 ~ 大師是也
② 가계와 탄생연기 : 大師 法諱行寂 ~ 以太和六年十二月三十日 誕生
③ 출가, 수행 : 大師 生標奇骨 ~ 勤苦多方
④ 중국유학 : 雖至道□□ ~ 無方不到
⑤ 귀국 및 교화 : 雖觀空色 ~ 以爲終焉之所
⑥ 입적, 입비 과정 : 至明年春二月初 ~ 將報法恩
3) 명 : 其詞曰 ~ 永曜禪林
4) 후기(비의 뒷면) : 新羅國 ~ 直歲僧 規言
5) 추기(비의 옆면) : 余少時 ~ 朴訥書

3. 朗空大師(832~916) 연보

諱 行寂, 俗姓 崔氏. 祖 全, 父 佩常, 母 薛氏.

六祖慧能 ─┬ 南嶽懷讓 ─ 馬祖道一 ─ 鹽官齊安 ─ 梵日 ─────────┬ 行寂
　　　　　└ 靑原行思 ─ 石頭希遷 ─ 藥山惟儼 ─ 道悟圓智 ─ 石霜慶諸 ┘

1세	흥덕왕 7	832	12월 30일 출생
?			가야산 해인사 宗師에게 출가
24세	문성왕 17	855	복천사 관단에서 구족계를 받음
?			굴산사 통효대사 梵日의 제자가 됨
39세	경문왕 10	870	입비조사 김긴영에게 의탁하여 입당 구법

?			당나라 장안의 좌가 보당사 공작왕원에 거주
?			오대산 화엄사에서 배움. 오대산 중대에서 신인을 만남
44세	헌강왕 1	875	성도부의 정중정사에서 無相大師의 영당을 배알
?			石霜慶諸 화상에게 배움
?			형악과 曹溪山을 탐방
54세	헌강왕 11	885	귀국하여 굴산사 통효대사 범일을 다시 배알함
58세	진성여왕 3	889	굴산대사 입적
?			삭주의 건자야에서 산문을 열고 제자를 가르침
63~67세	진성여왕 8~효공왕 2	895~898	왕성으로 감
67~70세	효공왕 2~5	898~901	시골로 돌아감
75세	효공왕 10	906	秋 9월 초에 효공왕의 초빙으로 경주에 감
76세	효공왕 11	907	夏末 김해부에 감. 蘇忠子, 蘇律凞의 귀의를 받음
84세	신덕왕 4	915	봄에 신덕왕의 초빙으로 다시 경주에 가서 南山 實際寺에 안거 秋 7월에 明瑤夫人의 요청을 받아 석남산사 주지
85세	신덕왕 5	916	春 2월 12일에 입적. 僧臘 61년. 동 17일에 가매장
86세	경명왕 1	917	11월 중에 改葬 11월 이후 제자들의 요청으로 경명왕이 탑명과 시호를 내리고, 최인연에게 비문 짓게 함
	광종 5	954	7월 15일 문하법손 순백이 후기를 쓰고 비를 세움
	조선 중종 4	1509	秋 8월 영천군수 이항이 비를 옮기고 추기를 지음

4. 교감자료

서울대 규장각 소장 탁본, 古4016-1

劉燕庭 編, 1832,『海東金石苑』上 ; 1976, 亞細亞文化社, pp.168~182(본문), 289~295(후기)

朝鮮總督府 編, 1919,『朝鮮金石總覽』上 ; 1976, 亞細亞文化社, pp.181~189

許興植 編, 1984,『韓國金石全文』中世上, 亞細亞文化社, pp.357~365

5. 참고문헌

李能和, 1918,『朝鮮佛教通史』下, pp.23~24 * 비문만 발췌 수록
忽滑谷快天, 1930,『朝鮮禪敎史』
葛城末治, 1935,「太子寺郎空大師白月栖雲塔碑」『朝鮮金石攷』
李智冠 校監 譯註, 1993,「奉化 太子寺 郞空大師 白月栖雲塔碑文」『伽山學報』2
吳慶錫,『三韓金石錄』, pp.83~97
『大東金石名攷』* 목록만 수록

6. 원문교감

新羅國 故 兩朝國師 敎謚 朗空大師 白月栖[1]雲之塔 碑銘并序

門人 翰林學士 守兵部侍郎 知瑞書院事 賜紫金魚袋 臣 崔仁渷 奉敎撰
金生書 釋端目集

聞夫眞境希夷 玄津杳渺, 澄如滄海 邈若太虛, 智舟何以達其涯 慧駕莫能尋其際. 況復去聖逾遠 滯凡旣深, 靡制心猿 難調

1) 栖 : 『전문』에는 '棲'.

意馬. 由是 徇[2]虛弃實者 俱懷逐塊之情, 執有迷空者 盡起趂[3]炎之想. 若非哲人出世 開士乘/時, 高演眞宗 廣宣善誘, 何以爰折[4]重玄之理[5] 得歸衆妙之門[6]. 潛認髻珠 密傳心印, 達斯道者 豈異人乎. 大師是也./

大師 法諱行寂 俗姓崔氏. 其先周朝之尙父遐苗 齊國之丁公遠裔, 其後使乎兎郡 留寓鷄[7]林, 今爲京萬河南人也. 祖諱全 避世辭榮 幽居養志[8]. 父諱佩常 年登九歲 學冠三冬. 長牽投筆之心 仍效止戈之藝, 所以繫名/軍旅[9] 充職[10]戎行. 母薛氏 夢見僧 謂曰 "宿因所追 願爲阿孃之子." 覺後 感其靈瑞 備啓所天, 自屛膻腴 勤爲胎敎, 以大和六年十二月三十日 誕生.

大師 生標奇骨 有異凡流. 遊戱之時 須爲佛事, 每聚沙而造塔 常摘葉/以爲香. 爰自靑襟 尋師絳帳, 請業則都忘寢食 臨文則惣括宗源. 甞以深信金言 志遺塵俗, 謂父曰 "所願 出家修道 以報罔極之恩." 其父知有宿根 合符前夢, 不阻其志 愛而許之.

2) 徇 : 『금석원』에는 '侚'.
3) 趂 : 『전문』에는 '趨'.
4) 折 : 『전문』에는 '�', 『금석원』에는 '拼'.
5) 理 : 『전문』에는 '禮'.
6) 門 : 『총람』에는 '□'.
7) 鷄 : 『전문』·『금석원』에는 '雞'.
8) 志 : 『총람』에는 '老'.
9) 旅 : 『금석원』에는 '掭'.
10) 職 : 『금석원』에는 '軄'.

遂迺削染被[11]緇 苦求遊學, 欲尋學海 歷/選名山. 至於伽耶海印寺 便謁宗師, 精探經論 統雜花之妙義 該貝葉之眞文. 師謂學徒曰 "釋子多聞 顔生好學 昔聞其語 今見其人, 豈與靑眼赤髭 同年而語哉."

大中九年 於福泉寺官壇 受其具戒. 旣而浮囊志切 繫/草情深. 像敎之宗 已[12]勞力學, 玄機[13]之旨 盍以心求. 所以杖策挈瓶 下山尋路. 徑[14]詣崛山 謁通曉大師, 自投五體[15] 虔啓衷懷, 大師便許昇堂 遂令入室. 從此服膺數載 勤苦多方.

雖至道□□[16] 目擊[17]磐[18]成山之志 而常齋[19]淡薄[20]/ 神疲增煮海之勞. 則知歷試諸難 多能鄙事, 每於坐臥 只念遊方. 遂於咸通十一年 投入備朝使 金公緊榮, 西笑[21]之心 備陳所志, 金公情深傾盖 許以同舟. 無何 利涉大川 達于西岸.

此際 不遠千里 至於上都. 尋蒙有司 特/具事由 奏聞天聽,

---

11) 被 : 『금석원』·『전문』에는 '披'.
12) 已 : 『금석원』에는 '巳'.
13) 機 : 『금석원』에는 '撥'.
14) 徑 : 『금석원』에는 '徑'.
15) 體 : 『전문』에는 '軆'.
16) □□ : 『금석원』에는 두 칸의 공백임.
17) 擊 : 『전문』에는 없음.
18) 磐 : 『금석원』에는 '槃'.
19) 齋 : 『금석원』에는 '齊'.
20) 薄 : 『전문』에는 '簿'.
21) 笑 : 『총람』에는 '□'.

降勅 宜令左街寶堂寺 孔雀王院 安置大師. 所喜神居駐足 勝境栖心. 未幾 降誕之辰 勅[22]徵入內. 懿宗皇帝 遽弘至化 虔仰玄風, 問大師曰 "遠涉滄溟 有何求事." 大師對勅曰 "貧道幸獲 / 觀風上國 問道中華, 今日 叨沐鴻恩 得窺盛事. 所求遍遊靈跡 追尋赤水之珠, 還耀吾鄉 更作靑丘[23]之印." 天子厚加寵賚 甚善其言, 猶如法秀之逢晉文 曇鸞之對梁武 古今雖異 名德尤同.

以後至五臺山 投/花嚴寺. 求感於文殊大聖 先上中臺, 忽遇神人 鬢眉皓尒[24]. 叩頭作禮 膜拜祈恩, 謂大師曰 "不易遠來 善哉佛子. 莫淹此地 速向南方, 認其五色之霜 必沐曇摩之雨." 大師 含悲頂別 漸次南行.

乾符二年 至成都[府][25] 巡謁, 到/靜衆精舍 禮無相大師影堂, 大師 新羅人也. 因謁寫眞 具聞遺美, 爲唐帝導師 玄宗之師. 同鄕唯恨 異其時 後代所求 追其跡[26].

企聞石霜慶諸和尙 啓如來之室 演迦葉之宗, 道樹之陰 禪流所聚, 大師 殷勤禮足 曲盡/虔誠, 仍栖方便之門 果得摩尼之寶. 俄而追遊衡岳 參知識之禪居, 遠至漕溪 禮祖師之寶塔, 傍東山之遐秀 採六葉之遺芳, 四遠參尋 無方不到.

---

22) 勅 : 『전문』에는 '來勅'.
23) 丘 : 『총람』에는 '邱'.
24) 尒 : 『전문』에는 '爾'.
25) [府] : 모든 판본에는 '俯'.
26) 跡 : 『금석원』에는 '迹'.

雖觀空色 豈忘偏陲. 以中和五年 來歸故國. 時也至於崛嶺 重謁大/師. 大師云 "且喜早歸 豈期相見. 後學各得其賜 念玆在玆." 所以再託扉蓮 不離左右, 中間忽携甁[27]鉢 重訪水雲, 或錫飛於五嶽之初 暫栖天柱, 或盃渡於三河之後 方住水精.

至文德二年四月中 崛山大師寢疾, 便往故/山 精勤侍疾, 至於歸化 付囑傳心者 唯在大師一人而已. 初憩錫於朔[28]州之建子若 纔修茅舍 始啓山門, 來者如雲 朝三暮四. 頃歲 時當厄運 世屬此蒙, 災星長照於三韓 毒露常鋪於四郡, 況於巖谷 無計潛藏. 乾寧初/ 至止王城 薰蕕蔔於焚香之寺, 光化末 旋歸野郡 植栴[29]檀於薙草之墟. 所恨正値魔軍 將宣佛道.

孝恭大王 驟登寶位 欽重禪宗, 以大師獨步海東 孤標天下, 特遣僧正法賢等 聊飛鳳筆 徵赴皇居. 大師謂門/人曰 "自欲安禪 終須助化. 吾道之流於末代 外護之恩也." 乃以天祐三年秋 九月初 忽出溟郊 方歸京邑. 至十六日 引[30]登秘殿 孤坐禪床. 主上預淨宸襟 整其[31]冕服, 待以國師之禮 虔申鑽仰之情. 大師辭色從容/ 神儀自若, 尊道說羲軒之術 治邦談堯舜之風, [如][32]鏡忘疲 洪鍾待扣. 有親從上殿者四人, 曰 行謙 邃安 信宗 讓

27) 甁 : 『총람』·『금석원』에는 '缻'.
28) 朔 : 『전문』·『금석원』에는 '翔'.
29) 栴 : 『전문』에는 '旃', 『금석원』에는 '抩'.
30) 引 : 『총람』에는 '□'.
31) 整其 : 『총람』에는 '具'.
32) [如] : 모든 판본에는 글자가 없으나 「광조사진철대사보월승공탑비」의 '誨人不倦 如鏡忘疲'에 근거하여 추정.

規. 讓[規][33] 行超十哲 名盖[34]三禪, 探玄鄕之秘宗 論絶境之幽技[35]. 聖人見頻廻麈尾[36] 甚悅龍顔.

忽於明年夏/末 乍別京畿, 略遊海嶠 至金海府. 蘇公忠子知府 及弟[37]律凞[38]領軍 莫不歛[39]袵欽風 開襟慕道, 請居名寺 冀福蒼生. 大師[40]可以栖遲 暗垂慈化, 掃妖煙於塞外 灑甘露於山中.

神德大王 光統丕圖 寵徵赴闕. /至貞明元年春 大師遽携禪衆來至帝鄕, 依前命南山實際寺安之. 此寺則先是聖上 以黃閣潛龍 禪扃附鳳 尋付大[41]師 永爲禪宇. 此時奉迎行所 重謁慈顔, 爰開有待之心 再聽無爲之說.

辭還之際 特結良因./ 爰有女弟子明瑤夫人, 鼇島宗枝 鳩林冠族. 仰止高山 尊崇佛理, 以石南山寺 請爲收領 永以住持. 秋七月 大師 以甚愜雅懷 始謀栖止. 此寺也 遠連四岳[42] 高壓南溟, 溪澗爭流 酷似金輿[43]之谷, 巖巒鬪峻 疑如紫盖[44]之峰,/ 誠

---

33) [規] : 『전문』·『금석원』에는 '景', 『총람』에는 '□'.
34) 盖 : 『금석원』에는 '蓋'.
35) 技 : 『전문』에는 '致', 『금석원』에는 '拔'.
36) 聖人見頻廻麈尾 : 『전문』에는 '所聖人見之尙頻廻麈尾'.
37) 弟 : 『전문』·『총람』에는 '第'.
38) 凞 : 『총람』에는 '熙'.
39) 歛 : 『전문』에는 '歛'.
40) 大師 : 『전문』에는 '十六師四', 『총람』에는 '十師', 『금석원』에는 '十大師'.
41) 大 : 『총람』에는 '□'.
42) 四岳 : 『전문』에는 '西岳'.
43) 輿 : 『총람』에는 '與'.
44) 盖 : 『금석원』에는 '蓋'.

招隱之幽据[45] 亦栖禪之佳境者也. 大師遍探靈巚 未有定居, 初至此山 以爲終焉之所.

至明年春二月初 大師覺其不悆 稱染微痾, 至[46]十二日詰旦告衆曰 "生也有涯 吾將行矣. 守而勿失 汝等勉旃." 趺坐繩床儼然就/滅, 報齡八十五 僧臘[47]六十一.

于時雲霧晦冥 山巒震動. 有山下人望山頂者 五色光氣 衝於空中, 中有一物上天 宛然金柱, 豈止[48]智順則天垂花盖 法成則空斂[49]靈棺而已哉. 於是 門人等傷割五情 若亡[50]天屬, 至十七日/ 敬奉色身 假隷于西峯之麓. 聖考大王 忽聆遷化 良惻仙襟, 特遣中使 監護葬儀 仍令吊祭. 至三年十一月中 改葬於東巒之頂, 去寺三百來步. 全身不散 神色如常, 門下等重覩慈顔 不勝感慕, 仍施石戶封閉./

大師資靈河岳 禀氣星辰, 居縷褐[51]之英 應黃裳之吉. 由是早栖禪境 久拂客塵, 裨二主於兩朝 濟群生於三界, 邦家安太魔賊歸降. 則知大覺眞身 觀音後體 啓玄關而敷揚至理 開慈室而汲引玄流. 生命示亡 效鶴樹/歸眞之跡, 化身如在 追鷄[52]峯

45) 据 : 『전문』에는 '据'.
46) 至 : 『총람』에는 없음.
47) 臘 : 『총람』·『금석원』에는 '臈'.
48) 止 : 『총람』에는 '□'.
49) 斂 : 『전문』에는 '歛'.
50) 亡 : 『전문』·『금석원』에는 '忘'.
51) 褐 : 『총람』에는 '禑'.

住寂之心. 存歿[53]化人 始終弘道 可謂定慧無方 神通自在者焉.

弟子信宗禪師 周解禪師 林倨[54]禪師等五百來人 共保一心 皆居上足, 常勤守護 永切追攀. 每念巨海塵飛 高風電絶, 累趨[55]/魏闕 請樹豊碑. 今上克纘洪基 恭承[56]寶籙, 欽崇禪化 不異前朝, 贈謚曰 朗空大師 塔名 白月栖雲之塔.

爰命微臣 宜修藿臼, 仁渷 固辭不免 唯命是從. 輒[57]課菲詞 式揚餘烈, 譬如提壺酌海 莫知溟渤之深, 執管闚天 難測/穹蒼之闊[58]. 然而早蒙慈誨 眷以宗盟. 唯以援筆有情 著文無愧, 强名玄道 將報法恩.

其詞曰/

至道無爲　　猶如大地,
萬法同歸　　千門一致,
粤惟正覺　　誘彼群類,
聖凡有殊　　開悟無異.

---

52) 鷄 :『전문』·『금석원』에는 '雞'.
53) 歿 :『총람』에는 '沒'.
54) 倨 :『총람』에는 '儼'.
55) 趨 :『전문』·『금석원』에는 '趍'.
56) 承 :『총람』에는 '崇'.
57) 輒 :『전문』·『금석원』에는 '輙'.
58) 闊 :『총람』에는 '濶'.

懿歟禪伯　　生我海東,
明同日月　　量等虛空,
名由德顯　　智與慈融,
去傳法要　　來化童蒙.

水月澄[59]/心　　煙霞匿曜,
忽飛美譽　　頻降佳召,
扶贊兩朝　　闡揚玄敎,
甁[60]破燈明　　雲開月照.

哲人去世　　緇素傷心,
門徒願切　　國主恩深,
塔封巒頂　　碑倚溪潯,
芥城雖盡　　永曜禪林./

【 후기 】

新羅國 石南山 故 國師 碑銘[61] 後記
門下法孫 釋純白 述

59) 月澄 :『전문』에는 '月油澄'.
60) 甁 :『총람』·『금석원』에는 '缾'.
61) 碑銘 :『총람』에는 '銘碑'.

恭維我國大師 始自出胎 終於沒齒, 生緣眷屬 觸事因緣, 卽門生金長老允正 所修錄具之, 門人崔大[62]相仁渷 所撰/碑述之.

今白之所記者 [所][63]以 大師於唐新羅國 景明王之天祐年中[64] 化[65]緣畢已, 明王謚號銘塔, 仍勅崔仁渷侍郎 使/撰碑文. 然以世雜人猾 難爲盛事. 是以年新月古 未立碑文, 至後高麗國 几平四郡 鼎正三韓, 以顯德元年七月十五日 樹此/豊碑於太子山者, 良有良緣者乎.

爰有國師之門 神足 國主寺之僧頭 乾聖院和尙者, 法諱讓景 俗姓 金氏 字曰擧國. 爲師/而或體或心 爲王而乍耳乍目. 將恐芳塵風掃 美跡雲消, 黃絹將爛[66] 翠琰弗植, 師恩雀報 自立龜碑. 和尙王父諱/ 元聖王之表來孫 憲康王之外庶舅, 淸廉謠聒於街路 忠孝譽酣於尊卑. 內知執事侍郎 外任浿江都護. 父詢禮 才兼六藝/ 學慣五經, 月下風前 屬緣情體物之句, 春花夜月 呈撫絃韻竹之[67]聲, 內至執事含香 外赴朔州長史. 和尙 始自華色 終於叟[68]/身, 動止言謨[69] 行蹤風格, 可備別錄 此略言焉.

且國師碑之[70]與錄 可記而未記者. 曰龍潭式照 乾聖讓景 鷲

62) 大 : 『총람』에는 '太'.
63) [所] : 모든 판본에는 '□'.
64) 中 : 『총람』에는 '□'.
65) 化 : 『총람』에는 '法'.
66) 爛 : 『총람』에는 '□'.
67) 之 : 『총람』에는 '□'.
68) 叟 : 『금석원』에는 '□'.
69) 謨 : 『금석원』에는 '談'.
70) 之 : 『총람』에는 '□'.

□[71]惠希 宥/襟允正 淸龍善觀 靈長玄甫 石南逈閑 嵩山可言 太子本定, 右九[72]師者 國師存日 羽翼在卵 未翥靑雲之際,/ 國師歿後 角足成體 始遊碧海之中. 師之在時 法席[□][73]牛毛之數, 師之入滅 禪座財鍾乳之多, 人謂之評曰 "九乳若鍾 養/九方之佛子, 一面如鏡 正一國之君臣, 古所謂翼衆詵詵 玆焉在焉."

其允正長老者 乾聖同胎之弟也. 戒高持者 名出有人, 存/歿言行 門人別錄. 其母氏夢 [姙][74]孟之日 日入於寢室, 娠季之月 月入於密窟, 果誕乾聖與宥襟也, 豈翅[75]曇諦阿母 夢二物之/徵, 慧住阿孃 獲二果之瑞[76]而已哉.

其仁渷者 辰韓茂族人也. 人[77]所謂 '一代三崔 金牓題廻, 曰崔致遠 曰崔仁渷 曰崔承祐' 於[78]/中中[79]人也. 學圍海岳 加二車於五車, 才包風雲 除三步於七步, 實君子國之君子 亦大人鄕之大人. 是或折桂中花 扇香風/於上國, 得魚[80]羅域 曜榮[81]色

71) □ : 『금석원』에는 '口'.
72) 右九 : 『총람』에는 '古□'.
73) [□] : 모든 판본에는 없으나, "師之在時 法席[□]牛毛之數"가 바로 뒷문장 "師之入滅 禪座財鍾乳之多"와 대구가 되므로 한 글자가 있어야 할 것임.
74) [姙] : 모든 판본에는 '任'.
75) 翅 : 『총람』·『전문』에는 '翅'. 李智冠은 '翅'를 '釋'의 오자로 봄(『가산학보』 2, p.383 주 220).
76) 瑞 : 『총람』에는 '□'.
77) 人 : 『총람』에는 '□'.
78) 於 : 『전문』·『금석원』에는 '猶'.
79) 中 : 『금석원』에는 '□'.

於東鄕, 承大師重席之恩 撰大師鴻碑之記.

白也 執尺占天 那終近遠, 傾蠡酌海 豈/度小多. 然則言而不當 默猶不可, 後來君子 取之捨之而已./

顯德元年 歲在甲寅 七月 十五日 立.

句當事僧　迴虛長老/
刻字僧　嵩太尙座　秀規尙座　淸直師　惠超師/
院主僧　嵩[82]賢長老　典座僧　淸良　維那僧/ 秀宗
史僧　日言　直歲僧　規言/

【 추기 】[83]

余少時 得金生筆跡於匪懈堂集古帖 愛其龍跳虎臥之勢 而傳世恨不多. 及來于榮 聞隣邑奉化縣 有碑獨存於古寺之遺墟/ 金生之書也. 余惜其希世之至寶 埋沒於草莽之間 而無人收護 野牛之礪角 牧童之敲火 咸可慮也. 遂與郡人前參奉權賢孫/ 共謀移轉 而安置於字民樓下, 繚以欄檻 固其扃戶. 苟非打模之人

80) 魚 :『전문』·『금석원』에는 '多'.
81) 榮 :『전문』·『금석원』에는 '景'.
82) 嵩 :『총람』에는 '高'.
83) 추기 부분은『총람』에서 옮김.

使不得出入 恐其妄有犯觸也. 由是金生之筆跡 廣傳於時/ 而搢紳好事之徒 爭先賞翫. 噫! 千百年荒谷之棄石 一朝輸入大厦而爲世所寶 夫物之顯伏 亦有其數歟. 余雖才能薄劣 不及/昌藜之博雅, 此物之遇賞 則固不異於岐山之石鼓, 夫豈偶然哉.

貞德四年 秋八月 郡守洛西李沆記 朴訥書./

(원문교감 : 윤영호)

14. 吳越國王錢弘俶八萬四千銅塔銘

1. 자료의 개요

1) 시기 : 高麗 光宗 6년(955)

2) 있는 곳 : 日本 故 伊藤槇雄 소장(원래 남한에서 출토)

3) 현상태 : 銘文은 塔身部에 있으며, 그 밑 臺座에 '德'자가 새겨져 있다.

4) 의의 : 이 탑이 어떻게 우리 나라에 전해졌는지 알 수 없다. 『高麗史』, 『高麗史節要』, 『舊五代史』, 『新五代史』 등에는 오월국왕 전홍숙(재위 948~978)이 왕으로 있었을 때에는, 고려와 사신이 왕래한 기록이 보이지 않는다. 이 탑이 출토됨으로써 이 시기에 고려와 오월이 계속 관계를 맺고 있었음을 알 수 있다.

2. 교감 자료

黃壽永 編, 1976, 『韓國金石遺文』, 一志社, p.177

許興植 編, 1984, 『韓國金石全文』 中世上, 亞細亞文化社, p.365

3. 참고문헌

梅原末治, 1967, 「吳越國王錢弘俶八萬四千塔」 『考古美術』 8卷 4號

4. 원문교감

1) 판독 자료

<탑신부>

吳越國王

錢弘俶敬造

八万四千寶

塔[1]乙卯歲記

<대좌>

德

2) 해석자료

<탑신부>

吳越國王 錢弘俶 敬造八万四千寶塔. 乙卯歲記.

<대좌>

德

(원문교감 : 배종도)

---

1) 塔 : 『전문』에는 '域'.

15. 退火郡大寺鐘(興海大寺鐘)

1. 자료의 개요

1) 시기 : 顯德 3년(高麗 光宗 7, 956) 정월 25일

2) 만든 목적 : 正朝 壽剛이 큰 종을 만들어 모두 피안에 가기를 기원

＊"이 벽지의 興海郡大寺의 鐘鑄造도, 그것이 단지 지방적 사찰의 擧事가 아니고, 중앙조정과 관련이 있는 것 같이 보이는 것은 이 銘文에 大寺鐘表라고 하였으며 '伏願今上聖(皇?)帝德被有裁 次願國內安泰云云'의 문절이 있으며 弼造都領, 禁教指揮都領, 都監典 등의 職名이 連記되어 있는 것으로 추측할 수 있다" (李弘稙, 1954, 「재일조선범종고」『한국고문화논고』, pp.108~109)

3) 있는 곳 : 처음에는 경상북도 홍해군(지금의 迎日郡 興海面) 大寺에 있었으나 언제인가 왜구에 약탈된 듯함. 그 후 日本 沖繩縣 那覇區 若狹町 波上宮(神社)에 있었음. 1945년에 戰亡

＊이 종은 波上神社의 기록에 의하면, 寛永年間(조선 인조 때) 近海에서 발견되었다고 한다(李弘稙, 위의 글, p.109)

4) 규모

A. 본래의 모습

① 종의 높이 : 2尺 7寸 1分, 口徑 : 1尺 8寸 8分
(李弘稙 : 龍頭 音管 높이 6寸 5分, 鐘身 높이 2尺 8寸, 口徑 1尺 8寸 5分, 두께 2寸)

② 銘文은 乳廓과 撞座 사이에 두 군데 음각으로 새김.

B. 현상태 : 1945년 戰亡

2. 자료의 구조

1) 앞쪽

① 명문 이름

② 종의 의미

③ 壽剛이 종을 만든 이유와 기원

④ 기록한 날짜

2) 뒷쪽

종의 제작에 관여한 사람

3. 교감자료

朝鮮總督府 編, 1919,『朝鮮金石總覽』上, 亞細亞文化社, p.554-2
黃壽永 編, 1981,『韓國金石遺文』제3판, 一志社, pp.291~293
許興植 編, 1984,『韓國金石全文』中世上, 亞細亞文化社, pp.366~367

4. 참고문헌

李弘稙, 1954,「재일조선범종고」『한국고문화논고』, pp.106~109

5. 원문교감

<원문>

(1)

退火郡大寺鐘表/

夫鐘者三身摠名/

也靜如金山應則/

天雷猗哉大覓[1]曉/

度三界之群迷女/

弟[2]子明好子正朝[3]/

壽剛者上求菩提/

正路下濟群生昏/

衢敬造洪鐘仰歸/

梵磬[4]伏願今上/

皇[5]帝德被有裁次/

願國內安泰法界/

芒芒咸登彼岸/

維顯德參季[6]太[7]歲丙辰正月廿[8]五日記/

---

1) 覓 : 『총람』 · 李弘稙 · 『유문』 · 『전문』에는 '覔'.
2) 弟 : 李弘稙 · 『총람』에는 '第', 『유문』 · 『전문』에는 '弟'.
3) 朝 : 李弘稙 · 『총람』에는 '明', 『유문』에는 '朝(朗)', 『전문』에는 '朝'.
4) 磬 : 李弘稙 · 『총람』에는 '聲', 『유문』에는 '磬', 『전문』에는 '磐'.
5) 皇 : 李弘稙 · 『총람』에는 '聖', 『유문』 · 『전문』에는 '皇'.
6) 季 : 『총람』 · 李弘稙 · 『유문』에는 '秊', 『전문』에는 '季'.

(이면)

弼造都領佐丞[9]鄭暄[10]達公/

禁敎指揮都領(釋慧初/

釋能會)/

都監典(村主明相卿[11]庚順典吉貞覘[12]能達/

釋能寂景如幹如良吉)/

諸槃事使用道[13]俗幷三百許人

(2)

退火郡 大寺鐘表.

夫鐘者, 三身摠名也. 靜如金山, 應則天雷. 猗哉大覚, 曉度三界之群迷. 女弟子明好子正朝壽剛者, 上求菩提正路, 下濟群生昏衢, 敬造洪鐘, 仰歸梵磬. 伏願今上皇帝德被有裁, 次願國內安泰, 法界芒芒, 咸登彼岸.

維顯德參秊 太歲丙辰 正月廿五日記.

---

7) 太 : 『총람』에는 '大'.
8) 廿 : 『총람』 · 李弘稙 · 『유문』에는 '廿', 『전문』에는 '甘'.
9) 丞 : 李弘稙 · 『총람』에는 '平', 『유문』 · 『전문』에는 '丞'.
10) 暄 : 李弘稙 · 『총람』에는 '喧', 『유문』 · 『전문』에는 '暄'.
11) 卿 : 李弘稙 · 『총람』에는 '鄕', 『유문』 · 『전문』에는 '卿'.
12) 覘 : 『총람』 · 李弘稙 · 『전문』에는 '覙', 『유문』에는 '覞'.
13) 道 : 李弘稙 · 『총람』에는 '通', 『유문』 · 『전문』에는 '道'.

(이면)

弼造都領 佐丞 鄭喧達公

禁教指揮都領(釋慧初 · 釋能會)

都監典(村主明相 · 卿庚順 · 典吉貞 · 覡能達

釋能寂 · 景如 · 幹如 · 良吉)

諸槃事使用道俗并三百許人

(원문교감 : 배종도)

16. 玉龍寺洞眞大師寶雲塔碑

1. 자료의 개요

1) 찬자 : 金廷彦

서자 : 玄可

각자 : 繼默

2) 시기 : 顯德 5년(光宗 9, 958) 8월 15일

3) 있는 곳 : 全羅南道 光陽郡 玉龍面 秋山里 玉龍寺址(碑는 파손되어 不傳)

4) 규모

① 비신 높이 : 197cm ② 폭 : 106.1cm ③ 두께 : 미상

④ 54행×72자 ⑤ 글자크기 : 1.8cm ⑥ 서체 : 楷書

⑦ 현상태 : 1978년 비편의 일부가 옥룡사지 부근 민가에서 수습되어 동국대 박물관에 보관(265×18.5cm)되어 있다. 비문 전면의 拓本이 국립중앙박물관에 비공개로 보존되고 있는데, 1991년 10월 11일~11월 3일 광주박물관에서 호남의 佛蹟 拓本을 전시할 때 공개한 바 있다.

2. 자료의 구조

1) 비제목, 제액, 찬자, 서자 : 光陽 ~ 釋玄可 奉制書

2) 서

① 도입 : 恭惟 法身動寂 ~ 大師其人矣
② 가계와 탄생연기 : 法諱慶甫 ~ 如來出世之月二十日誕生
③ 출가, 수행 : 大師 ~ 行之則是
④ 중국유학 : 遂於景福元年 ~ 時然後行
⑤ 귀국 및 교화 : 大師以鵬必變於南溟 ~ 佇降象軒
⑥ 입적, 입비과정 : 越三年龍集 ~ 而爲頌曰

3) 송 : 敎無非奧 ~ 直書其事 其四
4) 입비 시기, 각자 : 顯德五年歲次 ~ 門生釋繼默鐫字

3. 洞眞大師(869~947) 연보

法諱 慶甫, 字 光宗. 俗姓 金氏, 鳩林人. 父 闕粲 益良, 母 朴氏.

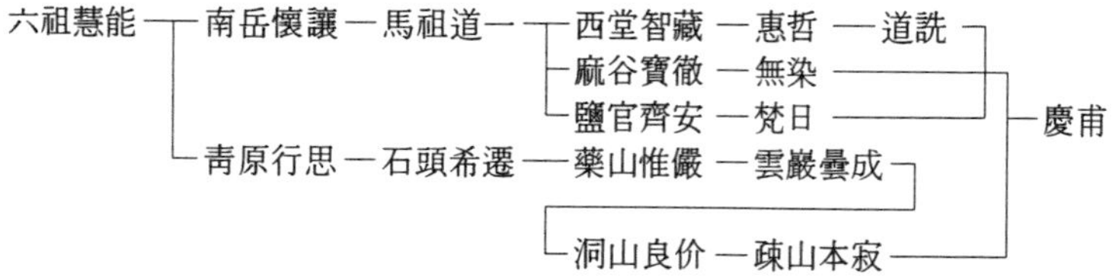

1세	경문왕 9	869	출생. 夫仁寺로 출가, 敎學 공부. 후일 道乘和尙(道詵)의 제자가 됨
18세	정강왕 1	886	月遊山 華嚴寺에서 구족계 받음. 도선을 떠나 聖住寺의 無染과 堀山寺의 梵日을 歷訪
24세	진성여왕 6	892	입당유학. 撫州의 疎山匡仁和尙에게서 曹洞宗 전수. 江西老善和尙에게서 心印 전수받음
53세	경명왕 5, 견훤 30, 태조 4	921	전주 임피현에 귀국. 견훤에 귀의한 뒤 南福禪院에 머물 것 요청받았으나, 光陽의 玉龍寺로 가서 住錫
68세	태조 19	936	王建 초청으로 개경행 이후 惠宗과 定宗의 귀의를 받음
79세	정종 2	947	입적(949년 건탑, 958년 건비)

4. 교감자료

「高麗國光州晞陽縣故白鷄山玉龍寺制謚洞眞大師寶雲之塔并序」 奎古 1723-3
劉喜海 編, 1832,『海東金石苑』下 ; 1976, 亞細亞文化社, pp.661~674
李能和, 1918,『朝鮮佛教通史』上, 寶蓮閣, pp.182~185
朝鮮總督府 編, 1919,『朝鮮金石總覽』上 ; 1976, 亞細亞文化社, pp.189~194
趙東元 編, 1979,『韓國金石文大系』1, 圓光大出版部, p.219
許興植 編, 1984,『韓國金石全文』中世上, 亞細亞文化社, pp.367~374
黃壽永 編, 1985,『韓國金石遺文』(4판), 一志社, p.472

5. 참고문헌

忽滑谷快天, 1930,『朝鮮禪教史』, 春秋社 ; 鄭湖鏡 역, 1978, 寶蓮閣,
靈岩郡, 1988,『先覺國師 道詵의 新研究』
金杜珍, 1988,「羅末麗初 桐裏山門의 成立과 그 思想」『東方學志』57
추만호, 1992,『나말여초선종사상사 연구』, 이론과 실천사

6. 원문교감

光陽 玉龍寺 洞眞大師寶雲塔碑1)

高2)麗國 光州 晞陽縣 故白雞山玉龍寺 制謚洞眞大師 寶雲之塔 并序

1) ① 여기에 실린 본문은 1991년 10월에 국립광주박물관에 전시되었던 拓本에 의거하였다 ② 정신문화연구원 소장의 탁본을 1987,「光陽白鷄山高麗雙碑」(황수영 해제)로 영인한 바 있다.
2) 高 :『금석원』에는 '□'.

通直郎 正衛 翰林學士 賜丹金魚袋 金廷彦 奉制撰
門弟子 沙門 臣 釋玄可 奉制書

恭惟, 法身動寂, 道體希夷, 塵區懸見聖之心, 沙界掛求仁之念, 大雄西降, 眞法東傳. 於是僧會遊吳, 摩騰赴漢, 佩梵仙之密印, 演禪伯之秘宗. 遂使學佛化人, 習禪濟俗, 盖亦/生寶月於楞伽之上, 杳想金人, 得玄珠於赤水之中, 高憑罔象. 爰因默默, 只在心心, 懸目鏡以西遊, 苞含衆妙, 瑩心珠而東返, 攝化群生, 釋門高闢於風丘, 玄道聿興於震域. 佛者覺也, 師而行之, 大師其人矣.

法諱慶甫, 字光宗, 俗姓金氏, 鳩林人也. 父益良位閼粲, 鼇[3]岀降靈, 毓光華之餘慶, 雞林誕粹, 騰弈[4]葉之彌芳. 母朴氏, 行葉風淸, 心花露裛, 中饋無於非壺[5]政, 內和/自[6]是於家肥. 於咸通九年相月, 哉生明夜, 夢白鼠銜[7]靑琉璃珠一顆而來, 遂人語曰, "此物是希代之奇珍[8], 迺玄門之上寶, 懷須護念, 出必輝光", 因有娠, 虔[9]心齋戒, 如來出世之月二十日誕生./

3) 鼇 : 『전문』에는 '鰲', 『총람』에는 '鰲'.
4) 弈 : 『전문』에는 '弃'.
5) 壺 : 『전문』·『금석원』에는 '壼'.
6) 自 : 『금석원』에는 '有'.
7) 銜 : 『전문』에는 '啣', 『총람』에는 '銜'.
8) 珍 : 『총람』에는 '珎'.
9) 虔 : 『전문』·『총람』에는 '處'.

大師, 誕彌月以無蕾[10], 果髫季[11]而有慶, 則是法芽尙早, 勝果逆脩, 雖居兒戱之中, 猶在童年之上, 年[12]登幼學, 纔傾鼓篋之心, 德貴老成, 旣有緇[13]門之志, 迺告二親曰, “願得離塵之請, 覬脩登/地之因, 雖乏惠[14]柯, 唯[15]期法棟.” 父母潸然歎曰, “成已[16]仁也, 成物智也, 合內外之道也. 汝栖[17]禪而美則美矣, 我割愛而悲莫悲兮.” 大師志在其親, 心期卽佛. 父母乃[18]曰, “人所欲者, 天且從之./ 豈昧[19]愛子之因, 猶有嚴君之拒”, 遂泣而諾

直往夫仁山寺, 落采因栖學藪, 未樂禪山, 迅足空留, 他[20]心尙住. 魂交之夕, 金僊[21]摩頂提耳, 迺授之方袍曰, “汝其衣之所以衛身而行乎. 且此地/非心[22]學者, 栖遲之所, 亟去之不亦宜乎.” 大師卽以形開, 因而警戒, 以爲道之將行, 時不可失. 昧爽, 坐以待旦, 挈山裝鳥逝. 乃詣白雞山, 謁道乘和尙, 請爲弟子. 脩菩薩道, 入如來家, 覩奧之眼/曾[23]開, 知幾之心旣寐[24], 以爲非

---

10) 蕾 : 『전문』에는 ‘芋’, 奎古에는 ‘蕾’.
11) 季 : 『총람』에는 ‘年’.
12) 年 : 『금석원』에는 ‘季’.
13) 緇 : 『총람』에는 ‘腦’.
14) 惠 : 『전문』·奎古에는 ‘慧’.
15) 唯 : 『전문』·『총람』·奎古에는 ‘惟’.
16) 已 : 『총람』에는 ‘己’.
17) 栖 : 『전문』에는 ‘棲’, 『총람』·奎古에는 ‘捿’.
18) 乃 : 『전문』·奎古에는 ‘迺’.
19) 昧 : 『총람』에는 ‘特’, 『금석원』에는 ‘將’.
20) 他 : 『총람』·奎古·『전문』에는 ‘它’, 『금석원』에는 ‘宀’.
21) 金僊 : 『총람』·奎古에는 ‘金仙’.
22) 非心 : 『금석원』에는 ‘□□’.

智無以護其法, 非戒無以防其違. 年[25]十有八, 禀具於月遊山華嚴寺, 忍草抽芽, 浮囊濟浪, 益驗戒香之馥, 孔彰心石之堅. 坐雨方終, 出雲還似, 復往白雞山, 辭大/師[26], 師[27]因謂曰, "汝其志不可奪, 勢不可遏, 汝以吾爲東家丘[28], 末如之何", 遂笑而聽去. 自尒遊有泛覽, 學無常師. 歷謁聖住無染大師, 崛山梵日大師, 譚柄纔麾[29], 玄機了見, 念言'于以採玉, 于以探/珠[30], 道[31]遠乎哉[32], 行之則是.'

遂於景福元年壬子春, 出山翩翩, 竝海飄飄, 爰傾入漢之心. 迺[33]告凌波之客, 許之寓載, 忻以同行, 已過秦橋, 旋臻漢地. 雲心訪道, 浪跡尋師, 迺[34]詣撫州疎[35]山, 謁匡仁和[36]/尙, 仁若曰[37], "格汝鰈海[38]龍子耶." 大師玄言[39], 遂颺秘說, 爰諮許以

23) 曾 : 『금석원』에는 '□'.
24) 寐 : 『전문』·『총람』·奎古에는 '悟', 『금석원』에는 '寤'.
25) 年 : 『금석원』에는 '秊'.
26) 師 : 『금석원』에는 '□'.
27) 師 : 『금석원』에는 '□'.
28) 丘 : 『금석원』에는 '□'.
29) 麾 : 『전문』·『총람』·奎古에는 '揮' .
30) 珠 : 『금석원』·『총람』에는 '□'.
31) 道 : 『금석원』에는 '辶'.
32) 哉 : 『금석원』에는 '我'.
33) 迺 : 『전문』·『총람』에는 '乃'.
34) 迺 : 『전문』·『총람』·奎古에는 '乃'.
35) 疎 : 『총람』에는 '踈'.
36) 和 : 『총람』에는 '□'.
37) 仁若曰 : 『금석원』에는 '亻□□'.

昇堂, 因而[40]入室, 方資目擊, 旣得心傳. 仁公大喜, 因謂曰, "其有東流之說, 西學之求者, 則可與言道者鮮矣. 東人可目語者唯[41]子. 誰[42]/今執手[43]傳燈, 因心授印, 汝其盤桃山側, 撝佛日以再中, 蒸棗海隅, 導禪河而更廣, 必矣." 自是, 僧之眞者必詣, 境之絶者必搜. 去謁江西老善和尙, 和尙, 迺[44]欲聽其言, 觀其行, 因謂曰, "白雲鎖斷/行人路."[45] 答[46]曰, "自有靑霄路, 白雲那得留." 和尙以大師捷對不羈, 颸言無礙[47], 迺[48]送之曰, "利有攸往, 時然後行."

大師, 以鵬必變於南溟, 鶴須[49]歸於東海, 思欲罷遊華夏, 返照桑津, 適値歸舟, 因而東/還[50], 天祐十八年夏, 達全州臨陂郡. 而屬道虛行之際, 時不利之初. 粤有州䢖都統甄太傅萱, 統戎于萬民堰也. 太傅本自善根, 生於將種, 方申壯志, 雖先擒縱之謀,

38) 海 :『전문』· 奎古에는 '鯨',
39) 言 :『총람』에는 없음.
40) 而 :『전문』·『총람』에는 '以'.
41) 唯 :『전문』· 奎古에는 '惟'.
42) 誰 :『금석원』·『총람』에는 '□'.
43) 今執手 :『금석원』에는 '□□□',『총람』에는 '□執手'.
44) 迺 :『전문』·『총람』· 奎古에는 '乃'.
45) 斷行人路 :『금석원』에는 '彩□□ 各'.
46) 答 :『금석원』에는 '畣'.
47) 礙 : 奎古에는 '碍'.
48) 迺 :『전문』·『총람』· 奎古에는 '乃'.
49) 須 :『전문』에는 '佰'.
50) 還 :『금석원』에는 '□'.

曁謁慈顔, 倍勵瞻依之志,/ 乃歎曰[51], "遇吾師而雖晩, 爲弟子以何遲," 避席拳拳, 書紳慥慥, 遂請住州之离地, 南福禪院, 大師曰, "鳥能擇木, 吾豈匏瓜.", 迺[52]以白雞山玉龍寺者, 是故師爲樂道之淸齋, 乃安禪之勝踐, 雲溪空/在, 枕漱最宜, 遂言於太傅許之, 移而住焉. 實謂, '筏旣捨於歸塘, 珠復還於舊浦', 踵慈軒之往轍, 繼智炬之餘輝. 於是, 絶學者, 遂相慶曰, "雖懊頃年泰山有其頽之歎, 且歡[53]今日介衆無安仰之/悲." 摳衣者, 寔繁有徒, 曳襶[54]者, 其觳[55]不億. 大師一居雲水, 二紀星霜, 朗鏡忘罷, 洪鍾待扣, 循循然[56]善誘于扶桑.

頃[57]及乎淸泰三年丙申秋, 我太祖神聖大王, 躬擐周衣, 手提漢劒[58], 龔行天[59]/討[60], 丕冒[61]海隅, 協[62]和三韓, 奄有四郡, 加復輯寧君子國, 瞻仰梵王家, 聞大師雲遊西土以有歸, 霧隱南山而無悶, 栖眞絶境, 貯福寰區. 太祖, 於是企望淸風, 遙瞻白

---

51) 乃歎曰 :『금석원』에는 '□□□'.
52) 迺 : 奎古에는 '乃'.
53) 歡 :『전문』에는 '歠.
54) 襶 :『총람』· 奎古에는 '襪 '.『금석원』에는 襪.
55) 觳 :『전문』에는 '麗'.
56) 循循然 :『금석원』에는 '循然'.
57) 頃 :『금석원』에는 '瀕',『총람』에는 '□'.
58) 劒 :『전문』·『총람』에는 '釰'.
59) 天 : 奎古에는 '千'.
60) 討 :『총람』에는 '罰',『전문』에는 '干討'로 되어 있으나 '干'은 비문에 원래 없음.
61) 冒 :『금석원』에는 '□'.
62) 協 :『금석원』· 奎古에는 '恊'.

月, 遽飛/芝檢, 徵赴玉京. 及其目覩鳳來儀, 耳聆[63]龍變化, 雖是歸僧之禮, 方同奉佛之儀. 大師, 乃月過蒼天, 雲歸碧岫, 寂寂葆光於塵外, 玄玄施化於域中, 所謂, '不肅而成, 無爲而治', 競犇[64]馳於善道/ 俱出入於福門. 未幾龍遽墮髥, 魚難在藻, 杞國有天崩之歎, 咸池無日蘸之光.

義恭大王, 奉以遺風, 繼之先志, 注精心而亹亹, 祈法力以孜孜, 奄棄人間, 已[65]歸天上[66]./

文明大王, 陟崗致美, 莅阼重光, 聯華弘天竺[67]之風, 握鏡照海邦之俗, 仍飛鳳筆, 佇降象[68]軒.

越三年[69]龍集協洽, 四月二十日, 大師將化往, 盥浴已訖, 房前命衆, 悉至于庭, 迺[70]遺戒曰, "我旣將/行, 衆其好住. 塵俗有貴賤, 空門無尊卑. 水月澄心, 煙[71]霞抗跡. 衣必均服, 食無異粮, 止宜以採薇爲裹粮, 以禪悅爲飫味, 則是吾徒也, 適我願兮. 吾道有何觀, 行無餘力. 尒衆致我, 塔以藏遺體/ 碑以紀行事, 無以爲也, 不亦宜乎. 則是瞻[72]玄福於亡師矣." 言畢入房, 倚繩

---

63) 聆 : 『전문』· 奎古에는 '聞'.
64) 犇 : 『전문』·『총람』· 奎古에는 '奔'.
65) 已 : 『총람』에는 '己'.
66) 上 : 『전문』에는 '上□□□□□'.
67) 竺 : 『금석원』, 『총람』에는 '笁'.
68) 象 : 『전문』·『총람』에는 '衆'.
69) 年 : 『금석원』에는 '秊'.
70) 迺 : 『총람』· 奎古에는 '乃'.
71) 煙 : 『전문』·『총람』에는 '烟'.

牀[73]趺坐, 儼然而示滅于玉龍上院, 嗚呼存父母體八十春, 入菩薩位六十二夏.

是晨也於玄武山嶺頭, 有如四/五介[74]嬰兒之呱呱者, 日慘香庭, 風悲寶刹, 松栢[75]帶哀哀之色, 人靈含惴惴之聲. 翌日奉遷神座於白雞山龕, 權施石戶封閉機.

文明大王, 聞之震悼, 恨不憖遺, 迺[76]使馹吊以書曰, "故玉龍/禪和尙, 片月遊空, 孤雲出岫, 乘桴西泛, 掬瑶[77]東歸, 慈風吹萬里之邊, 禪月照九天之外者, 唯實吾師矣. 故追諡洞眞大師, 塔號寶雲," 仍令國工, 攻石封層塚, 越二年[78], 門人等開龕, 覩形面如生[79]/ 迺[80]號奉色身, 竪塔于白鷄山東之雲巖崗, 遵顧命也尒. 其霞岑屛擁, 雲澗[81]鏡淸, 誠毓慶之神區, 乃歸眞之秘宅, 彼入鷄足山, 待慈氏者, 聯鑣[82]並軌, 非我而誰.

大師出世奇姿, 本自天然[83], 以[84]/仁由己, 以德分人, 使禪子

---

72) 瞻 : 奎古에는 '瞻'.
73) 牀 : 『총람』·『전문』에는 '床'.
74) 介 : 『금석원』에는 '个'.
75) 栢 : 『전문』·『총람』에는 '柏'.
76) 迺 : 『전문』·『총람』·奎古에는 '乃'.
77) 瑶 : 『금석원』·『총람』은 '珤'.
78) 年 : 『금석원』에는 '秊'.
79) 覩形面如生 : 『총람』·『금석원』에는 ' 已□□□□' .
80) 迺 : 『전문』에는 '乃'.
81) 澗 : 『전문』에는 '潤'.
82) 鑣 : 『총람』·『금석원』에는 '鏣'.
83) 本自天然 : 『총람』·『금석원』에는 '□□□□'.
84) 以 : 『금석원』·『총람』에는 '□'.

莘莘, 法孫濟濟, 心燈紹焰, 行葉傳芳. 厥有傳法大弟子泉通禪師等, 竝執心喪[85], 追攀眼訣, 迺[86]相議曰, "吾輩確奉先志, 堅守遺言, 若不法碣銘勳, 禪碑勒石, 則無以爲[87]/先," 於是乎在, 尊祖其所由來, 遂抗表, 請幼婦之文辭, 紀先師之事業, 制曰, "可", 豈悟號弓遽値, 勒石仍稽, 故乃門人等, 空悲鷄岫之韜光, 哀深擗地, 更紀[88]虎溪之潛影, 聲有聞天[89]./

今上瓊萼聯芳, 瑤圖襲慶, 聿修祖業, 光啓先風, 常輸百行之誠, 益勵三歸之志, 遂詔翰林學士臣金廷彦曰, "故玉龍[90]大師, 身生有截, 心學無邊, 去傳迦葉之玄宗, 來化靑丘之[91]/頹俗, 能以靜利利人世, 不言其所利, 大矣哉. 以爲將酬大士之恩, 立言不朽, 須在外孫之作, 垂裕無窮. 若宜以鴻筆書勳, 龜珉紀事, 示玄蹤於世世, 旌景行於生生." 臣汗流浹背, 拜稽首, 遂言/曰, "臣載筆無能, 編苫[92]有媿, 纂色絲而無能爲也, 分空縷而不亦難乎, 請筆路斯避", 上曰, "仗義而行, 當仁不讓." 臣也, 玆晨承詔, 實無賈勇之餘, 他日受辛, 空取效矉之誚, 斲[93]憂傷手,/

---

85) 喪 : 『전문』 · 奎古에는 '器'.

86) 迺 : 『전문』 · 『총람』 · 奎古에는 '乃'.

87) 勒石, 則無以爲 : 『총람』에는 '□□□□□□', 『금석원』에는 '紀□□□□□.'

88) 紀 : 『전문』 · 『총람』 · 奎古에는 '記'.

89) 聞天 : 『금석원』에는 '□□□□□□', 『총람』에는 '聞□□□□□', 『전문』에는 '聞天□'.

90) 故玉龍 : 『금석원』에는 ' 攵□□'.

91) 來化靑丘之 : 『금석원』 · 『총람』에는 '□□□□□'.

92) 苫 : 『전문』에는 '苦'.

求甚剜身, 遂絆猿心, 强搖兎翰, 重宣其義, 而爲頌曰,

敎無非奧, 禪無非空,
道何心外, 佛卽身中.
煦之慧晷, 扇以眞風,
早認予佛, 唯我禪公. 其一
勝葉扶踈, 鉢花蓓[94]蕾
休有道光, 不因詞彩.
佩印踈山, 傳燈碧海,
桃李不言, 稻痲斯在. 其二
說不可說, 玄之/又玄,
化人有赫, 弘道無邊.
君臣際會, 士庶因緣,
洪名絶後, 懿躅光前. 其三
濟世慈威, 寰區美利,
月墜禪庭, 山頹聖地.
齏臼屬辭, 芥城有備,
雖媿斯文, 直書其事. 其四

顯德五年[95]歲次敦牂八月十五日立 門生釋繼默鐫字

(원문교감 : 심재석)

---

93) 斲 : 『금석원』에는 '斵'.
94) 蓓 : 『전문』에는 '薩', 『총람』에는 '棓'.
95) 年 : 『금석원』에는 '秊'.

17. 覺淵寺通一大師塔碑

1. 자료의 개요

1) 찬자 : 金廷彦으로 추정

   서자, 각자 : 미상

2) 시기 : 고려 광종 9년(958) 8월(옥룡사 통진대사비 건립) 이후 ~11년(960) 3월[1)]

3) 있는 곳 : 忠北 槐山郡 長延面 臺城里 覺淵寺

4) 규모

   ① 높이 : 257.6cm　② 폭 : 121.2cm　③ 두께 : 26cm

   ④ 1행 : 88자, 46행　⑤ 글자크기 : 2.4cm

---

1) 이 비문의 撰者는 紫金魚袋를 하사받은 것으로 나타나고 있는데, 魚袋制는 신라 景文王 13~憲康王 10년((873~884) 무렵부터 시행되어 고려 光宗 11년 3월 百官의 公服制가 개정될 때까지(『高麗史』 권2, 세가 광종 11년 3월, "百官의 公服을 정하였다") 행해졌다(李賢淑, 1992, 「新羅末 魚袋制의 成立과 運用」『史學研究』 43·44합집). 또한 玉龍寺洞眞大師 寶雲塔碑를 지을 때는 丹金魚袋를 하사받았으나, 거기에서 한 단계 승진한 紫金魚袋를 하사받고 있으므로, 이 碑는 玉龍寺洞眞大師寶雲塔碑를 찬술한 이후, 즉 광종 9년 8월부터 公服制가 개정된 광종 11년 3월 이전에 찬술되었을 것으로 추정된다. 이에 대해서는 葛城末治가 이미 언급한 바 있다(葛城末治, 1934, 「覺淵寺通一大師塔碑の年時と其の撰者に就いて」『靑丘學叢』 16 ; 1935, 『朝鮮金石攷』 ; 1978, 亞細亞文化社, pp.663~664).

⑥ 서체 : 楷書(歐陽詢法)

⑦ 현상태 : 총 3,500여 자 가운데 상단부 밑 하단부 일부의 260여 자만이 판독 가능. 비 옆에는 사리탑이 세워져 있음.

2. 자료의 구조

1) 제액, 찬자, 서자 : 高麗國 ~ □□□

2) 서

① 도입 : 昔者 ~ 大師其人矣

② 가계와 탄생연기 : 大師 ~ 尙效老成

③ 출가, 수행 : □□ ~ □□

④ 중국유학 : 以□□入中華而 ~ □□□止

⑤ 귀국 및 교화 : 往來□窮□□浦 ~ □□□□

⑥ 입적, 입비 과정 : □□□□□□ □摩尼之寶珠 ~ □□□□

3) 명 : 變濟□□ ~ □□□□

4) 세운 시기, 각자 : □□ ~ □□□

5) 음기 : 弟子 ~ 富烏

3. 通一大師(?~?) 연보

諱 미상, 字 □通, 俗姓 金氏, 鷄林人

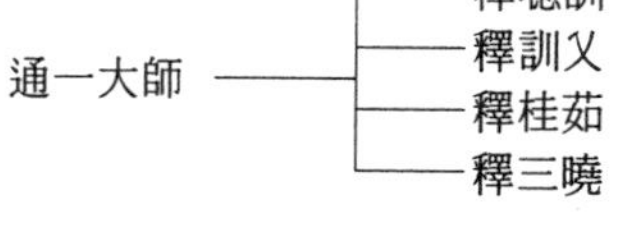

?	중국에 유학하였으며, 귀국하여 太祖와 만나는 등 활발한 교화활동을 전개하다가 입적
?	왕명으로 碑를 세우고 翰林學士 金廷彦이 碑文 찬술

4. 교감자료

朝鮮總督府 編, 1919,『朝鮮金石總覽』上 ; 1976, 亞細亞文化社, pp.215~223

許興植 編, 1984,『韓國金石全文』中世上, 亞細亞文化社, pp.401~410

趙東元 編, 1985,『韓國金石文大系』(충청도편), 圓光大學校出版局, pp.318~320 *『朝鮮金石總覽』에 의거, 탁본 일부 포함

『忠清道寺誌』

5. 참고문헌

葛城末治, 1934,「覺淵寺通一大師塔碑の年時と其の撰者に就いて」『青丘學叢』16 ; 1935,『朝鮮金石攷』; 1978, 亞細亞文化社, pp.649~664

鮎貝房之進, 1942,「延豊覺淵寺通一大師塔碑」『雜攷 俗字攷·俗文攷·借字攷』, 國書刊行會, pp.486~488 * 碑陰記만 수록

6. 원문교감

覺淵寺 通一大師塔碑

高麗國 槐州 故[亭子山覺淵寺][2] 制謚通一大師□□[之塔碑

2) 故[亭子山覺淵寺] :『총람』·『금석고』·『전문』에는 '故' 이하가 '□□□□□□(6자 결)'로 되어 있으나,『東國輿地勝覽』卷14, 忠清道 延豊縣 佛宇條 및 梵宇攷의 '覺淵寺(在亭子山)'와 山川條의 '亭子山(在延豊縣)',『輿地圖書』上, p.283 忠清道 延豊縣條의 '覺淵寺 在亭子山西南距三十里' 등의 기사에 의하면 '亭子山覺淵寺'의 6자가 빠진 듯하다.

銘 幷序][3)]

通直郞 [正衛 翰林學士 賜][4)]紫金魚袋 臣 [金廷彦] 奉[制撰][5)]

通直郞 □□□□□□□□□□□□□

昔者 儒童菩薩化□□/聖 陰陽不測 謂之神□□□/奇於法棟[6)] 端居蓮[塢][7)],

3) 制諡～幷序 : 『전문』·『총람』에는 '制諡通一大師' 이하가 '□□□□□□□□(8자 결)' 로 되어 있으나, 여타 비문의 예로 미루어 '□□(탑비명)之塔碑銘 幷序' 의 8자가 빠진 것으로 보인다. 葛城末治도 이와 같이 추정한 바 있다(葛城末治, 1934, 앞의 글, p.659).

4) [正衛 翰林學士 賜] : 『총람』·『금석고』·『전문』 등에는 이 부분이 '□□□□□□□'(7자 결)로 되어 있다. 葛城末治는 이 비문을 짓기 전에 역시 金廷彦에 의해 지어진 玉龍寺洞眞大師寶雲塔碑를 토대로 이를 '正衛 翰林學士 賜' 로 추정하였는데(葛城末治, 위의 글, p.663), 타당한 듯하다.

5) 奉[制撰] : 『총람』·『전문』에는 '奉□□' 로 되어 있으나, 金廷彦에 의해 지어진 玉龍寺洞眞大師寶雲塔碑와 高達院元宗大師慧眞塔碑, 普願寺法印國師寶乘塔碑 등에 따르면 '奉' 뒤에 '制撰' 2자가 빠진 듯하다.

6) 奇於法棟 : 玉龍寺洞眞大師寶雲塔碑에는 "雖乏慧柯 惟期法棟"이라는 부분이 보인다.

7) 端居蓮[塢] : 普願寺法印國師寶乘塔碑에는 '端居鶴禁' 이라 하였다.

□□□□□□□□□□□□□□□□□□□□□□□□□□□
□□□□□□□□□□□□□□□□□□□□□□□□□□□
□□□□□□□□□□□□□[大師其人矣.]

[大師 法諱□□, 字]□/通, 俗緣金氏, 其先鷄林[人也].[8] □□
□□□□□□□□□□□□□□□□□□□□□□□□□□□
□□□□□□□□□□□□□□□□□□□□□□□□□□□
□□□□□□□□□□□□□□□□□□□□□/儀早備, 守貞
規而潔廉□□□□□□□□□□□□□□□□□□□□□□□
□□□□□□□□□□□□□□□□□□□□□□□□□□□
□□□□□□□□□□□□□□□□□□□□□□□□□□□
□□/時每因兒戲 尙效老成.

□□□□□□□□□□□□□□□□□□□□□□□□□□
□□□□□□□□□□□□□□□□□□□□□□□□□□□
□□□□□□□□□□□□□□□□□□□□□□□□□□/

---

8) 大師其人矣～其先鷄林[人也] : 『금석고』·『전문』에는 "通俗緣金氏其先鷄林"의 9자만이 보이고 있으나, 玉龍寺洞眞大師寶雲塔碑에 "大師其人矣. 法諱慶甫, 字光宗, 俗姓金氏, 鳩林人也", 高達院元宗大師慧眞塔碑에는 "大師其人矣. 大師 尊稱璨幽, 字道光, 俗姓金氏, 鷄林 河南人也", 普願寺法印國師寶乘塔碑에는 "誰其全之實 大師矣. 大師 法號坦文, 字大悟, 俗緣高氏, 廣州 高烽人也"라 한 것으로 미루어 '通'자 앞에 "大師其人矣. 大師 法諱□□ 字□"가 있었고, '鷄林' 뒤에는 '人也' 2자가 있었던 것으로 추정된다.

竺[9]乾大子　觀死生之□□□□□□□□□□□□□□□□□□
□□□□□□□□□□□□□□□□□□□□□□□□□□□
□□□□□□□□□□□□□□□□□□□□□□□□□□□
□□□□□□□□/見汝栽善根也. 止宜孜孜[培之　修勝果而已.][10]
□□□□□□□□□□□□□□□□□□□□□□□□□□□
□□□□□□□□□□□□□□□□□□□□□□□□□□□
□□□□□□□□□□□□□□□□□□/輝光　吾見其進已矣.
大□□□□□□□□□□□□□□□□□□□□□□□□□□
□□□□□□□□□□□□□□□□□□□□□□□□□□□
□□□□□□□□□□□□□□□□□□□□□□□□. □□/
之碧草芳生, 兜率之金□□□. □□□□□□□□□□□□□□
□□□□□□□□□□□□□□□□□□□□□□□□□□□
□□□□□□□□□□□□□□□□□□□□□□□□□□□
□□□□□□□□/謂曰, 佛在身中　道非[心外][11]□□□□□□

---

9) 竺 :『금석고』·『전문』에 의함. 탁본·『총람』에는 '笁'.

10) 止宜孜孜[培之　修勝果而已] :『총람』·『전문』에는 '止宜' 뒤에 '□□□□□□□□□'(9자 결)로 되어 있으나, 高達院元宗大師慧眞塔碑에 의하면 "吾縱葉瞳者　嘗見汝善根也. 汝宜孜孜培之　修勝果而已(내 비록 보는 눈은 없으나 일찍이 너의 善根을 보았다. 너는 마땅히 그것을 부지런히 배양하여 좋은 열매를 맺도록 하라)"는 부분이 보여 '止宜'가 타당한 듯하다(『금석고』에는 '止宜'). 그런데 탁본에 의하면 '止宜' 뒤에 '孜孜' 2자를 확인할 수 있어 高達院元宗大師慧眞塔碑와 같은 내용이 있었을 것으로 추정된다.

11) 道非[心外] :『총람』·『금석고』·『전문』에는 '道□□□(3자 결)'로 나타나 있으나 탁본에서 '道'자 뒤에 '非'자를 확인할 수 있고, 玉龍寺洞眞大師寶雲塔碑에 "道何心外　佛卽身中", 高達院元宗大師慧眞塔碑에도

□□□□□□□□□□□□□□□□□□□□□□□□□□□
□□□□□□□□□□□□□□□□□□□□□□□□□□□
□□□□□□□□□□□□□□□□□□□□/期□子[12]□□是
如是□□□□□□□□□□□□□□□□□□□□□□□□□
□□□□□□□□□□□□□□□□□□□□□□□□□□□
□□□□□□□□□□□□□□□□□□□□□□□□□□□
□/□

以□□入中華而□□□□□□□□□□□□□□□□□□□
□□□□□□□□□□□□□□□□□□□□□□□□□□□
□□□□□□□□□□□□□□□□□□□□□□□□□□□
□□□□□□□/是[13]旨玄玄 妙有之言 執手□後佛□□□□□
□□□□□□□□□□□□□□□□□□□□□□□□□□□
□□□□□□□□□□□□□□□□□□□□□□□□□□□
□□□□□□□□□□□□□□□□/其蔚爲禪子 光有法孫,[14]
道惠水之□□□[15] 豈□□□□□□□□□□□□□□□□□□

"所謂 道非心外 佛在身中"이라는 부분이 보이고 있어 '道非' 뒤에 '心外' 2자가 있었던 것으로 추정된다.

12) 子 : 탁본·『총람』·『금석고』에 의함. 『전문』에는 '子'.

13) 是 : 『총람』·『금석고』·『전문』 등에는 '□'로 되어 있으나 탁본에 의하면 '是'자로 추정된다.

14) 其蔚爲禪子 光有法孫 : 玉龍寺洞眞大師寶雲塔碑에 "禪子莘莘 法孫濟濟"라는 부분이 보인다.

15) □□□ : 『금석고』에는 □□.

□□□□□□□□□□□□□□□□□□□□□□□□□□□

□□□□□□□□□□□□□□□□□□□止.

往來□窮□□/浦 雲歸故山. 適値歸舟, 因而東棹.16) □□□

□□□□□□□□□□□□□□□□□□□□□□□□□□□

□□□□□□□□□□□□□□□□□□□□□□□□□□□

□□□□□□□□□□□挺秀於惠柯 [便]17)□/馳□□□□□□

迎奉□□駈□□□□□□□□□□□□□□□□□□□□□□

□□□□□□□□□□□□□□□□□□□□□□□□□□□

□□□□□□□□□□□□□□□□□□□□師法□□□□□/

我太[祖 神聖大王] □□一戎衣 手挽□□□18) □□□□□□□

□□□□□□□□□□□□□□□□□□□□□□□□□□□

□□□□□□□□□□□□□□□□□□□□□□□□□□□

□□□□氏□德增□□/[弟子]望東林而引領, 向南澗以[傾心]19)

---

16) 玉龍寺洞眞大師寶雲塔碑에는 "適値歸舟 因而東還 天祐十八年夏 達全州臨陂郡", 高達院元宗大師慧眞塔碑에는 "適値本國歸舟 因而東棹 貞明七年秋七月 達康州德安浦"라는 부분이 보인다.

17) 便 : 탁본에 의하면 '便'으로 추정된다. 『총람』·『금석고』·『전문』에는 '□'.

18) 我太[祖 神聖大王] □□一戎衣 手挽□□□ : 『금석고』·『전문』에는 '我太□□□□□□□一戎衣手挽□□□'로 나타나 있으나 玉龍寺洞眞大師寶雲塔碑에 "我太祖 神聖大王 躬擐周衣 手提漢釼"이라는 부분이 보이고, 高達院元宗大師慧眞塔碑에도 "我太祖 神聖大王"이라 하여 '我太' 뒤에 '祖神聖大王'의 5자가 빠진 것으로 보인다.

19) 望東林而引領, 向南澗以[傾心] : 『금석고』·『전문』에는 "望東林而引領, 向南澗以□□"으로 나타나나 高達院元宗大師慧眞塔碑에 의하면

□□□□□□□□□□□□□□□□□□□□□□□□□□□
□□□□□□□□□□□□□□□□□□□□□□□□□□□
□□□□□□□□□□□□□□□□宇□阿□/佛陀心證涅槃,
以何遲□□□□□□□□□□□□□□□□□□□□□□□□
□□□□□□□□□□□□□□□□□□□□□□□□□□□
□□□□□□□□□□□□□□□□□□□□□□□□□□□
□/太祖欣[20]然迎舍曰, 師□□□□□□□□□□□□□□□□
□□□□□□□□□□□□□□□□□□□□□□□□□□□
□□□□□□□□□□□□□□□□□□□□□□□□□□□
□□□□□□□業□者□/襟□, 以水石澄懷□□□□□□□□□
□□□□□□□□□□□□□□□□□□□□□□□□□□□
□□□□□□□□□□□□□□□□□□□□□□□□□□□
□□□□□□□□海龍□□□□哿[21]衣利見./太祖 於是□□□
□□□□□□□□□□□□□□□□□□□□□□□□□□□
□□□□□□□□□□□□□□□□□□□□□□□□□□□
□□□□□□□□□□□□□□□繇是行葉更筏□□□堅闇浮/
義□□□□後□□□□□□□□□□□□□□□□□□□□□
□□□□□□□□□□□□□□□□□□□□□□□□□□□
□□□□□□□□□□□□□□□□□□□□□□□□承□擊

"上幸舍那院謝曰, 弟子望東林以引領 向南澗以傾心……"이라는 부분이 보이고 있어 '向南澗以' 다음에 '傾心' 2자가 빠진 듯하다.

20) 欣 :『금석고』에는 '忺'.

21) 哿 :『총람』·『금석고』·탁본에 의함.『전문』에는 '袈'.

卽□□傳徹公.　迺/永□□□□□□□□□□□□□□□□□□
□□□□□□□□□□□□□□□□□□□□□□□□□□□
□□□□□□□□□□□□□□□□□□□□□□□□□□□
□□□□□□□□, □□□之玄珠, □/□□牆壁[22], □□□□□
□□□□□□□□□□□□□□□□□□□□□□□□□□□
□□□□□□□□□□□□□□□□□□□□□□□□□□□
□□□□□□□□□□□□□解[23]纘於□□之上　□自□來登./
衆學有稻麻之列　朋來多[桃李之溪].[24]　□□□□□□□□□□
□□□□□□□□□□□□□□□□□□□□□□□□□□□
□□□□□□□□□□□□□□□□□□□□□□□□□□道
□□□　爲得寂寂. 眞空之/偈　導人之說　沃心有□□□□□□□
□□□□□□□□□□□□□□□□□□□□□□□□□□□
□□□□□□□□□□□□□□□□□□□□□□□□

□□□□□□　[得]摩尼[25]之寶珠.[26]　其禪波羅密　有□此[心

---

22) 牆壁 :『금석고』에는 '墻壁',『총람』·『전문』에는 '牆璧'.

23) 解 :『금석고』·『전문』에 의함.『총람』에는 '觧'.

24) 衆學有稻麻之列 朋來多[桃李之溪] :『총람』·『금석고』·『전문』에는 "衆學有稻麻之列 朋來多□□□□"로 되어 있으나 玉龍寺洞眞大師寶雲塔碑에 "桃李不言 稻麻斯在", 普願寺法印國師寶乘塔碑에 "桃李濟衆 稻麻爲師"라는 부분이 보이고, 高達院元宗大師慧眞塔碑에도 "衆學有稻麻之列 朋來成桃李之溪"라 하여 '朋來多'의 뒤에 '桃李之溪' 4자가 빠진 것으로 보인다.

25) 摩尼 :『금석고』·『전문』에 의함.『총람』에는 '尼'.

26) [得]摩尼之寶珠 :『총람』·『금석고』·『전문』에는 "□摩尼之寶珠"로 되

卽]/佛 寧有種乎.[27] 吾將遠遊, □□□□□□□□□□□□□
□□□□□□□□□□□□□□□□□□□□□□□□□□□
□□□□□□□□□□□□□□□□□□□□□□, □□己於
觀空, 豈誘人於忘本. 迺以□□□/翌日 奉遷神座於菩提山. □
□□□□□□□□□□□□□□□□□□□□□□□□□□□
□□□□□□□□□□□□□□□□□□□□□□□□□□□
□□□□□□□□朝□□□聖□心□□有求□□□□/上聞之,
慨禪房之[早沉[28], □□□□□□□□□□□□□□□□□□□
□□□□□□□□□□□□□□□□□□□□□□□□□□□
□□□□□□□□□□□□□□□□□□□□□□□□□□□
□□□□□□/□氏者 聯鑣竝轡□□而□□□□□□□□□□
□□□□□□□□□□□□□□□□□□□□□□□□□□□
□□□□□□□□□□□□□□□□□□□□□□□□□□□
□□□□□□□□□□□□□□/□□□□於無名之□, 何□□

어 있으나 高達院元宗大師慧眞塔碑에 "入眞如之性海 得摩尼之寶珠"라는 부분이 보이고 있어 '摩尼之寶珠' 앞에 '得'자가 있었던 것으로 추정된다.

27) 有□此[心卽]佛 寧有種乎 : 『총람』·『금석고』·『전문』에는 "有□此□□佛 寧有種乎"로 나타나나 高達院元宗大師慧眞塔碑에 "迺遺訓曰……仁心卽佛 寧有種乎……"라는 부분이 보이고 있어 '此' 뒤에 '心卽'이 빠진 것으로 보인다.

28) 慨禪房之[早沉] : 『총람』·『금석고』·『전문』에는 "慨禪房之□□"로 나타나 있으나 高達院元宗大師慧眞塔碑에 "上聞之 慨禪月之早沉(沉은 沈의 俗字)……"이라는 부분이 보이고 있어 '慨禪房之' 뒤에 '早沉' 2자가 빠진 것으로 보인다.

□□□□□□□□□□□□□□□□□□□□□□□□□□□

□□□□□□□□□□□□□□□□□□□□□□□□□□□

□□□□□□□□□□□□□□□□□□□□□□/□□□松門

□□□□□□□□□□□□□□□□□□□□□□□□□□□

□□□□□□□□□□□□□□□□□□□□□□□□□□□

□□□□□□□□□□□□□□□□□□□□□□□□□□□

□□/制曰, “可”. 遂[詔] 翰林學士 金[廷彦曰], [29] □□□□□

□□□□□□□□□□□□□□□□□□□□□□□□□□□

□□□□□□□□□□□□□□□□□□□□□□□□□□□

□□□□□□□□之靜□□□□□□ [拜]/稽首 遂言曰, [臣][30]□

□□□□□□□□□□□□□□□□□□□□□□□□□□□

□□□□□□□□□□□□□□□□□□□□□□□□□□□

□□□□□□□□□□□□□□□□□□□□□□□□□□□/

□□□□□□□□□□□□□□□□□□□□□□□□□□□

□□□□□□□□□□□□□□□□□□□□□□□□□□□

---

29) 遂[詔]翰林學士金[廷彦曰] : 『총람』·『금석고』·『전문』에는 “遂□翰林學士金□□□”로 나타나나 玉龍寺洞眞大師寶雲塔碑에 “遂詔 翰林學士 臣 金廷彦曰”, 高達院元宗大師慧眞塔碑에는 “迺命 翰林學士 臣 金廷彦曰”이라는 부분이 보이고 있어 “遂詔 翰林學士 金廷彦曰”로 추정된다.

30) [拜]稽首 遂言曰 [臣] : 『총람』·『금석고』·『전문』에는 “□稽首遂言曰□”로 되어 있으나 玉龍寺洞眞大師寶雲塔碑에 “臣 汗流浹背 拜稽首 遂言曰 臣”, 高達院元宗大師慧眞塔碑에 “臣亶衎四匝 拜稽首曰 臣”이라는 부분이 보이고 있어 ‘稽首’ 앞에 ‘拜’, ‘遂言曰’ 뒤에 ‘臣’이 있었던 것으로 추정된다.

□□□□□□□□□□□□□□□□□□□□□□□□□□□
□□□□□□□/

變濟□□□□□□□□□□□□□□□□□□□□□□□□
□□□□□□□□□□□□□□□□□□□□□□□□□□□
□□□□□□道□必目語[31]□□之又□□□□□□□□□□□
□□□□□□□□□/□□□□□□□□□□□□□□□□□□
□□□□□□□□□□□□□□□□□□□□□□□□□□□
□□□□□□□□□□□□□□□□□□□□□□□□□□□
□□□□□□□□□□□□□□□□/

【陰記】

弟子　大德　釋聰[32]訓/
　　　　忠原府　上聽　釋 訓乂/
　　　　　　　　下聽　釋 桂茹/
　　　　　　　　　　　釋 三曉/
三剛[33]/

---

31) 語 : 『총람』·『금석고』·『전문』에는 '□'로 되어 있으나 탁본에 의하면 '語'로 추정된다.

32) 聰 : 『금석고』·『雜攷 俗字攷·俗文攷·借字攷』·『전문』에 의함. 『총람』에는 '聦'.

33) 剛 : 『총람』에는 '刪'.

直歲僧　處直/

典座僧　處[34]緣/

院主僧　聽[35]禮/

都維那　恕均/

內儀省令　匡謙/

內奉省令　俊弘/

侍中　仁奉/

侍郎　昕讓・尹謙/

石匠　仍尸依/

鐵匠　富烏/

(원문교감 : 김혜원)

34) 處 : 『금석고』에는 '若'.

35) 聽 : 『총람』에는 '聰'.

18. 龍頭寺幢竿記

1. 자료의 개요

1) 찬자, 서자 : 前翰林學生 金遠
   鐫者 : 孫錫

2) 시기 : 峻豊 3년(高麗 光宗 13, 962) 3월 29일

3) 있는 곳 : 충청북도 청주시 南門路

4) 규모

   ① 높이 : 43尺　② 지름 : 1尺 4寸　③ 24행×16~17자

   ④ 글자크기 : 7分　⑤ 書體 : 楷書 (陽刻)

   ⑥ 현상태 : 철당간은 처음에는 30段이었으나, 현재는 20단만 남아 있다. 記銘은 당간의 아래로부터 3단째 철통에 새겨져 있다.

2. 자료의 구조

1) 제목, 찬자, 서자, 전자

2) 序

   ① 머리말(당간의 의미) : 早聆幢竿所制 ~ 拂賊霓旌

   ② 당간을 세우게 된 내력 : 頃有堂大等金芮宗者也 ~ 營玉刹之無窮

   ③ 글 지은 사람의 낮춤말 : 僕者膠柱頑流 ~ 聊表短章

3) 詞
4) 당간 건립 관계자
5) 당간 완성일

3. 교감자료

朝鮮總督府 編, 1919, 『朝鮮金石總覽』 上 ; 1976, 亞細亞文化社, pp.194 ~196
金光洙, 1972, 「羅末麗初의 地方學校問題」 『韓國史硏究』 7
許興植 編, 1984, 『韓國金石全文』 中世上, 亞細亞文化社, pp.374~376

4. 원문교감

龍頭寺鐵幢記

前翰林學生金遠撰兼書　鐫者孫錫

早聆幢竿所制[1], 餝佛門之玉標[2], 幡[3]盖由來,/ 粧寶殿之神旆. 其狀[4]也, 鶴翔碧空[5], 龍躍/靑[6]霄. 立之者旁發信心, 望之者必[7]傾丹/愿, 固知伏魔鐵杖, 拂[8]賊霓旌.

1) 制 : 『총람』에는 '制', 『전문』에는 '製'.
2) 標 : 『총람』에는 '標', 『전문』에는 '樓'.
3) 幡 : 『총람』에는 '幡', 『전문』에는 '播'.
4) 狀 : 『총람』에는 '狀', 『전문』에는 '猶'.
5) 空 : 『총람』에는 '落', 『전문』에는 '空'.
6) 靑 : 『총람』에는 '靑', 『전문』에는 '下'.
7) 必 : 『총람』에는 '必', 『전문』에는 '心'.

頃有堂大/等金芮宗者也, 州里豪家[9], 鄕閭冠族. 偶因染/疾, 忽約/佛天, 仰祈則敬造鐵幢, 俯誓[10]則莊嚴玉刹. 然而/難停逝水, 易沒黃泉, 已間數歲遲延, 隔時/容易. 於是[11] 從兄 堂大等正朝 賜丹銀魚袋/□[12]金希[13]一等, 彼爲還願, 此繼頽繹[14], 遂[15]令鑄/成三十段之鐵筒, 連立六十尺之幢柱. 穿雲/捧日, 貫霧倚空, 魯氏雲梯, 難攀龍盖, 甘/寧錦纜, 未[16]敵[17]璅繩. 可謂奉往[18]心深, 興亡情切,/ 植金剛之不朽, 營玉刹之無窮.

僕者膠柱頑/流, 尅舟膚物, 忽蒙勸我, 聊表短章. 其詞曰/

幢竿始立, 天半可及[19], 巧成物像, 莊嚴佛法.
兄/弟兩家, 合[20]脩善業, 鑄之植之, 无窮永刼./

---

8) 拂 : 『총람』에는 '拂', 『전문』에는 '挫'.
9) 家 : 『총람』에는 '家', 『전문』에는 '族'.
10) 誓 : 『총람』에는 '誓', 『전문』에는 '擔'.
11) 是 : 『총람』에는 '是', 『전문』에는 '時'.
12) □ : 『총람』에는 '□', 『전문』에는 글자가 없는 것으로 되어 있음.
13) 希 : 『총람』에는 '希', 『전문』에는 '介'.
14) 繹 : 『총람』에는 '經', 『전문』에는 '繹'.
15) 遂 : 『총람』에는 '遂', 『전문』에는 글자가 없음.
16) 未 : 『총람』에는 '未', 『전문』에는 '永'.
17) 敵 : 『총람』에는 '敵', 『전문』에는 '敞'.
18) 往 : 『총람』에는 '往', 『전문』에는 '仁'.
19) 及 : 『총람』에는 '及', 『전문』에는 '壓'.
20) 合 : 『총람』에는 '合', 『전문』에는 '令'.

當寺令釋紬大德, 檀越兼令金希一正朝, 金守□/大等[21], 金[22]釋希大□[23], 金寬謙大等[24], 監司上和尙信學□□,/ 前侍郞孫熙大末[25], 前兵部卿慶柱洪大末[26], 學院[27]卿韓明/寔大[28]末[29], 前司倉慶奇俊大舍, 學院郞中孫仁謙, 鑄大□□[30]./

維峻豊三年太歲壬戌三[31]月二十九日鑄成./

(원문교감 : 배종도)

---

21) 大等 : 『총람』에는 '□□', 『전문』에는 '金釋', 김광수는 '大等'.

22) 金 : 『총람』·『전문』에는 '同', 김광수는 '金'.

23) 大□ : 『총람』에는 '□□', 『전문』에는 '□'. 김광수는 '大□'으로 판독하여 '大等'으로 추정.

24) 大等 : 『총람』에는 글자가 없음. 『전문』에는 '大等' 두 글자가 있음. 김광수는 '大等' 두 글자를 판독함.

25) 大末 : 『총람』에는 '柰', 『전문』에는 '柰'. 김광수는 '大末'이 '柰'인 듯도 하지만 다른 경우로 보아 2자로 보았다고 함(김광수, 1972, 「羅末麗初의 地方學校問題」 『韓國史研究』 7, p.116의 주 3).

26) 大末 : 『총람』·『전문』에는 '柰', 김광수는 '大末'이 '柰'인 듯도 하지만 다른 경우로 보아 2자로 보았다고 함.

27) 院 : 『총람』에는 '□', 『전문』에는 '院'.

28) 大 : 김광수, 앞의 글, p.116에서는 '奈'라고 파악했음.

29) 大末 : 『총람』·『전문』에는 '柰'. 김광수의 앞 예에 따라 '大末'로 하였음.

30) 大□□ : 『총람』에는 '大□□', 『전문』에는 '□□大'.

31) 三 : 『총람』에는 '三', 『전문』에는 '二'.

19. 古彌縣西院鐘

1. 자료의 개요

1) 시기 : 峻豊 4년(高麗 光宗 14, 963) 9월 18일
2) 있는 곳 : 日本 廣島縣 竹原市 照蓮寺
3) 규모
   ① 높이 : 60.7cm ② 둘레 : 121cm ③ 口徑 : 41.4cm
   ④ 현상태 : 종의 둘레가 121cm 정도인데, '鐘身에 空地가 없는 감'이 있을 정도로 빽빽히 채워져 있기 때문에 판독에 오류가 있을 가능성이 많다. 李弘稙도 "總高 2尺 餘에 비하여 乳廓과 撞座 또는 銘文이 점령하는 면이 커서, 거의 鐘身에 空地가 없는 감이 있다는 것은 美感을 減한다"(李弘稙, 1954, 「재일조선범종고」『한국고문화논고』, p.109)고 평가한 바 있다.

2. 자료의 구조

1) 鑄鐘日, 鐘名
2) 鑄鐘 관계자

3. 교감자료

朝鮮總督府 編, 1919,『朝鮮金石總覽』上 ; 1976, 亞細亞文化社, p.196

黃壽永 編, 1981,『韓國金石遺文』(제3판), 一志社, pp.293~294
許興植 編, 1984,『韓國金石全文』中世上, 亞細亞文化社, pp.376~377

4. 참고문헌

鮎貝房之進, 1934,「俗文攷」『雜攷』第6輯 上編, pp.64~68
葛城末治, 1935,「靈巖西院鐘記」『朝鮮金石攷』, pp.339~342
李弘稙, 1954,「재일조선범종고」『한국고문화논고』, pp.109~116
坪井良平, 1974,『朝鮮鐘』, 角川書店
藤田亮策,「高麗鐘の銘文」『朝鮮金石瑣談(外)』, 亞細亞文化社, pp.67~70

5. 원문교감

<원문>

(1) 기존 판독 형태

伐[1)]

昭大王當縣聽規[2)]沙干

峻豊四年癸亥九月十八日古彌[3)]縣

西院鑄鐘記

徒人名疏[4)]同院主

1) 伐 : 李弘稙·『총람』·『유문』에는 '伐', 『전문』에는 '代伐'.
2) 規 : 『총람』·『유문』·『전문』에는 '規', 李弘稙은 '規'.
3) 彌 : 李弘稙·『총람』에는 '彌', 『유문』·『전문』에는 '弥'.

人領玄和尙信嚴

長老曉玄上坐

欣直[5]卿[6]乂[7]言[8]卿[9]

大百士[10]

羅州只未[11]百士[12]

(2) 판독 수정 형태[13]

---

4) 疏 : 李弘稙·『총람』·『전문』에는 '疏', 『유문』에는 '疏'.
5) 直 : 李弘稙·『총람』에는 '宜', 『유문』·『전문』에는 '直'.
6) 卿 : 『총람』에는 '□', 『유문』에서는 판독하지 못하고 '卿'으로 추정. 李弘稙·『전문』에는 '鄕'.
7) 乂 : 『총람』에는 '□', 李弘稙은 '文', 『유문』·『전문』에는 '乂'.
8) 李弘稙은 '言' 옆에 '寶'가 있음.
9) 卿 : 『총람』에는 '□', 李弘稙은 '明', 『유문』에는 판독하지 못하고 '卿'으로 추정, 『전문』에는 '鄕'.
10) 士 : 李弘稙·『총람』에는 '十一', 『유문』·『전문』에는 '士'.
11) 只未 : 李弘稙·『총람』에는 '□□', 『유문』·『전문』에는 '只未'.
12) 士 : 李弘稙·『총람』에는 '十一', 『유문』·『전문』에는 '士'.
13) 기존 판독 형태에 의하면, 앞부분도 애매하고 뒷부분도 제대로 끝나지 않은 것 같다. 그러므로 판독에서 오류가 있을 가능성이 있다고 생각된다. 종의 둘레는 약 121cm 정도인데, '鐘身에 空地가 없는 감'이 있을 정도로 빽빽히 채워져 있다고 한다. 銘文은 종의 둘레에서 유곽과 당좌, 무늬를 넣고 남은 빈 부분을 이용하여 새긴 것이다. 그러므로 종의 둘레를 한 바퀴 돌아 새겼는데도 내용을 다 집어 넣지 못하여 겹치는 부분이 생기게 된 것으로 추정된다. 이러한 추정을 했을 때, 시작 부분과 끝 부분이 겹치는 行을 찾아서 내용을 분리해야 할 것이다. "昭大王當縣聽規沙干"이 그 부분에 해당한다고 생각된다. 이 부분은 '昭大王'과 '當縣聽規沙干'으로 나눠진다. 따라서 '昭大王'이 시작 부분이 되고, '當縣聽規沙干'이 끝나는 부분이 된다고 추정해 보았다. 한편, "羅州只未百士" 부분도 뒤섞인 것으로 생각된다. 왜냐하면 '百士'에 해당하는 사람은

昭大王

峻豊四年癸亥九月十八日古彌縣

西院鑄鐘記

徒人名疏同院主

人領玄和尙信嚴

長老曉玄上坐

欣直卿乂言卿

大百士

羅州只未

伐　　百士

　　當縣聽規沙干

(3) 해석 자료

昭大王 峻豊四年 癸亥 九月十八日 古彌縣 西院鑄鐘記.

徒人名疏. 同院主人領玄和尙・信嚴長老・曉玄上坐

欣直卿・乂言卿

大百士 羅州只未　伐　百士 當縣聽規沙干

(원문교감 : 배종도)

'當縣聽規沙干' 이며, '大百士'는 '羅州只未'가 된다고 추정되기 때문이다. 그런데 '當縣聽規'는 '沙干' 이라는 관등을 가지고 있다. '大百士'인 '羅州只未'도 관등이 있었을 것이다. 그 단편으로 보이는 '伐'이 아닐까 생각된다. 이러한 추정에 의하여 판독을 수정하였다.

20. 鳳巖寺靜眞大師圓悟塔碑

1. 자료의 개요

1) 찬자 : 李夢游
   서자 : 張端說
   각자 : 暹律
2) 시기 : 建德 3년(高麗 光宗 16, 965) 5월 21일
3) 있는 곳 : 慶北 聞慶郡 加恩邑 院北里 鳳巖寺
4) 규모
   ① 높이 : 271.2cm ② 폭 : 163.6cm ③ 두께 : 미상
   ④ 53행×103자 ⑤ 글자크기 : 1.4cm
   ⑥ 서체 : 楷書, 歐陽詢體

2. 자료의 구조

1) 제액, 찬자, 서자
2) 서
   ① 도입 : 嘗聞 八極之中 ~ 孚卽我大師嚴師也
   ② 가계와 탄생연기 : 大師 諱兢讓 ~ 幾過期而誕生
   ③ 출가, 수행 : 大師 天骨特異 ~ 焉窮彼岸
   ④ 중국유학 : 乃以光化三年 ~ 僧之高者 必覲
   ⑤ 귀국 및 교화 : 後唐同光二年 ~ 肥遁之身是退

⑥ 입적, 입비 과정 : 越以周光順三年 ~ 招傷手之憂謹

3) 명 : 爲銘曰 無上之法 ~ 永耀蓬壖

4) 입비 시기, 각자 : 乾德 三秊 ~ 暹律 奉勅 刻字

3. 靜眞大師(878~956) 연보

諱 兢讓, 俗姓 王氏, 公州人

六祖慧能 ── 南嶽懷讓 ── 馬祖道一 ── 滄州神鑑 ── 惠昭 ── 道憲 ── 伯嚴楊孚 ── 靜進兢讓

1세	헌강왕 4	878	출생
19세	진성여왕 9	896	공주 남혈원 여해선사에게 출가
20세	진성여왕 10	897	계룡산 보원정사로 감 서혈원 양부선사에게 감
24세	효공왕 4	901	중국 유학. 곡산의 도연화상과 만남
44세	경명왕 8	924	귀국(전주 희안현) 강안의 백암사에 거주 봉암사로 옮김
55세	태조 18	935	경애왕과 만남
66세	정종 1	946	대사가 귀산하자 의희본 8질을 복사하여 줌
70세	광종 1	950	사나선원에 거주(마납가사 1령을 보냄)
76세	광종 3	953	봉암사로 돌아옴
79세	광종 6	956	입적. 승랍 60

4. 교감자료

李俁 編, 1668,『大東金石書』p.44

劉燕庭 編, 1832,『海東金石苑』; 1976, 亞細亞文化社, pp.307~334

李能和, 1918,『朝鮮佛教通史』上, p.151

朝鮮總督府 編, 1919,『朝鮮金石總覽』上 ; 1976, 亞細亞文化社, pp.196

～207
許興植 編, 1984,『韓國金石全文』中, 亞細亞文化社, pp.377～390
吳慶錫,「三韓金石錄」* 목록수록
「補寰宇訪碑錄」* 목록수록
『東國輿地勝覽』卷29, 聞慶縣 佛宇

5. 참고 문헌

忽滑谷快天, 1930,『朝鮮禪敎史』, 春秋社, p.128
葛城末治, 1935,「鳳巖寺 靜眞大師 圓悟塔碑」『朝鮮金石攷』, pp.342～346
葛城末治, 1935,「朝鮮金石文」『朝鮮史講座』, p.74
「朝鮮金石說明」『朝鮮總督府月報』4-9

6. 원문교감

靜眞大師碑銘(題額)

高麗國 尙州 曦[1]陽山 鳳巖寺 王師 贈謚靜眞大師 圓悟之塔碑銘 并序

奉議郎 正衛 翰林學士 前守兵部卿 賜丹金魚袋 臣 李夢游 奉勅撰

文林郎 翰林院書博士 臣 張端說 奉勅書 并篆額

1) 曦 :『총람』에는 '犧'.

嘗聞, 八極之中, 括地貴者曰身毒, 三界之內, 推位尊者曰勃陀, 西顧之德 天彰, 東流之敎 日遠. 是故, 伯陽著我師之論, 尼父發聖人之譚, 矧復隕[2]星紀於魯書,/ 金姿放耀, 佩日徵於漢夢, 玉牒傳聲. 轉四諦輪, 說三乘法, 化緣已畢, 臨涅槃時, 告迦葉曰,[3] 付其無/上法寶, 欲令廣大宣流, 宜護念以常勤, 俾脫苦於生死. 由是, 大迦葉 以所得法眼 付囑阿難, 自此 傳承未嘗斷絶, 中則馬鳴 龍樹, 末惟鶴勒 鳩摩, 相付已來, 二十七代後, 有達摩大師, 是謂應眞菩薩, 南天[4]辭國, 東夏傳風, 護心印以無刓, 授信衣而不墜, 東山之法, 漸獲南行, /至于曹溪, 又六代矣. 自尒 繼明重跡, 嫡嗣聯綿, 曹溪傳南岳[5]讓, 讓傳江西一, 一傳滄州鑒, 鑒猶東顧, 傳于海東, 誰其繼者, 卽南岳雙磎慧昭[6]禪師焉. 明復傳賢磎王師道憲, 憲傳康州伯嚴楊孚禪師, 孚卽/我大師嚴師也.

大師 諱兢讓 俗姓王氏 公州人也. 祖淑長 父亮吉, 竝戴仁履義, 務存達己之心, 積德豊功, 貴播貽孫之業, 勞筋骨而服職, 抱霜雪以淸心. 州里稱長者之名, 遠近聞賢哉之譽. 況自高曾之世, 咸推郡邑之豪, 戶不難知故無載此. 母金氏, 女功無敵, 婦/道有規, 擬截髮以專情, 指斷機而勵節, 敬恭僧佛, 禮事舅姑, 俄夢

2) 隕 : 『총람』에는 '殞'.
3) 曰 : 『전문』에는 '兼'.
4) 天 : 『전문』·『금석원』에는 '大'.
5) 岳 : 『총람』에는 '嶽'.
6) 昭 : 『총람』·『금석원』에는 '明'.

流星入懷, 其大如甕, 色甚黃潤, 因有娠焉. 由是, 味撤葷腥, 事勤齋護, 循胎敎以無已, 幾過期而誕生.

大師, 天骨特異, 神彩英奇, 自曳萊衣, 迨跨竹騎, 縱爲兒戲, 猶似老成. 坐必加趺, 行須[7]合掌, 聚沙畫/墁, 模[8]像塔以依俙, 採葉[9]摘花, 擬供具而陳列. 年至鼓 篋, 日甚帶經, 訓詩禮於鯉庭. 聽講論於鱣肆, 頗勤三絶, 謂溢[10]九流.

乃懇白於慈母嚴君 固請許於出家入道. 投於本州・西穴院[11]・如解禪師. 因爲剃[12]髮, 便以留身, 志在朝聞, 學期日益, 實由功倍, 誰曰行遲, 桴乍援之 鍾遽槧[13]/矣. 於是 知有赫曦[14]之曜, 休窺突奧之光[15], 出指四方, 行擇三友.

遂以乾寧四載 於雞龍山 普願精舍, 稟持犯然後, 坐雨心堅, 臥雲念切, 護戒珠而不纇[16], 磨慧劍[17]以無鋼[18], 能持繫草之心, 轉勵出塵之趣, 唯勤請益, 靡滯遊方, 遂謁西穴院・楊[19]孚禪師.

---

7) 須 : 『총람』에는 '湏'.
8) 模 : 『총람』에는 '摸'.
9) 葉 : 『총람』에는 '茉'.
10) 溢 : 『전문』・『금석원』에는 '隘'.
11) 西穴院 : 『通史』・『金石攷』에는 '南穴院'.
12) 剃 : 『금석원』에는 '削'.
13) 槧 : 『금석원』에는 '漀'.
14) 曦 : 『총람』에는 '曦'.
15) 光 : 『총람』・『전문』에는 '㶊'.
16) 纇 : 『총람』에는 '纇'.
17) 劍 : 『총람』・『금석원』에는 '劒'.
18) 鋼 : 『총람』・『금석원』에는 '鈋'.
19) 楊 : 『전문』・『금석원』에는 '揚'.

禪師, 豁靑眼以邀迎, 推赤心而/接待. 於是 持其由瑟皷在丘門, 旣名[20]知十之能, 或展在三之禮, 腹膺不怠, 就養惟勤, 俄歎曰 "急景如駒, 流年似箭, 若跼牛涔之底, 未浮鼈海之波, 難詣寶洲, 焉窮彼岸."

乃以光化三年[21] 伺鷁舟之西泛 逐[22]鵬運以南飛 匪踰信宿之間 獲達江淮之境 纔越天壁[23] 將[24]往雪峯 到飛/猿嶺 上遇般米禪徒 同路而行 一時共歇 徒中有一僧 指枯榕曰 "枯木獨占定 春來不復榮" 大師接曰 "逈然塵境外 長年樂道情" 於是 衆皆歎伏 無不吟傳 縱煩鼓舌之勞 頗叶傳心之旨 遂隮于台嶺 謁遍禪居 或仗[25]虎錫於雪嶠・雲岑[26] 或洗龍鉢於飛溪・懸澗 旣多適願/ 愈切尋幽.

詣於谷山 謁道緣和尙 是[27] 石霜之適嗣也. 乃問曰 "石霜宗旨的意如何" 和尙對云 "代代不曾承[28]" 大師 言下大悟 遂得默達玄機 密傳秘印 似照秦[29]皇之鏡 如探[30]黃帝之珠 洞究一

20) 名 : 『총람』에는 '多'.
21) 年 : 『금석원』・『총람』에는 '秊'.
22) 逐 : 『금석원』에는 '遂'.
23) 壁 : 『총람』에는 '□'.
24) 將 : 『전문』에는 없음.
25) 仗 : 『총람』에는 '杖', 『금석원』・『전문』에는 '扙'.
26) 岑 : 『총람』에는 '岺'.
27) 是 : 『총람』에는 '□'.
28) 代代不曾承 : 『금석원』에는 '代代不曾承□'.
29) 秦 : 『총람』에는 '奏'.
30) 探 : 『총람』・『금석원』에는 '深'.

眞 增修三昧 藍茜沮色 珠火耀光 標領袖於禪門 占笙鏞於法苑 何啻赳赳/ 實是錚錚者矣 大師又製偈子 呈和尙曰 "十个仙才同及第 牓頭若過摠[31]得閒[32] 雖然一个不迴頭 自有九人出世間" 和尙覽之驚歎 因造三生 頌許令衆 和[33] 大師 養勇有餘 當仁不讓 搦兎毫而折理 編鳳藻以成章 莫不價重 碧雲韻高 白雪豈眞理之究竟 /併綴緝之硏精 於世流傳故不載錄. 大師 心澄止水 跡寄斷雲 異境靈山 必盡覽遊之興 江南河北 靡辭跋涉之勞.

以梁龍德四年春 跳出谷山 路指幽代 將禮五臺 聖跡遠履 萬里險途 屆[34]於觀音寺 憩歇之際 晝夜俄經 忽患面上赤瘡 致阻叅尋之便 未逢肘後/秘術 莫資療理之功 久不蠲除 漸至危篤 遂乃獨坐涅槃 堂上暗持菩薩 願心頃刻之閒 有一老僧入門問曰 "汝從何所 所苦何如" 大師對曰 "來從海左 久寓江南 若是毒瘡 弗悆而已" 乃曰 "且莫優苦 宿寃使然 便以注水 如醴洗之頓愈" 謂曰 "我主此山 暫來問慰/ 唯勤將護 用事巡遊" 辭而出歸 豁如夢覺 皮膚不損 瘕[35]癬亦無者 盖爲大師 躬踐淸凉 親瞻妙德 由早承於龜氏宗旨 果獲遇於龍種聖尊 不可思議於是乎在 厥後西經雲盖 南歷洞山 境之異者 必臻 僧之高者 必覲.

---

31) 摠 : 『전문』·『금석원』에는 '總'.
32) 閒 : 『총람』에는 '閑'.
33) 和 : 『금석원』에는 '和□□□'.
34) 屆 : 『전문』에는 '届'.
35) 瘕 : 『총람』에는 '瘢'.

後唐同光二年七月 迴歸達于全州喜安縣/浦口. 洎至維舟 深諧捨筏 是猶 孟嘗之珠還在浦 雷煥之劒復入池 德既耀於寶身 志益堅於高蹈 矧屬 天芒伏鼈 地出蒼鵝 野寇山戎 各競忿爭之力 巖扇[36]岫幌[37] 半罹焚焰之灾 爰遵避地之機 仍抗絶塵之跡 效玄豹之隱霧 畏鳴鶴之聞天 庇影山中 韜光廡下 而乃雖/曰煙霞之洞 漸成桃李之蹊 莫遂潛[38]藏 更議遷徙康州・伯嚴寺 是西穴故師 所修捌移住也. 以自先師謝世 法匠歸眞 門人 多安仰之悲 信士 發靡依之歎 況又 雲磎煙嶺 四時之變態相高 松韻竹聲 百籟之和唫不斷 宛秀東林之境 堪傳西域之宗 越以天成二季 就/而居焉 大師 臺法鏡以常磨 照通無硋 篋禪鏞而待扣 響應有緣 遂使歸萬彙之心 拭四方之目 訪道者 雲蒸霧涌 請益者 接踵聯肩 化遍海隅 聲振日域.

新羅 景哀王 遙憑玄杖 擬整洪綱 雖當像季之時 願奉禪那之敎 乃遣使寓書曰 "恭聞 大師[39] 早踰溟/渤 遠屆曹溪 傳心中之秘印 探頷下之明珠 繼燃慧炬之光 廣導迷津之路 禪河以之汩汩 法山於是莪莪[40] 冀令雞嶺之玄風 播在鳩林之遠地 則 豈一邦之倚賴 寔千載之遭逢" 仍上別號曰 "奉宗大師焉" 大師方寸海納 無所拒違 唯弘[41]善誘之功 益愼見[42]機之道./

---

36) 扇 : 『전문』・『금석원』에는 '眉'.
37) 幌 : 『금석원』에는 '崐'.
38) 潛 : 『총람』에는 '潜'.
39) 恭聞 大師 : 『총람』에는 '恭聞□□□□□'로 되어 있다.
40) 莪莪 : 『총람』에는 '峨峨'.
41) 弘 : 『총람』에는 '弘'.

至淸泰二年 念言弘道 必在擇山 決計而已 俻行裝 猶預而未謀離發 忽尒雲霧晦暗 咫尺難分 有神人降 謂大師曰“捨此奚適 適須[43]莫遠” 於是 衆咸致惑 固請淹遲 大師 確然不從 便以出居[44] 有虎哮吼 或前或後 行可三十里 又有一虎 中路[45]相接 左右引/導 似爲翼衛 至于曦陽山麓 血餘印跡 方始廻歸 大師 旣寓鳳巖 尤增雀躍 是以陟彼峯巒 視其背面 千層翠巘 萬疊丹崖 屬賊火之焚燒 致刧灰之飛撲 重巒復澗 固無遷變之容 佛闥僧房 半是荊榛之地 屹尒者 龜有[46]臺[47]石 禪德鐫銘 巋然者 像是鑄金[48] 靈光照/耀 旣銳聿修之志 寧辭[49]必葺之功 追迦葉之踏泥 效揵連之掃地 營搆禪室 誘引學徒 寒燠未遷 竹葦成列 大師 誘人不倦 利物有功 至使商人 遽息於化城 窮子咸歸於寶肆 列樹而旃檀馥郁 滿庭而菡萏紛敷 恢弘禪祖之風 光闡法王之敎 恩均兼濟[50] 德瞻和/光 雖守靜默於山中 而示威猛於域內 潛[51]振降魔之術 顯揚助順之功 遂使蟻聚兇徒・虵奔逆黨 遽改愚迷之性 勿矜强暴之心 漸罷爭田 各期安堵.

---

42) 益愼見 :『총람』에는 ‘□□□’.
43) 須 :『총람』·『전문』에는 ‘湏’.
44) 居 :『전문』에는 ‘去’.
45) 路 :『총람』에는 ‘□’.
46) 有 :『전문』에는 ‘猶’.
47) 臺 :『총람』에는 ‘載’.
48) 像是鑄金 :『총람』에는 ‘像□□□’.
49) 辭 :『전문』에는 ‘辤’.
50) 恩均兼濟 :『총람』에는 ‘□□□濟’.
51) 潛 :『총람』에는 ‘潜’.

時 淸泰乙未歲也/ 我太祖 以運合荑[52]兇 時膺定亂 命之良將 授以全師 指百濟之狡窟・梟巢 展六韜之奇謀・異略 桴鼓而山河雷振 張旗而草樹霞舒 我則鷹揚 彼皆魚爛 黜殷辛於牧野 敗楚羽於烏江 竭海刳鯨 傾林斬兕 四紀而塵氛有暗 一朝而掃蘯無遺[53] 是用封墓軾閭[54] 繼[55]周王之[56]高/躅 重僧歸佛 遵梁帝之遺風 摸[57]五天而像飾爰崇 闢四門而英賢是召 於是 道人輻湊 禪侶雲臻 爭論上德之宗 高贊太平之業.

此際 大師 不待鶬版 便出虎溪 動白足以步如飛 伸雪眉而喜可見 路次中原府 府有鍊珠院 院主 芮帛 常誦楞迦[58] 未嘗休息[59] 至是[60]夜/夢仙竪 從窣堵波頂上 合掌下來曰 "當有羅漢僧經過 宜以預辦 供待者 翌旦集衆 言其所夢 衆皆歎異 洒掃門庭 竚立以望 至于日夕 果大師來 及詣京師 太祖 見而異之 危坐聳敬 因問傳法 所自莫不應對如流. 僾見大師之晩[61] 乃從容相謂[62]曰/ 自玄奬法師 往遊西域 復歸咸京 譯出金言 秘在

52) 荑 : 『전문』・『금석원』에는 '夷'.
53) 遺 : 『전문』에는 '遣'.
54) 軾閭 : 『총람』에는 '□□'.
55) 繼 : 『총람』에는 '□'.
56) 王之 : 『총람』에는 '□□'.
57) 摸 : 『총람』에는 '模'.
58) 常誦楞迦 : 『총람』에는 '常誦□□'.
59) 未嘗休息 : 『총람』에는 '□□□□'.
60) 至是 : 『총람』에는 '□□'.
61) 大師之晩 : 『총람』에는 '大師□□'.
62) 乃從容相謂 : 『총람』에는 '□□□□□'.

寶藏 降及貞元以[63]來 新本經論 寖多故近歲遣使閩甌 贖大藏眞本 常令轉讀弘宣 今幸兵火已熸 釋風可振 欲令更寫一本 分置兩都 於意如何" 大師對日 "此實有爲功德 不妨無上菩提 雅弘經博[64] 能諱佛心[65] 其/佛恩與王化 可地久以天高 福利無邊功名不朽矣" 自尒 一心敬仰 四事傾勤 或闢紫宸而懇請邀延 或詣紺宇而親加問訊 而乃鶴情猶企戀 雲洞以日深 □□□[66]鳳扆 是辭出天衢而電逝 是以命僧史以援送 厚淨施以寵行 道路爲之光[67]□ □□□□□□□ 一/歸霞嶠 七換星槐 每傳驛之往來 寔香茗之饋遺 俄聞九天之鼎駕 昇遐四海之金絲 遏密雖是忘言之者 豈無出涕之哀.

曁/惠宗 纂承丕搆 繼稟先朝 遣乘軺之可使 稱負扆之有因 由是 大師 馳僧介以飛奏章 慶王統之光嗣緖 遙伸祈祐 未暇締緣 雖崆峒之請有期 奈蒼梧之巡不返 迨于定宗 繼明御宇 離隱統天 常注意於釋門 冀飫味於禪悅. 大師[68] 不辭跋/履[69] 步至京華 設盬國之藥言 喩[70]從繩則木正 事如投水 道洽[71]補天沃[72]心有餘 書紳可驗 乃以新製磨衲袈裟一領 寄之 及乎歸山

63) 以 : 『전문』·『금석원』에는 '已'.
64) 雅弘經博 : 『총람』에는 '□□□□'.
65) 能諱佛心 : 『총람』에는 '□□□□'.
66) □□□ : 『총람』에는 □□□이 없음.
67) 光 : 『총람』에는 '□'.
68) 大師 : 『금석원』에는 '惟大師'.
69) 大師 不辭跋履 : 『총람』에는 '□□□□□□□□□履'.
70) 喩 : 『전문』에는 '喩 '.
71) 洽 : 『전문』에는 '治'.

又以新寫義熙本華嚴經八帙 送之 盖爲 大師 色空無異 語默猶同. 每讐金言 常披玉軸 故也./

今聖 騰暉虹渚 毓德龍淵 顯膺千載之期 光嗣九天之位 功高立極 業盛承基 將安東土之人 深奉西乾之敎 勤庶政於君道 種多福於僧田 郟[73]定水於禪河 泛慈波於/宸澤[74] 楞迦之門大啓 摠持之菀光[75]開 遂欲遠迓慈軒 親瞻慧眼.

以聖朝 光德二年春[76] 馳/之馹騎 寓以龍緘 敍相寓[77]之必諧 墾[78]來儀之是望 大師 亦擬出東林 將朝/北闕 催淨人之晨爨 趍從者之行裝 時寺有一面皷[79]架 在法堂上 忽然自鳴 厥聲坎坎 若山上之砰礚 猶谷底之飀飅 衆耳皆警 同心請住 大師 確不從請 便以出行[80] 行至途/中[81] 果遇中使 禪侶則來經月岳 王人則去涉漢江 旣忻邂逅之逢 不議逡巡之退 洎路入圻甸 禮備郊迎 仍令諸寺僧徒 滿朝臣宰 冒[82]紅塵而導從 步紫陌以陪隨 尋於護國帝釋院安下 詰旦□□□[83]上 高闢天門[84] 別張淨

---

72) 沃 :『전문』·『금석원』에는 '沷'.
73) 郟 :『금석원』에는 '郟'.
74) 泛慈波於宸澤 :『금석원』에는 '泛慈波於□□宸澤'.
75) 光 :『총람』에는 '廣'.
76) 二年春 :『총람』에는 '□□□□□□□□□'.
77) 寓 :『전문』에는 '遇'.
78) 墾 :『총람』에는 '懇'.
79) 皷 :『전문』에는 '鼓'.
80) 便以出行 :『총람』에는 '□□出行'.
81) 行至途中 :『총람』에는 '□□□中'.
82) 冒 :『총람』·『전문』에는 '胃'.
83) □□□ :『총람』에는 □□□이 없음.

室 親迎雲轝 特設齊筵[85] 伸鑽仰之素誠[86] 用[87]/諮諏於政道[88] 大師 旣諧就日 必擬廻天 言忘言之言 說無說之說 豈獨資乎道味 抑能道乎政風 雅弘開濟之功 終叶歸依之懇.

迺以其年四月 移住舍那禪院 仍送磨衲袈裟一領 兼營齋設 無不精勤 上謂群臣曰 顧惟幼沖[89]獲承基構[90] 每當機[91]務之暇[92]/ 討史籍之文 昔自軒皇 逮于周發 僉有師保 用匡不怠[93] 故曰 君民也 師臣則王 友臣則覇 況師高尙者 可謂其利愽[94]哉 今見[95]曦陽大師 眞爲化身菩薩矣 何不展師資之禮乎 僉言可矣 罔有異辭 於是 上命 兩街僧統[96]·大德·法興, 內議令·太相[97] 皇甫□□□□/詣禪扃 備傳聖旨 續遣中使 送錦緣磨衲[98]袈裟一領 并踵頂[99]之飾等 然後/ 上 領文虎兩班及僧官 暫出

84) 門 : 『총람』에는 '闇'.
85) 筵 : 『총람』에는 '□'.
86) 伸鑽仰之素誠 : 『총람』에는 '□□仰□□□'.
87) 用 : 『총람』에는 '□'.
88) 政道 : 『전문』에는 '□□'.
89) 沖 : 『금석원』에는 '种'.
90) 獲承基構 : 『전문』에는 '獲承基搆', 『총람』에는 '獲承□□'.
91) 機 : 『금석원』에는 '伺'.
92) 每當機務之暇 : 『총람』에는 '□□□□□□□'.
93) 怠 : 『총람』에는 '迨'.
94) 愽 : 『금석원』에는 '愽'.
95) 見 : 『총람』·『금석원』에는 '覩'.
96) 統 : 『총람』에는 '摠', 『금석원』에는 '揔'.
97) 太相 : 『총람』에는 '□□'.
98) 衲 : 『총람』에는 '納'.
99) 踵頂 : 『총람』·『금석원』에는 '頂踵'.

珠宮 親臨金地 手擎鵲尾 面對龍頤 仍詔翰林學士・太相・守兵部令 金岳 宣綸制曰 昔晉主 遇於遠公 傾心頂戴 吳王 逢於僧會 禮足歸依[100] 人天盛/傳[101] 古今美事 寡人 雖德慚往哲而志敬空門 勵行孜孜 修心惕惕 大師 優曇一顯[102] 慧日重明 瞻蓮眼而煩惱自銷 覩果脣而塵勞頓息 多生因果 今世遭逢 敢啓至心 仰聞清德 願展爲師之禮 冀成累劫之緣 躬詣松開[103]面伸棗懇 伏希慈鑒 俯許誠祈 請光師道[104] 敬[105]/加尊號[106]爲證空大師 劫劫生生 託慈航之濟渡 在在處處 攀慧幟以游揚頓首謹白 於是 道俗具寮 一齊列賀 禮無違者 道益尊焉 大師跡現四依 功修萬劫 言必契理 行乃過人. 既交香火之緣 有期忉利之行 開示希夷之旨 發揚清淨之風 顯整王網[107] 丕傳法[108]密/傳法寶 實使金輪悠久 益能王扆光輝 慈燈之焰 透三韓甘露之澤 均一國自棲輦轂 屢換星霜 化導之功已成 肥遁之身是退.

越以周光[109]順三年[110]秋 還歸故山焉 上 以摳衣避席 從請

---

100) 禮足歸依 : 『총람』에는 '禮足□□'.
101) 人天盛傳 : 『총람』에는 '□□□傳'.
102) 顯 : 『전문』에는 '現'.
103) 開 : 『전문』에는 '關'.
104) 請光師道 : 『총람』에는 '請□□□'.
105) 敬 : 『총람』에는 '□'.
106) 號 : 『금석원』에는 '号'.
107) 網 : 『전문』에는 '鋼'.
108) 王網丕傳法 : 『총람』에는 '□□□□□'.
109) 光 : 『전문』에는 '廣'.

益以匪虧 遠致高情 奈忘機之不輟 躬攀法軑 泣送山裝[111] 策杖/徐行 恣鶴步於三秋曠野 拂衣輕擧 尋鳥道於萬里舊山 尒後軺騎聯翩 王人往復 交轡道路 綴影巖[112]磎 贈之以香盌水甁 極彫鏤之工巧 副之以鳩坑蠻海 窮氣味之芳馨 慶賴[113]旣多 虔恭益切.

至顯德三年 秋八月十九日 忽告衆曰"吾 西學東歸 將踰三紀[114] 澤山而住[115] 誘/引後來 借以靑山白雲 導彼迷津失路 每或披尋玉偈 資國福緣 今風燭水泡 未能以久 難將作矣 吾欲往焉[116] 各執尒心 勉遵佛訓" 又謂傳法之首 逈超禪師曰 "尒宜構[117]室 繼以傳燈 唯事光前 無墜相付者" 言訖而泊[118]然 坐滅 享齡七十九 歷夏六十 是日也[119] 天昏雨黑[120] 地動/山搖 鳥獸悲鳴 杉栝萎[121]悴 於是 緇素學流 遠近耆幼 覩變異之非常 含悲憂而競集 洒泣流於原野 哀響振於山溪 豈惟魯聖 發壞[122]木之歌 闍王驚折梁之夢而已哉.

---

110) 年 :『총람』에는 '秊'.
111) 泣送山裝 :『총람』에는 '泣送□□'.
112) 巖 :『총람』에는 '巖'.
113) 賴 :『전문』에는 '頼 '.
114) 將踰三紀 :『총람』에는 '將踰□□'.
115) 澤山而住 :『총람』에는 '□□□往'.
116) 往焉 :『전문』에는 '焉往'.
117) 構 :『전문』에는 '□搆'.
118) 泊 :『전문』은 '洎'.
119) 也 :『총람』에는 '□'.
120) 天昏雨黑 :『총람』에는 '□□□□'.
121) 萎 :『총람』에는 '莠'.

上 聞之震悼 哭諸寢焉 乃遣使 左僧維・大德 淡猷, 元尹・守殿中監 韓潤弼等 吊以書□□□[123] 賻以穀及茗辥[124] /又遣謚號[125]塔名使・元輔 金俊巖,[126] 使副 佐尹・前廣評侍郎 金廷範等 贈淨謚曰 靜眞大師 圓悟之塔 仍命有司 寫眞影[127]一鋪[128] 錦緣金軸 不日而成 并題讚述 因令右僧維・大德 宗乂, 正輔 金瑛, 正衛・兵部卿 金靈祐等 允[129]送眞影 使兼營齋設若[130]□□□□□□□ /遂使飾之禮著矣 尊師之道焯焉.

大師 立性純樸 抱氣英奇 眼點珠明 骨聯金細 汪汪焉波[131]澄萬頃 磊磊若嶽聳千尋 每以勸勵學徒 語簡旨遠 故或問曰 "不離左右 猶有不識者 何" 師云, "我也 不識闍梨" 問 "彼此不相識時 如何" 師云"東西不□[132]□" "□/成一處 活"[133] 師云 "暘[134]日轉高 後代何憂" 其所謂簡遠多 此類也 豈土木之

---

122) 壤 : 『총람』에는 '壞'.
123) 吊以書□□□ : 『전문』에는 '吊以書'만 있음. 『총람』에는 '□□□□□□□'.
124) 賻以穀及茗辥 : 『총람』에는 '□□□□茗辥', 『금석원』에서는 '茗'이 '名'.
125) 號 : 『금석원』에는 '号'.
126) 巖 : 『전문』에는 '嵒'.
127) 影 : 『총람』에는 '彰'.
128) 鋪 : 『전문』에는 '舖'.
129) 允 : 『총람』에는 '充'.
130) 若 : 『총람』에는 '□'.
131) 波 : 『총람』에는 '陂'.
132) □ : 『전문』・『금석원』에는 '辶'.
133) 師云東西不□□□成一處活 : 『총람』에는 '師云東西不□□□□□□□□成一處活'.
134) 暘 : 『전문』에는 '陽'.

形骸 無毫氂135)之差錯 所稟護犯一無缺遺. 故得年漸逼於桑榆 身轉輕於黎136)累 或當盥浴坐在盆137)中 宛若浮瓢未嘗潛沒 又衲衣壞138)獘139) 縱不澣濯140) 體141)無所癢142) 蟣蝨不生. 若此已來 殆餘四紀143) 嘗於微144)/時夢145) 坐于三層石浮圖上者 衆中有解者云"大師 必見三度加號 爲萬乘師事矣" 聽者歎驚 來如墻進 尋時致賀 後實果焉 及臨滅時 寺之東峯西嶺 蒼栢寒松色變慘凋 侔於鵠樹 又山之北面 無故崩墜 約百餘丈高 亦有於兎 從東南繞寺146) 行過悲鳴147) 長皐148) 聲149)/動溪洞 聯150)於晝夜 靡有斷絶 洎門下僧表 請 樹碑紀績151) 耀于不朽. 上許之 乃爲石版 可者尤難 命於南海之濱・汝湄縣 掘152)取以船運

135) 氂 :『총람』에는 '釐'.
136) 黎 :『총람』에는 '黍'.
137) 盆 :『전문』에는 '盈'.
138) 壞 :『총람』・『금석원』에는 '故'.
139) 獘 :『금석원』에는 '弊'.
140) 澣濯 :『총람』・『전문』에는 '瀚濯'.
141) 體 :『전문』에는 '軆 '.
142) 癢 :『금석원』에는 '食'.
143) 殆餘四紀 :『총람』에는 '殆餘□□'.
144) 嘗於微 :『총람』에는 '□□□□'.
145) 嘗於微時夢 :『총람』에는 '□□□□時夢'.
146) 從東南繞寺 :『총람』에는 '從東南㠁繞寺'.
147) 行過悲鳴 :『총람』에는 '行□□□'.
148) 長皐 :『총람』에는 '□□'.
149) 聲 :『총람』에는 '□'.
150) 聯 :『전문』에는 '聠'.
151) 積 :『총람』에는 '蹟'.
152) 掘 :『금석원』・『전문』에는 '堀'.

至算[153]其勞費 何翅[154]千萬裁及使人到彼[155] 議役興功 門人忽於本山之麓 掘獲石版 狀甚高闊 色惟靑白 不煩瑑磨 苟無瑕玷無煩人[156]/ 功雅符神 授具以表 聞上 乃悅許此者 以今寺內有故禪師法碣 是新羅末 前[157]進士姓崔[158]名致遠者 所撰文 其石亦自南海而至 今多說役使 興譏故也.

大師 在世之時 奇祥秘說 縱使書之竹[159]竭 南山硏之波乾 東海豈能備 言而具載矣 臣夢游[160] □□□/術 學寡雜聰 謹[161]奉綸言 莫抗固辭之禮 覬彰碩德 輒[162]書直筆之詞 而乃嚮碧沼以傾蠡 雖[163]迷深淺 仰靑天而測[164]管 莫究星辰 語類寒蟬 行同跛鼈 苟任抽毫之寄黐 招傷手之憂謹.[165]

爲銘曰

無上之法 不二而傳

月影難掬 露珠莫穿

---

153) 算 :『금석원』에는 '筭'.
154) 翅 :『전문』에는 '翅'.
155) 使人到彼 :『전문』에는 '人'이 하나 더 있음.
156) 苟無瑕玷無煩人 :『총람』에는 '苟無瑕□□□□'.
157) 前 :『금석원』에는 '見'.
158) 姓崔 :『금석원』·『총람』에는 '崔姓'.
159) 竹 :『전문』에는 '翻'.
160) 臣夢游 :『총람』에는 '臣夢□'.
161) 謹 :『총람』·『금석원』에는 '謬'.
162) 輒 :『총람』에는 '□'.
163) 雖 :『총람』·『금석원』에는 '空'.
164) 測 :『총람』에는 '側'.
165) 謹 :『금석원』에는 '乃'.

信衣爰授　智炬迺燃[166]
光明/有赫[167]　照耀無邊
非動非靜　何後何先
誰其覺者　我大師焉
靈資太一　誕叶半千
志探龍頷　身泛驪淵
雲遊華夏　浪跡幽燕
淸凉山畔　妙德堂前
瞻龍種聖　企鷄足禪
仰石霜諸　承谷山緣
入室覩奥　問道探玄
游眞如海　扣般若船[168]
方廻征棹　偶値戎煙
鶴歸有所[169]　遯跡/多年[170]
曁平寇壘　大闢[171]僧田
倚賴罔極　鑽仰弥堅
道贊[172]四主　名占一賢

---

166) 智炬迺燃 : 『총람』에는 '智炬□□'.
167) 光明有赫 : 『총람』에는 '□□有赫'.
168) 船 : 『전문』에는 '舩'.
169) 鶴歸有所 : 『총람』에는 '鶴歸□□'.
170) 遯跡多年 : 『총람』에는 '□□□□'.
171) 闢 : 『총람』·『금석원』에는 '闡'.
172) 贊 : 『총람』에는 '鑽'.

恩流朝野　德及人天
吾皇避席　禮甚袒肩
實供四事　何暇[173]九筵
跳出京輦　歸臥雲泉
秋溪月浸　曙洞霞塡
隨身甁錫　滿眼山川
問訊往復　傳驛聯翩
法唯常住　化乃俄遷
慈室壞[174]矣　慧柯缺焉/[175]
山變蒼栢[176]　池慘白蓮
碑撑石巘　塔聳巖巓
斯文不朽　永耀蓬壖/

乾德 三秊歲在乙丑 五月 辛未朔 二十一日 辛卯立
彫割業僧 臣 暹律 奉勅 刻字

(원문교감 : 이인재)

---

173) 暇 : 『총람』·『금석원』에는 '假'.
174) 壞 : 『전문』에는 '壤'.
175) 慧柯缺焉 : 『총람』에는 '慧柯缺□'.
176) 山變蒼栢 : 『총람』에는 '□□蒼栢'.

21. 星州石佛坐像背銘

1. 자료의 개요

1) 세운 시기 : 建德 5년(高麗 光宗 18, 967) 3월 10일
2) 있는 곳 : 영남대학교 박물관
3) 현상태 : 字徑 약 4cm

2. 교감자료

黃壽永 編, 1981, 『韓國金石遺文』(제3판), 一志社, p.255
許興植 編, 1984, 『韓國金石全文』, 亞細亞文化社, pp.390~391

3. 원문교감

[乾]德五[1]年丁卯三月十日
□石□成內[2]□
兩柱□大和上在
位[3]光和上鑄[4]□

---

1) 五 : 『유문』에는 □(五?).
2) 內 : 『유문』에는 內(?).

□和上供養

村合任成之

(원문교감 : 김영미)

3) 位 :『유문』에는 位(?).

4) 鑄 :『유문』에는 鑄(?).

22. 丹城斷俗寺眞靜大師碑

1. 자료의 개요

1) 찬자, 서자, 각자 : 미상

2) 시기 : 開寶 8년(高麗 光宗 26, 975)

3) 있는 곳 : 원래 비는 慶尙南道 山淸郡 丹城面 雲里 斷俗寺址에 있었으나, 현재는 碑片만이 국립중앙박물관에 소장되어 있다

4) 규모

① 가로 : 9.7cm ② 세로 : 7.3cm

③ 글자크기 : 2.1cm ④ 서체 : 楷書

⑤ 현상태 : 현재는 비편만이 남아 있어 비의 首題를 전혀 알 수 없는데, 『총람』에는 '丹城斷俗寺眞定大師碑', 『전문』에는 '丹城斷俗寺眞靜大師碑'로 되어 있다.

2. 교감자료

朝鮮總督府 編, 1917, 『朝鮮金石總覽』上, 亞細亞文化社, p.215

許興植 編, 1984, 『韓國金石全文』中世上, 亞細亞文化社, p.401

3. 참고문헌

翰林學士 金股舟 撰, 『梵宇攷』, 晋州 斷俗寺

4. 원문교감

□[1]山斷俗

(원문교감 : 김인호)

1) □ : 『전문』에는 없음.

23. 高達院元宗大師慧眞塔碑

1. 자료의 개요

1) 찬자 : 金廷彦
   서자 : 張端說
   각자 : 李貞順
2) 시기 : 본문은 975년(光宗 26), 음기는 977년(景宗 2)
3) 있는 곳 : 원래는 京畿道 驪州郡 北內面 上橋里 高達寺址에 있었으나, 현재는 국립중앙박물관에 소장되어 있다
4) 규모
   ① 높이 : 281.8cm ②폭 : 160.6cm ③두께 : 33.3cm
   (『서울金石文大觀』에는 각각 325cm, 162cm, 30cm로 나옴)
   ④ 42행×70자 내외
   ⑤ 글자크기 : 본문 2.1cm, 제액 6.1cm ⑥ 서체 : 해서체
   ⑦ 현상태 : 1916년에 무너졌으며, 현재 국립중앙박물관에는 여덟 조각이 난 비신만 남아 있고, 귀부와 이수는 고달사지에 있다. 井間 안에 글자를, 사면 테두리에는 인동초 무늬를 각각 음각하였다.
5) 자료의 의의 : 고려 광종대 불교계의 동향을 파악하는 데 필요한 자료이다.

2. 자료의 구조

1) 제액, 찬자, 서자

2) 서

① 도입 : 觀夫 ~ 大師其人也

② 가계와 탄생연기 : 大師尊稱 ~ 誕生

③ 출가와 수행과정 : 大師善芽尙早 ~ 只在心心而已

④ 중국유학 : 大師以爲凡志於道者 ~ 得摩尼之寶珠也

⑤ 귀국과 교화활동 : 迺以鵬必變於天池 ~ 是仁方不變之時

⑥ 입적과 입비 과정 : 大師迺言曰 ~ 遂爲銘云

3) 명 : 大哉妙覺 ~ 龍頤曷遘

4) 입비 시기와 각자

5) 음기

3. 元宗大師(869~958) 연보

諱 璨幽, 字 道光. 俗姓 金氏, 鷄林 河南人.

父 容(倉部郎中, 長沙縣令 역임), 母 李氏.

六祖慧能 ─┬ 南嶽懷讓 ─ 馬祖道一 ─ 章敬懷暉 ─ 慧目玄昱 ─ 鳳林審希 ─┬ 璨幽
　　　　　└ 靑原行思 ─ 石頭希遷 ─ 丹霞天然 ─ 翠微無學 ─ 投子大同 ─┘

1세	경문왕 9	869	4월 4일 출생
13세	헌강왕 7	881	尙州 公山 三郎寺의 融諦禪師에게 갔다가, 그의 지시로 融諦의 스승인 慧目山 審希에게 출가함
22세	진성여왕 4	890	三角山 莊義寺에서 具足戒를 받음 審希를 따라 光州 松溪禪院으로 감
24세	진성여왕 6	892	당나라에 유학하여 投子山 大同和尙에게 수학함. 이후 명산고적과 선지식을 찾아 유람생활을 함
53세	경명왕 5	921	康州 德安浦로 귀국. 鳳林寺로 가서 審希를 만남 그의 지시로 三郎寺에 머무름

56세	경애왕 1, 태조 7	924	스스로 개경으로 가서 태조를 만남 왕명으로 廣州 天王寺에 머무름 慧目山으로 돌아와서 선풍 진작에 주력함
75~81세	혜종~정종대	943.5~949.3	혜종과 정종의 후의를 받음
81세 이후	광종대 전반	949.3~	證眞大師로 책봉됨 개경의 舍那院, 天德殿에서 왕과 대신에게 설법 國師로 책봉받고, 각종 佛具를 하사받음
?			慧目山으로 물러나 제자 교육에 진력함
90세	광종 9	958	8월 20일에 입적. 나이 90, 승납 69 시호 元宗大師, 탑호 惠眞
	광종 22	971	10월에 高達院이 3대 不動寺院으로 지정됨
	광종 26	975	10월에 비석을 세움
	경종 2	977	혜목산 서북 언덕에 탑을 세움

4. 교감자료

「元宗大師慧眞之塔碑銘」 규장각 소장, 古12548

「高達寺元宗大師慧眞塔碑」 규장각 소장, 奎28065

朝鮮總督府 編, 1916, 『大正五年古蹟調査報告』

李能和, 1918, 『朝鮮佛敎通史』 上篇, pp.175~182 * 음기는 없음

朝鮮總督府 編, 1919, 『朝鮮金石總覽』 上 ; 1976, 亞細亞文化社, pp.207~215

忽滑谷快天, 1930, 『朝鮮禪敎史』, p.131

關野貞, 1932, 『朝鮮美術史』, p.160

葛城末治, 1935, 『朝鮮金石攷』, pp.346~352

許興植 編, 1984, 『韓國金石全文』 中世上, 亞細亞文化社, pp.391~401

서울특별시 編, 1987, 『서울金石文大觀』, pp.121~137

李俁 編, 『大東金石書』, p.45

『三韓金石錄』 * 목록만 수록

鮎貝房之進, 『雜攷』 6輯 上

『朝鮮古蹟圖譜』6

5. 참고문헌

葛城末治, 1934, 「高達院址の逸名龜趺と浮屠に就いて」『靑丘學叢』17

6. 원문교감

慧目山高達禪院國師元宗大師之碑

高麗國廣州慧目山高達院故國師制贈謚元宗大師慧眞之塔碑銘幷序

光祿大夫 太丞 翰林學士 內奉令 前禮部使參[1]知政事監修國史 臣 金廷彦 奉制撰

奉議郎 佐尹 前軍部卿兼內議承旨舍人 臣 張端說 奉制書幷篆額

觀夫 日出扶桑 作人間之瞻仰 佛生天竺 爲世上之歸依 俾君子之邦 學法王之道, 所謂 道非心外 佛在身中. 故得道之尊爲導師 德之厚爲慈父. 爰因象跡 遂示它心 光如水/上之蓮 皎若星中之月, 實大師其人矣.

---

1) 參 : 『총람』에는 '叅'.

大師 尊稱璨幽 字道光 俗緣[2]金氏 鷄林河南人也. 孫孫著族 代代名家 尊祖清規[3] 敬宗芳蹟 刪而不記 遵釋宗矣. 考諱容 白虹英氣 丹穴奇姿 含霞/綺之餘光 振霜鍾[4]之雅韻[5]. 遂起家 爲倉部郎中, 無何 出爲長沙縣令. 百里行春之化 花縣騰[6]芬 九重向日之心 葵園著美. 朝野因而倚賴 鄕閭所以瞻依. 妣李氏 婦德聿修 母儀富有. 夢有一神人 告之曰,/ "願言 爲母[7]爲子 爲佛爲孫 故託妙緣 敬敷慈化." 以爲得殊夢 因有娠. 愼出身文 奉行胎敎. 以咸通十年 龍集己丑 四月四日 誕生.

大師 善芽尙早 妙果不遲. 年甫十三 遂言於父曰, "雖乏惠柯 祇[8]期覺樹." 父因謂曰, "吾縱葉瞳者 嘗見汝善根也. 汝宜孜孜 培之 修勝果而已." 大師 以邂逅適願 卽落髮出家. 伏承 尙州 公山 三郎寺 融諦禪師 論道玄玄 化人赫赫 願爲弟子 遙詣禪 師. 禪師若/曰, "格汝 見今日之來儀 認他時之利見. 吾宗 禪和 尙 法號審希, 眞一佛出世 爲東化主 見在慧目山, 汝宜往 師事 之." 大師 以是吾師也 適我[9]願兮 得不時然後行 利有攸往. 便

2) 緣 : 『전문』에는 '姓'.
3) 規 : 『대관』에는 '規'.
4) 鍾 : 『전문』·『대관』에는 '鐘'.
5) 韻 : 『전문』에는 '韵'.
6) 騰 : 『전문』에는 '勝'.
7) 母 : 『총람』에는 '毋'.
8) 祇 : 『전문』에는 '祗'.
9) 我 : 『총람』에는 '吾'.

詣慧目 允叶服膺 增/修學道之心 倍勵習禪之志. 未幾 精窮妙理 高悟玄機, 行覺路以雖通 仗律儀而斯在. 年二十二 受具於楊州三角山莊義寺. 於是 忍草抽芽之後 戒珠瑩色之初 尙以問道忘疲 尋師靡懈. 時本師移[10]住/光州松溪禪院. 大師 遠携笻杖 特詣松溪 申禮足之素衷 謝鑄顔之玄造. 師謂曰, "白雲千里萬里 猶是同雲 明月前溪[11]後溪 嘗無異月. 爰因識識 只在心心而已."

大師 以爲凡志於道者/ 何常師之有. 迺告以遠遊泛覽. 師因謂曰, "它心莫駐 迅足難留, 吾於子驗之." 笑而聽去. 大師 以道之云遠 行之則是, 迺出山并海 覗西汎之緣. 景福元年 春 適有商舶入漢者 遂寄載而西. 卽以/望雲水以從心 指烟[12]霞而抗[13]跡, 僧之眞者必詣 跡之古者必尋. 遂往舒州 桐城縣 寂住山 謁投子禪和尙 法號大同, 是石頭山法孫 翠微無學大師之嫡胤也. 見大師 蓮目殊姿 玉毫異相 乃曰, "其/有東流之說 西學之求者 則可以與言道者 唯子矣". 大師 於是 悟微言於舌底 認眞佛於身中 豈止於承善逝之密傳 奉淨名之默對而已矣. 大師將辭[14]投子和尙, 因謂/曰, "莫遠去 莫近[15]去." 大師答[16]云,

---

10) 移 :『총람』·『古12548』·『전문』에는 '迻'.
11) 溪 :『총람』·『古12548』·『전문』에는 '谿'.
12) 烟 :『총람』·『古12548』에는 '煙'.
13) 抗 :『전문』에는 '抗'.
14) 辭 :『古12548』에는 '辤'.
15) 近 :『전문』에는 '遠'.

“雖然非遠近 要且不停留.” 和尙曰, “旣驗心傳 何須[17]目語.” 尒後 旁求勝友 歷謁高師 或索隱於天台 或探玄於江左 入眞如之性海 得摩尼之寶珠也.

迺以鵬必變於天/池 鶴須歸於遼海 有始有卒 念玆在玆. 適値本國歸舟 因而東棹. 貞明七年[18] 秋七月 達康州德安浦 逕詣鳳林 歸覲眞鏡大師. 師曰, “適當今日 深喜相逢.” 別飾[19]禪堂俾昇譚座 聽西訪之眞法 慶東歸之/妙緣. 從[20]容謂曰, “人有老少 法無先後. 尒其佩如來之密印 演迦葉之秘宗, 宜住三郎寺爲禪伯矣.” 大師應奉而住.

更三冬 迺以爲當寺誠樂道之淸齋 乃安禪之勝踐, 尙以鳥則擇木 吾豈包瓜[21]. 伏聞/ 我[22]太祖神聖大王 懷斗膺期 握褒啓聖革[23]夏受顧天之命 載周興出日之邦. 遂乃片月遊空 孤雲出岫. 彼蒼龍濟浪 本無憑筏之心 丹鳳沖虛 猶有栖梧之志. 遠携藜[24]杖 逕[25]詣玉京 遂入[26]覲太祖大王. 大王以大師玄道周行 法身

16) 答 :『전문』에는 ‘荅’.
17) 須 :『총람』에는 ‘湏’.
18) 年 :『古12548』에는 ‘季’.
19) 飾 :『전문』에는 ‘飭’, 『총람』·『古12548』에는 ‘餝’.
20) 從 :『총람』·『古12548』에는 ‘縱’.
21) 瓜 :『전문』에는 ‘包’자가 없음.
22) 我 :『전문』에는 ‘褒我’.
23) 革 :『전문』에는 ‘華’.
24) 藜 :『전문』에는 ‘黎’.
25) 逕 :『전문』에는 ‘遙’.

圓對, 乃[27]請住廣州天王寺, 遂從之住焉. 居則化矣 而以慧目山乃霞嶠偏宜於宴坐 雲溪甚愜於禪居 移[28]而住焉. 於是 四達[29]問津者 視千里猶跬步 如雲來/者 似海納之, 莫不犇馳善道以憧憧 出入玄門而濟濟. 太祖方當際會 欲表因緣 送霞衲衣弁座具. 未幾 太祖天崩杞國 日入虞泉. 念善始之芳因 引餰[30]終之玄路.

惠宗大王 踐阼思恭 奉先追孝 興仁化俗 重佛尊僧 贄以茗舂[31]弁紋羅法衣. 大師啓以佛心 陳之神力. 越三年 恭王昇遐, 定宗大王 統承寶業 瞻仰眞風 送雲衲[32]袈裟 磨衲法衣./ 大師深喜 聖朝聿興佛事, 豈悟遽宮車於雲闕 俄脫屣於人寰.

今上當璧承基[33] 垂[34]衣理國 握鏡炤龍邦之俗 吹篪弘鷲嶺之風 益顯聖功 增崇/佛化. 大師演心王之妙訣 宣覺帝之微言 朗鏡忘疲 洪鍾待扣, 衆學有稻麻之列 朋來成桃李之蹊. 上乃信向心深 欽承志至 遂奉師號爲證眞大師. 仍遣道俗重使 遽飛芝檢/徵赴金城. 大師以爲道之將行 時不可失 念付囑故 吾其往矣, 遂出虎溪 特詣龍闕. 於是 雪眉淸衆 鷺序群英 瞻法眼以珠聯對慈顔以環仰 送至王城舍那院. 翌日/ 上幸舍那院 謝曰, "弟

26) 入 : 『전문』에는 '人'.
27) 乃 : 『총람』·『전문』·『대관』·『古12548』에는 '艿'.
28) 移 : 『총람』·『古12548』·『전문』에는 '迻'.
29) 達 : 『총람』에는 '遠'.
30) 餰 : 『총람』·『古12548』에는 '舂', 引餰을 『전문』에는 '列餝'.
31) 舂 : 『전문』에는 '舂'.
32) 衲 : 『총람』·『古12548』에는 '□'.
33) 基 : 『전문』에는 없음.
34) 垂 : 『전문』에는 없음.

子望東林以[35]引領 向南澗以傾心 師尊隨機如颺谷之聲 赴感[36]似月潭之影. 瞻依更切 鑽仰弥深." 越三日 於重光殿 開法筵及乎曳以金襴 昇於紫殿, / 上覩菓脣而禪悅 奉蓮眼以精誠 爲其環區[37]申避席之儀 擧國展書紳之志, 三歸勵切[38] 十善增修. 乃至 芥噎城空 衣磨石盡 必也 見聖之良因不歇 爲師之美道無窮. 卽以服冕/ 奉爲國師 虔虔[39]結香火之緣 慥慥結師資之禮, 仍獻踏衲袈裟 磨衲褉 幷座具 銀甁 銀香爐 金釦瓷鉢 水精念珠. 大師 潭心有月 嶽頂無雲 一心宣妙覺之風 千眼示大慈之化. 上乃大喜曰, "弟子 聽玄言而達道 承妙旨以知微. 奉以周旋不敢失墜." 迺於天德殿 高敞法筵 傾願海之千波[40] 爇心香之一炷[41]. 大師纔麾麈尾 乍動龍頤 有僧問 "如何是向上一路." 大師曰, "不/從千聖得." 又問 "旣不從千聖得 從上相傳 從何而有" 大師曰, "只爲不從千聖得 所以從上相傳" 又問 "与磨[42]卽二祖不望西天 達摩不到唐土." 大師曰, "雖不從千聖得達磨[43]不虛過來." 於是 人天感/應 賢聖喜歡 花雨飛空 檀烟[44]

---

35) 以 : 『古12548』에는 '而'.
36) 感 : 『전문』에는 '颺感'.
37) 區 : 『전문』에는 '珠'.
38) 勵切 : 『총람』·『古12548』에는 '益勵'. '三歸勵切'을 『전문』에는 '三區歸益切'.
39) 虔虔 : 『전문』에는 '處處'.
40) 傾願海之千波 : 『전문』에는 '偕願海之天'.
41) 爇心香之一炷 : 『전문』에는 '爇茶心香之一炷'.
42) 磨 : 『총람』·『古12548』에는 '摩'.
43) 磨 : 『총람』에는 '摩'.

蔽日, 彼摩騰赴漢 僧會遊吳 其奉佛之大功 歸僧之專媺 無以加也. 所謂 四方咸賓 萬世永賴 當慧日再中之際 是仁方丕變之時.

大師迺言曰, "老僧 年迫桑榆 齒衰蒲柳, 但願往松門而休足向金闕而[45]歸心而已." 上雖戀慈顔 祇[46]遵玄旨 望象[47]軒而目送 瞻鴈刹以心傾. 尒後馳星騎以傳情 飛宸[48]翰而寫懇. 迺製誦[49]德詩 寄獻曰, "慧日高縣[50]曜[51]海鄕 眞身寂寂現和光 貝中演法開迷路 鉢裏[52]生蓮入定場 一唱[53]成音收霧淨 二門離相出塵凉 玄關遠隔山川外 恨不奔波謁上房." 仍贄之 以烏[程][54]芳蒳 丹徼名香, 用表信心 遙祈法力. 大師自辭天闕 却到雲山烟[55]蘿更叶於棲[56]遲 水石偏宜於枕漱, 心無限矣 志有終焉. 於是 擁毳者風趨[57] 攝齋者雲萃. 大師 色空雙泯 定慧[58]俱圓 行

44) 烟 : 『총람』·『古12548』에는 '煙'.
45) 而 : 『총람』·『古12548』에는 '以'.
46) 祇 : 『총람』에는 '祗', 『전문』에는 '秖'.
47) 象 : 『전문』에는 '祇象'.
48) 宸 : 『총람』·『古12548』에는 '仙'.
49) 誦 : 『총람』에는 '講'.
50) 縣 : 『총람』·『古12548』에는 '懸'.
51) 曜 : 『대관』에는 '燿', 『전문』에는 '耀'.
52) 裏 : 『총람』에는 '裡'.
53) 唱 : 『전문』에는 '喝'.
54) 烏程 : 『총람』·『전문』·『대관』에는 '烏裎'.
55) 烟 : 『총람』·『古12548』에는 '煙'.
56) 棲 : 『총람』·『古12548』에는 '栖'.

至道於山中 施玄功於宇內 則何異 佛者覺也 神而化之矣.

顯德五年 歲集敦牂 秋八月 月缺五日 大師將化往 盥浴訖 房前命衆 悉至于庭. 迺遺訓曰 "萬法皆空 吾將往矣 一心爲本 汝等勉旃 心生法生 心滅法滅. 仁心卽佛 寧有種乎. 如來正戒 其護之勖59)之哉." 言畢入房 儼然趺坐60) 示滅於當院禪堂. 於戱 應東身者 九十春 服西[戎]61)者 六十九夏. 虎溪聲咽 鵠樹色憂 門生銜安仰之悲 山世62)起其萎之歎. 緇白士女63) 擗踴慟哭 聲振谷. 翌/日 奉遷神座於慧目山龕64) 覩顔色如生 權施石戶封閉. 上聞之 慨禪月之早沈 嗟覺花之先落. 降之星使 弔65)以鵠書 追謚元宗大師 塔號66)惠眞 敬造眞影一幀67). 仍令國工 功68)/石封層冢. 門人等 號奉色身 竪塔于慧目山西北崗 遵像法也.

大師 心燈有焰 定水無波 智慧海融 慈悲雲覆 學佛悟禪之德行 降魔鎭俗之威稜. 西遊顯顯之功 東化69)巍巍之法 遂使盤/桃

57) 趨 : 『총람』·『古12548』에는 '赱'.
58) 慧 : 『총람』·『전문』에는 '惠', 『古12548』에는 '専'.
59) 勖 : 『총람』·『전문』에는 '勗', 『古12548』에는 '罷'.
60) 坐 : 『古12548』에는 '踐'.
61) [戎] : 『총람』·『전문』·『대관』에는 '戒'.
62) 山世 : 『전문』에는 '山老'.
63) 緇白士女 : 『전문』에는 '緥白世緇士女'.
64) 龕 : 『전문』에는 '顔'.
65) 弔 : 『총람』에는 '吊'.
66) 號 : 『古12548』에는 '号'.
67) 幀 : 『총람』·『古12548』·『전문』에는 '簎'.
68) 功 : 『총람』·『古12548』에는 '攻'.

潤色 若木70)生光, 其聖功也 不可以知71)知 其神化也 不可以識識. 然猶法身無像 必因像而宣功 道體無言 必因言而示教, 盍因妙有 以驗眞空. 厥有大弟子 兩街僧摠72) 三重大師 昕弘等 法苑鯨鍾 /禪門龜鏡 踵慈軒73)之往轍74) 繼法矩75)之餘輝, 喟然歎曰 "雖然秘說銘心 若不奇蹤刻石 則何76)以表一眞之法盡可有矣". 於是 狀大師行 覬大君恩 請幼婦之文辭 紀吾師之德業./ 制曰 "可", 乃命翰林學士 臣金廷彦曰 "故國師慧目大師 行高雲外77) 福潤人間 汝宜鴻筆書勳 玄碑紀茂." 臣澶汗四匝 拜稽首曰 "臣夜繩易惑 空縷難分 以淺近之麽78)才 紀玄微之景行, 其猶蟾宮攬月 驪海探珠矣. 設使蒼天倚杵之時 碧海寨裳之際 所望玄功可久 妙蹟猶存." 因敢美盛德79)之形容 庶有補於將來僧史 重宣其義. 遂爲銘云./

大哉妙覺 邈矣眞宗, 玄玄示化 默默宣風.

69) 東化 : 『古12548』에는 '東化熖'.
70) 若木 : 『총람』·『전문』에는 '若水'.
71) 知 : 『총람』·『古12548』에는 '智'.
72) 兩街僧摠 : 『전문』에는 '摠'이 아니라 '統'. 『총람』·『古12548』에는 '摠'.
73) 軒 : 『전문』에는 '井'.
74) 轍 : 『총람』에는 '徹'.
75) 矩 : 『전문』에는 '炬'.
76) 何 : 『전문』에는 '嘆'.
77) 外 : 『전문』에는 '水'.
78) 麽 : 『전문』에는 '魔'.
79) 盛德 : 『전문』에는 '盛聖德'.

眞有非有 眞空不空, 蓮開水上 月出星中.
溥率見之 人天仰止, 注意玄河 歸心佛理.
味之禪悅 飫以法喜, 誰其有之 唯[80]我師矣.
蔚爲將聖 欽若空王, 傳心寂住 抗[81]跡輝光.
乘杯泛泛 捨筏堂堂, 去傳迦葉 來化扶桑.
佛日再中 法雲丕冒, 邦國師資 君臣邂逅.
可料禪庭 俄傾[82]惠搆, 鷄足潛輝 龍頤曷遘./

開寶八年 龍集淵獻[83] 十月 日立 刻字李貞順

【陰記】

乾德九年[84] 歲次辛未 十月 二十一日 於元和殿 開讀/大藏經時,/ 皇帝陛下 詔曰“國內寺院 唯有三處 只留不動, 門下弟/子 相續住持 代代不絶 以此爲矩.” 所謂 高達院 曦陽/院 道峰[85]院 住持三寶[86] 須憑國主之力 所以/釋迦如來出世 道佛法付囑國王大臣. 是以/我皇帝陛下 情深敬重 釋門妙理 共結良因

80) 唯 : 『전문』에는 ‘惟’.
81) 抗 : 『전문』에는 ‘抗’.
82) 傾 : 『전문』에는 ‘頃’.
83) 淵獻 : 『전문』에는 ‘淵默’.
84) 年 : 『古12548』에는 ‘秊’.
85) 峰 : 『총람』에는 ‘峯’.
86) 寶 : 『古12548』·『奎28065』에는 ‘□’.

軌矩恒流./

門下弟子 道俗等 姓名 如後

重大師同[87]光 重大師幸近 大師傳印 大德金鏡/ 三重大師訓善 重大師俊解 大德勝演 大德義光/ 大師全狀 大德僧奇 幸希和尙 幸海和尙 幸位和尙/ 僧摠戒定 大統談弘 大德幸吉等 五百餘人/

三剛典/ 院主僧孝安 典座僧幸崇 直歲僧法元 維那僧幸溫/

門下刻字僧 幸言 慶然 宗能 廣規/

塔名使/ 太相神輔 副使佐尹令虛/

送葬使/ 正輔信康 副使佐尹圭康/

齋使/ 元尹守英 祿僧史英順/

修碑使[88]/ 卿圭凝 直務憲規/

掌持筆硯官 眞書左直學生李弘廉/

石匠 仍乙希/

始丙寅年 郢工碑塔 終至丁丑年 功畢也/

院主僧孝安/

典座僧幸崇/

維那僧幸溫/

直歲僧法圓/

(원문교감 : 남동신)

87) 同 :『총람』에는 '仝'.

88) 修 :『奎28065』에는 '□'.

24. 廣州校山里磨崖藥師像

1. 자료의 성격

1) 시기 : 太平興國 2년(高麗 景宗 2, 977)

2) 있는 곳 : 京畿道 廣州郡 東部邑 校山里 藥師谷 善法寺

3) 규모

① 높이 : 불상 전체 높이 93cm, 坐高 43cm

② 폭 : 무릎폭 41cm, 어깨폭 22cm

③ 3행×28자　　④ 글자크기 : 4~5cm　　⑤ 서체 : 楷書

⑥ 현상태 : 경기도 무형문화재 第59호로 지정되어 있다. 글씨는 마애약사상 왼편에 얕고 가늘게 음각되어 있는데, 線刻에 가깝다.

4) 내용 : 오래된 마애약사상을 중수하면서 景宗(975~981)의 장수를 기원하였다.

2. 교감자료

黃壽永 編, 1976,『韓國金石遺文』, 一志社, pp.255~256

李蘭暎 編, 1979,『韓國金石文追補』, 亞細亞文化社, p.53

許興植 編, 1984,『韓國金石全文』中世上, 亞細亞文化社, p.411

3. 참고문헌

李弘稙, 1960,「京畿道 廣州郡 東部面校里磨崖佛銘」『考古美術』1-2
(통권 2)

4. 원문교감

太平二年 丁丑 七月 卄九日, 古石
佛在如賜乙 重脩, 爲今上
皇帝萬歲願.

(원문교감 : 남동신)

25. 普願寺法印國師寶乘塔碑

1. 자료의 개요

1) 찬자 : 金廷彦(光祿大夫 太丞 翰林學士 前內奉令)
   서자 : 韓允(儒林郎 司天臺 博士)
   각자 : 金承廉

2) 시기 : 太平興國 3년(高麗 景宗 3, 978) 4월

3) 있는 곳 : 忠南 瑞山市 雲山面 龍賢里 普願寺址

4) 규모

   ① 비신 높이 : 240cm ② 폭 : 116.5cm ③ 두께 : 29cm[1)]

   ④ 46행×99자 ⑤ 글자크기 : 제액 4cm, 비문 1.5cm

   ⑥ 서체 : 제액 篆書, 비문 歐陽詢流 楷書

   ⑦ 현상태 : 螭首와 龜趺를 갖추고 있으며, 碑身은 앞면 하단부 세 곳 정도가 剝落되었다. 碑文은 박락된 부분과 아래의 마멸된 일부를 제외하고는 판독에 어려움이 없을 정도로 비교적 상태가 좋은 편이다. 題額 또한 잘 남아 있다. 장중한 느낌을 주는 巨碑이며 이수의 상부에 龍淵을 파고 용이 사방에서 모이도록 한 조각은 매우 특이한 예이다. 보물 제106호이다.

---

1) 비신 높이・폭・두께의 치수는 趙東元 編著, 1981,『韓國金石文大系』2 圓光大出版部, p.48에 의거하였다.

2. 자료의 구조

1) 제액, 비제목, 찬자, 서자 : 迦耶山 ~ 臣韓允 奉制書 幷篆額
2) 서
   ① 도입 : 恭惟 ~ 實大師矣
   ② 가계와 탄생연기 : 大師 法號坦文 ~ 天欲曙誕生
   ③ 출가, 수행 : 大師 其胎逸頸而垂 ~ 於是乎在
   ④ 교화 : 同光紀曆 ~ 何殊布髮之迎
   ⑤ 입적, 입비과정 : 行至迦耶山寺 ~ 遂爲銘云
3) 명 : 大觀沙界 ~ 號天莫駐
4) 입비시기, 각자 : 太平興國三年 ~ 金承廉 刻字

3. 法印國師(900~975) 연보

法號 坦文, 字 大悟, 俗姓 高氏, 廣州 高烽人. 俗年 76, 僧臘 61. 追謚 法印, 塔名 寶乘. 祖 陟, 父 能, 母 田氏.

鄕山大寺 大德和尙 ┐
信嚴大德 ───────┼─法印坦文 ─傳法弟子 三重大師 靈撰・一光,
神朗 太大德 ─────┘　　　　　　大師 明會・芮林・倫慶・彦玄・弘廉,
　　　　　　　　　　　　　　　　大德 玄悟・靈遠・玄光・眞幸 등

1세	효공왕 4	900	8월 14일 출생
5세	효공왕 8	904	鄕山의 大德和尙에게 출가 鄕城山에 초막을 짓고 수년을 보냄. 聖沙彌라 불림
?			莊義寺 信嚴大德에게 華嚴經 배움
15세	신덕왕 3	914	莊義寺에서 具足戒 받음
?			高麗 太祖에 의해 別和尙이라 칭해짐
22세	태조 4	921	태조에 의해 海會(僧科)에서 問者(試官)가 됨
27세	태조 9	926	神明王后 劉氏가 임신하자, 태조의 요청으로 기도하여 光宗을 낳게 함. 이후 九龍寺로 이주하여 華嚴經을 講說함

28세	태조 10	927	別大德에 제수됨
35세	태조 17	934	淸泰(934~936) 初 태조의 청으로 西伯山 神朗太大德을 만나 華嚴을 논하여 神朗에게서 인정을 받음
43세	태조 25	942	秋 7월 鹽州와 白州가 메뚜기 피해를 입자 大般若經을 강설하여 물리침
44세	혜종 즉위	943	惠宗이 즉위하여 華嚴經 三本의 寫經을 마치고 天成殿으로 청하자, 九龍寺로부터 와서 講覽하고 慶讚佛事를 폄
46세	정종 즉위	945	定宗이 즉위하여 구룡사에 譚筵을 두고 法主를 삼자 (결자) 임금이 나라를 다스리는 데 복이 있기를 기원함
50세	광종 즉위	949	光宗이 즉위하여 청하자, 왕이 즉위한 현묘한 공을 널리 알리고 나라를 교화하는 묘법을 강설함. 왕을 위해 釋迦三尊金像을 조성함
54세	광종 4	953	봄에 佛舍利 3알을 얻어 탑을 만들어 임금의 수명을 연장하고 그의 교화를 도움
56세	광종 6	955	여름에 병이 듦 왕의 萬壽를 축원하기 위해 三尊金像을 조성함
69세	광종 19	968	왕이 대궐에 大藏經法會를 베풀고 청하자 개경에 감 9월 歸法寺가 중창되자 왕의 청으로 가서 머무름 10월 王師弘道三重大師가 됨
73세	광종 23	972	태자를 위하여 千佛道場에 들어가 기도하고 꿈에 감응하여 왕에게 청해 五百羅漢을 그려 安禪報國院에 안치함
76세	광종 26	975	春 정월에 故山 迦耶山으로 돌아가기를 청함. 國師에 책봉됨 개경을 떠날 때 왕·태자·백관의 배웅을 받음 문하승 20인이 좋은 田地 1천 頃과 佛奴 50인을 하사받음 迦耶寺에서 禪敎僧 1천여 인에 의해 영접을 받음 3월 19일 죽음. 迦耶山 西岡에 탑이 세워짐
	경종 초		法印이라 追諡되고 寶乘이라는 塔名을 받음
	경종 3	978	4월 탑비가 세워짐

4. 교감자료

趙東元 編, 1981,『韓國金石文大系』2, 圓光大出版部, p.49 *탁본
劉燕庭 編, 1832,『海東金石苑』上 ; 1976, 亞細亞文化社, pp.334~355
朝鮮總督府 編, 1919,『朝鮮金石總覽』上 ; 1976, 亞細亞文化社, pp.223~232

許興植 編, 1984,『韓國金石全文』中世上, 亞細亞文化社, pp.411~420

5. 참고문헌

忽滑谷快天, 1930,『朝鮮禪敎史』, 春秋社
葛城末治, 1935,『朝鮮金石攷』, 大板屋號書店
許興植, 1986,『高麗佛敎史硏究』, 一潮閣
金龍善, 1981,「光宗의 改革과 歸法寺」『高麗光宗硏究』(李基白 編), 一潮閣
金杜珍, 1983,『均如華嚴思想硏究 - 性相融會思想 - 』, 一潮閣
韓基汶, 1983,「高麗太祖의 佛敎政策 - 創建 寺院을 중심으로 - 」『大邱史學』22
金杜珍, 1985,「玄暉(879~941)와 坦文(900~975)의 佛敎思想 - 高麗初의 禪敎融合思想과 關聯하여 - 」『歷史와 人間의 對應 - 韓國史篇 - 』(高柄翊先生回甲紀念史學論叢刊行委員會 編), 한울
姜友邦, 1988,「統一新羅鐵佛과 高麗鐵佛의 編年試論 - 雲山面 鐵佛坐像과 普願寺址 丈六鐵佛坐像을 중심으로 - 」『美術資料』41 ; 1990,『圓融과 調和 - 韓國古代彫刻史의 原理 - 』, 悅話堂
崔柄憲, 1990,「高麗時代 華嚴宗團의 展開過程과 그 歷史的 性格」『韓國史論』20, 國史編纂委員會
金相鉉, 1991,『新羅華嚴思想史硏究』, 民族社
南東信, 1993,「羅末麗初 華嚴宗團의 대응과『(華嚴)神衆經』의 성립」『外大史學』5

6. 원문교감

迦耶山 普願寺 故國師 制贈謚 法印 三重大師之碑2)

高麗國 運州 迦耶山 普願寺 故國師 制贈諡 法印 三重大師 寶乘之塔碑 銘幷序

光祿大夫 太丞 翰林學士 前內奉令 臣金廷彦 奉制撰
儒林郎 司天臺 博士 臣韓允 奉制書 幷篆額

恭惟, 覺帝釋迦, 鵠樹昇遐之後, 儲君彌勒, 龍華嗣位之前, 代有其仁, 心同彼佛. 佛者, 覺也, 師而行之, 故使蒸棗海[3]隅, 引玄津而更廣, 蟠桃山側, 撝慧日以重光, 卽以道之尊爲王者師, 德之厚爲衆生父. 況乃釋氏三藏有六義[4], 內爲戒定慧[5], 禪之根/也, 外爲經論律, 敎之門也. 誰其全之, 實大師矣.

大師, 法號坦文, 字大悟, 俗緣高氏, 廣州高烽人也. 祖陟, 種德無疆[6], 成功有裕, 曾作一同之長, 果彰三異之芳. 父能, 花縣名家, 蘭庭茂族, 遂襲家風之慶, 蔚爲邑長之尊. 母田[7]氏, 唯修聖善之心[8], 願得神通之[9]子, 奉行/婦道, 愼守母儀. 魂交, 覩一

---

2) 題額은 『총람』·『전문』에는 있으나, 『금석원』에는 없음. 탁본에는 있음.
3) 蒸棗海 : 『전문』에는 '蒸□□'.
4) 義 : 『총람』에는 □, 탁본은 剝落.
5) 內爲戒定慧 : 『총람』에는 □□□□□, 탁본은 剝落.
6) 疆 : 『전문』에는 '彊'.
7) 田 : 『총람』에는 '白'.
8) 心 : 『총람』에는 □, 탁본은 剝落.
9) 願得神通之 : 『총람』에는 □□□□□, 탁본은 剝落.

梵僧, 授金色奇菓, 因有娠. 誕彌厥月, 父亦申夢, 法幢竪于中庭, 梵旆掛其上, 隨風搖曳, 映日翩飜, 衆人集其下, 觀者如堵. 乾寧七年, 龍集涒灘, 秋八月十四日, 天欲曙誕生.

大師, 其胎逵頸而垂, 如著[10]方袍, 生有奇骨[11], 弱無放言[12], 覩[13]金像以/虔心, 對桑門而合掌, 有以見其根殆熟, 善芽尙早. 年甫五歲, 情敦出俗, 志在離塵. 願託跡於緇門, 卽寄心於金界, 先白母[14], 母[15]念疇昔之夢, 泣曰, "詥. 願度來世, 吾不復撓倚門之念也." 已後謁父, 父喜曰, "善", 卽以落髮辭親, 修心學佛, 去謁鄕山大寺[16]大德和尙[17], 和尙/見大師鳳毛奇相, 螺髻殊姿, 因謂曰, "方當童稚之年, 旣飽老成之德. 如子者, 以吾爲師, 是猶守株待兎, 緣木求魚. 吾非汝師, 可往勝處."

大師, 方欲僧之眞者必訪, 跡之古者必尋, 會歸覲曰, "古老相傳, 鄕城山內, 有佛寺之墟, 昔元曉菩薩, 義想大德[18], 俱歷[19]居所/憩." 大師, 旣聞斯聖跡, '盍詣彼玄基, 以習善', 遂芨于其舊

10) 著 : 『총람』에는 '着'.
11) 骨 : 『총람』에는 □, 탁본은 剝落.
12) 弱無放言 : 『총람』에는 □□□□, 탁본은 剝落.
13) 覩 : 『총람』에는 □, 탁본은 剝落.
14) 母 : 『금석원』·『전문』에는 '毋'.
15) 母 : 『금석원』·『전문』에는 '毋'.
16) 鄕山大寺 : 『총람』에는 '鄕山□□', 탁본에는 '鄕□□□'.
17) 大德和尙 : 『총람』에는 '□□□尙', 탁본은 剝落.
18) 義想大德 : 『총람』에는 □□□□, 탁본은 剝落.
19) 俱歷 : 『총람』에는 □□, 『전문』에는 '俱應', 탁본은 剝落.

墟, 檻心猿, 枊[20]意馬, 于以休足, 于以齋心, 經歷數年, 時號之聖沙彌.

大師, 迺聞信嚴大德, 住莊義山寺, 說雜華者, 希作名公之弟子, 願爲眞佛之法孫, 特詣蓮扉, 財執巾盥[21], 乃嘗讀以雜華經[22], 一卷[23]一日,/ 誦無孑遺. 嚴公器之, 大喜曰, "古師所謂, '賢一日敵三十夫, 後發前至', 將非是歟", 果驗'拳拳服膺', '師逸功倍,' 龍樹化人之說, 卽得心傳, 佛華論道之譚, 何勞目語.

雖然, 妙覺猶有律儀, 年十五, 遂受具[24]於莊義山寺. 初律師夢, 一神僧謂之曰, "其有新受戒沙彌, 名文者,/ 唯此沙彌, 非常之人, 於其法, 花嚴大器, 何必勞身受戒", 覺推之, 迺大師名, 是也. 律師奇之, 乃說前夢, 因謂曰, "神人警誡[25]其然, 何須稟具." 大師, 迺言曰, "我心匪石, 其退轉乎. 願言佛陁孫, 合受菩薩戒", 戒香遂受, 行葉彌芳.

由是, 聲九皐應千里, 故乃[26]太祖, 聞[27]/大師緇林拔萃, 覺樹慧柯, 制曰, "旣幼年之表異, 號聖沙彌, 宜今日之標奇, 稱別和尙", 是謂, "逃名名我隨, 避聲聲我追者也."

---

20) 枊 : 『총람』에는 '抑', 『전문』에는 '柳'.
21) 盥 : 『금석원』·『전문』에는 '輿', 탁본에는 '盥'으로 보임.
22) 經 : 『금석원』에는 □, 탁본은 剝落.
23) 卷 : 『총람』에는 '行', 탁본은 剝落.
24) 具 : 『전문』에는 '貝'.
25) 誡 : 『총람』에는 '戒'.
26) 乃 : 『금석원』에는 없음. 탁본은 剝落.
27) 聞 : 『총람』에는 '師'.

龍德元年, 置海會, 選緇徒, 制曰, "莊義別和尙, 何必更爲居士, 方作名僧", 遂擢爲問者, 譬如撞鐘, 大鳴春容, 於是乎在.

同光紀曆[28], 丙戌司[29]/年冬十月, 太[30]祖以劉王后, 因有娠得殊夢, 爲其賴㐮心之丹願, 誕玉裕之英姿, 遂請大師, 祈法力. 於是, 香爇金鑪[31], 經開玉軸, 願維熊之吉夢, 叶如犖之誕生, 果驗, 日角奇姿, 天顔異相, 有以見端居鶴禁, 嗣守鴻圖, 是大成王也. 實大師得[32]佛心[33]深, 奉/天力厚, 妙感祈禠[34]於垂裕, 玄功薦祉於繼明矣, 太祖甚恕之, 飛手詔優勞.

爾後, 迻住於九龍山寺, 講花嚴, 有群鳥遶房前, 於兎伏階下者. 門人等, 圓視[35]戰慄, 大師, 怡顔自若曰, "若無譁. 唯此珎飛奇走, 歸法依僧而已."

明年春, 以大師行修草繫[36]之心[37], 德[38]冠花/嚴之首, 擢授別大德. 於是, 循循然善誘, 自是, 請益者, 其數不億, 寔繁有徒.

---

28) 曆 : 『금석원』·『전문』에는 '歷', 탁본은 剝落.
29) 司 : 『총람』에는 □.
30) 太 : 『금석원』에는 '大'.
31) 鑪 : 『총람』에는 '爐'.
32) 得 : 『금석원』에는 □, 탁본은 剝落.
33) 心 : 『금석원』에는 □, 탁본은 剝落.
34) 禠 : 『총람』·『전문』에는 '褫'.
36) 視 : 『전문』에는 '祖'.
36) 繫 : 『총람』·『전문』에는 '繁', 탁본은 剝落.
37) 心 : 『총람』에는 □, 탁본은 剝落.
38) 德 : 『총람』에는 없음.

太祖, 方欲糺合龍邦, 欽崇象敎. 淸泰初, 聞西伯山神朗太大德, 纂覺賢之餘烈, 演方廣之秘宗, 今年迫桑楡, 貌衰蒲柳, 遂請大師迨朗公, 其[39]麈玉柄, 演金言, 閒[40]□[41]法者. 大師, 遂往西/伯, 聽雜華三本, 則何異善逝密傳於迦葉, 淨名默對於文殊者哉. 朗公應對, 有慙色曰, "昔儒童菩薩, 所謂, '起予者, 商', 故乃花嚴大敎, 於斯爲盛矣."

天福七年, 秋七月, 鹽白二州地界, 螟蝗害稼, 大師爲法主, 講大般若經, 一音纔演法, 百螣不爲灾, 是歲, 卽[42]致/年豊, 翻成物泰.

惠宗嗣位, 寫花嚴經三本裁竟, 卽於天成殿, 像設[43]法筵, 請大師講覽, 兼申慶讚, 爲其弘宣寶偈, 永締芳緣, 附大師, 送納於九龍山寺, 別贈法衣, 贄之珍茗, 副以仙香.

定宗踐阼, 遂於九龍山寺, 置譚筵, 大師爲法主, □□賴之[44]大□[45], 薦[46]/君臨之多福.

---

39) 其 : 『금석원』·『전문』에는 '具'.
40) 閒 : 『금석원』·『총람』·『전문』에는 '聞'.
41) □ : 탁본에는 한 자가 있는 듯 하나 무슨 자인지는 마멸되어 알 수 없음. 『금석원』·『전문』에는 없고, 『총람』에는 '心'.
42) 卽 : 『금석원』에는 □, 탁본은 마멸.
43) 設 : 『전문』에는 '說'.
44) 之 : 『금석원』에는 □, 탁본은 마멸. 이 句節은 뒤의 "薦君臨之多福"과 對句이므로 '之'여야 함.
45) 大□ : 『금석원』에는 □□. 탁본에는 한 자는 '大', 나머지 자는 마멸.
46) 薦 : 『금석원』·『전문』에는 '爲□', 탁본은 마멸. 이 구절은 앞의 '□□賴之大□'와 對句이므로 한 글자여야 함. 탁본에서는 '薦'과 '君' 사이를 1자 隔字하였음.

及大成大王卽位, 增脩十善, 益勵三歸, 仰展素衷, 倍增丹愿, 每覩吾師之尊貌, 如瞻彼佛之晬[47]容, 請大師, 祈法力, 大師僧泉之麾塵尾, 惠弼之動龍頤, 宣莅阼之玄功, 講化邦之妙法, 故乃時康道泰, 國阜家殷矣. □□□, 伏[48]爲大王, 奉/金姿, 宣玉偈, 欽若法王之道, 煥乎君子之邦, 造釋迦三尊金像.

光宗御宇四年春, 大師得佛舍利三粒, 以瑠璃甖盛, 安置法宇. 數日後, 夜夢有[49]七僧, 自東方來云[50], "今爲妙願俱圓, 靈姿遍化, 故來", 覺見其甖, 舍利旋旋爲三, □□□□[51], 於[52]置地□/金之刹[53], 起補天練石之龕, 所以延帝齡扶聖化也.

顯德二年夏, 大師法體[54]乖和, 嚬容示疾. 夜夢有居士三十餘人, 艤舟而來, 欲載大師西泛. 大師方謂, "是吾乘仁舟, 而西逝矣", 乃言曰, "吾自出世, 志於道, 願欲敬敷天敎, 誧濟海□, □□□□, □去[55]世, 奈/何急", 其居士等, 聽之迴舟, 有後期而去矣. 爾後, 得年算之遐長, 致貫花之益盛, 是謂, "神通夢寐, 靈

---

47) 晬 : 『금석원』에는 '睟'.
48) 伏 : 『총람』에는 '休'.
49) 有 : 『금석원』에는 □, 탁본은 마멸.
50) 云 : 『전문』에는 '至'.
51) □□□□ : 『금석원』에는 '□□□□引', 탁본은 剝落되었으나 글자 수는 4字.
52) 於 : 『총람』·『전문』에는 □, 『금석원』에는 없음.
53) 置地□金之刹 : 『총람』에는 '□地□金之刹', 탁본은 마멸되었으나 '置地型(?)金之刹'인 듯함.
54) 體 : 『전문』에는 '禮'.
55) 去 : 『금석원』에는 □.

驗幽明矣." 大師告門人曰, "聖君, 致我稱師, 報君以佛", 奉爲祝玉皇之萬壽, 鑄金像之三尊, 因得鳳曆惟新, 鴻圖有赫.

乾[德六年][56], □□大內, 置[57]大/藏經法會, 遽飛芝檢[58], 徵赴珠宮. 大師別山寺之蓮扉, 到京師之金地, 大王遣緇素重使, 迎入內道場, 禮之加焯然, 敬之如如來, 別獻磨衲袈裟, 并白碼磁[59]念珠.

是歲, 秋九月, 以新刱歸法寺, 水潺湲而練遶, 山巇崿以[60]屏開, 像殿□□□□□□時[61], 乃開士[62]/宴居之淨境, 寔眞人栖息之淸齋, 遂請大師住焉, 大師往居之, 儼若化城. 別[63]送罽錦袈裟并法衣, 儲后信向吾師, 誠如聖旨, 別獻法衣, 并漢茗蠻香等.

是歲, 冬十月, 大王, 以大師釋門宗主, 險道導師, 演組纜之秘宗, 化扶桑之[64]□□, 於是,[65] 尊[66]崇宿[67]/德, 深感大慈, 迺遣

56) 乾[德六年] : 비문 내용으로 추정. 『금석원』·『총람』·『전문』에는 '乾□□□', 탁본은 剝落.

57) 置 : 『총람』에는 □, 탁본에는 '置'인 듯함.

58) 檢 : 『총람』·『전문』에는 '檢', 『금석원』에는 '撿', '木'변을 쓸 때 '扌'변의 모양이 되는 경우가 있고 또 芝檢은 편지이므로 의미상으로도 '檢'이 맞음.

59) 磁 : 『전문』에는 '瑙'.

60) 以 : 『총람』에는 '而'.

61) 時 : 『총람』에는 □.

62) 士 : 『전문』에는 '土'.

63) 別 : 『전문』에는 '別別'.

64) 之 : 『금석원』에는 □.

65) 於是 : 『금석원』·『전문』에는 '□於是'.

66) 尊 : 『총람』에는 '眞'.

67) 宿 : 『총람』·『전문』에는 '道'.

緇素重使奉疏, 請爲王師. 大師迺讓曰, "心珠靡瑩, 目鏡無懸[68], 謬爲王師, 卽僧豈敢", 大王乃言曰, "高山仰止, 何日忘之. 將開[69]混沌之源, 寔切崆峒之請", 大師乃言, "僧唯有心於歸佛, 苟無力於致君, 尙以過沐□□□, 末由膠讓."[70]/ 迺[71]使太相金遵巖等, 奉徽號, 爲王師弘道三重大師. 翌日, 大王躬詣內道場, 拜爲師, 於是, 爲君經國之方, 法天注意, 依佛化人之道, 觀海沃心. 遂乃颺以藥言, 施之箴誡, 所以仰依法力, 倍罄精心, 別獻罽錦袈裟, 并黃黑碼碯念珠.

開寶五年, 大師/特爲儲后, 年齊鶴筭[72], 日盛龍樓, 扶玉扆以儲休, 佐瑤圖以演慶, 迺入千佛道場焚禱. 經七日夜夢, 有五百僧, 來曰, "師所願者, 佛之聽之", 故奏請畵師, 敬畵五百羅漢, 安置於安禪報國院. 大師乃言之, "昔吾在普願寺, 奉持三本華嚴經, 每[73]以中[74]/夜, 經行像殿, 不絶數年. 忽一夜, 三寶前, 有一僧, 問曰 '僧來奚自', 乃曰, '聖住院住持五百僧, 隨緣赴感, 經過此地, 遣僧起居', 乃往三寶, 洗脚訖, 向吾房而去. 吾先歸房請入, 不應而去, 驟雨忽滂沲. 詰旦向司存問, '夜有客僧來', 曰, '終夜無僧來, 滿庭[75]有虎跡.' 迺[76]驗爲吾/持十萬雜華, 歸

68) 懸 : 『전문』에는 '縣'.
69) 開 : 『총람』에는 '問'.
70) 末由膠讓 : 『총람』에는 □□□.
71) 迺 : 『총람』에는 □, 탁본에는 '迺'인 듯함.
72) 筭 : 『총람』에는 '算'. 두 글자의 음과 뜻은 같음.
73) 每 : 『총람』에는 □.
74) 中 : 『총람』에는 □.

依玉像, 故五百羅漢, 光降蓮宮. 故爲感靈姿, 疇聖德, 每春秋之佳節, 設羅漢之妙齋, 所以然而[77]然也", 弟子識之.

開寶八年春正月, 大師以適當衰皃, 請歸故山. 大王尙慊別慈顔, 請住歸法寺, 遂言曰, "末尼土[78]珎, 匿[79]留[80]在[81]深山, 其可/耶. 請見在人間, 炤透三千界. 弟子之願也", 大師乃言曰, "僧不爲栖[82]身碧洞以過年年, 寓目靑山而閑日日, 但緣有始有卒, 念玆在玆." 大[83]王雖戀玉毫, 難留蓮步, 乃以爲大師身與雲栖洞, 心齊月在空, 慧化一方, 德馨四遠, 正[84]宜君臣鑽仰, 邦國師範[85]□也[86]. 咸/懷寶月之光, 盡入慈雲之蔭, 則是今生際會, 多劫因緣, 致敬謙謙, 言懷懇懇, 奉徽號, 請爲國師, 大師辭以老且病. 大王傾心請矣, 稽首言之, 大師言曰, "僧學道功微, 爲師德薄, 猶且荷聖之恩不淺, 當仁之讓無由." 大王躬詣道場, 服冕

75) 庭 : 『금석원』에는 □.
76) 迺 : 『총람』에는 □.
77) 然而 : 『전문』에는 없음.
78) 土 : 『금석원』·『전문』에는 '上'.
79) 匿 : 『총람』에는 □, 탁본에는 '匿'인 듯함.
80) 留 : 『금석원』·『총람』·『전문』에는 '耀'.
81) 在 : 『금석원』에는 □, 탁본은 마멸.
82) 栖 : 『금석원』에는 '挧'. '木'변을 쓸 때 '扌'변의 모양이 되는 경우가 있으므로 탁본에 '挧'는 '栖'로 봄이 좋음.
83) 大 : 『금석원』에는 '太'.
84) 正 : 『금석원』에는 □, 탁본은 마멸.
85) 範 : 『금석원』·『전문』에는 '資', 탁본은 剝落.
86) □也 : 『금석원』에는 □□, 『전문』에는 '也', 탁본에는 한 자는 剝落되어 알 수 없고 나머지 자는 '也'.

拜爲[國]師[87], □/之以避席之儀, 展之以書紳之禮, 于以問道, 于以乞言, 大師言曰, "僧但緣當蒲柳之先衰, 憩煙蘿之淨境. 身歸松徑, 心在藥宮, 仰戀龍顔, 唯祈鳳祚而已." 大王謝曰, "法雲聯蔭, 甘露繼垂, 弟子蒙法化以非遙, 展精誠而益切."

方當別路, 爲備行裝, 贈[88]以紫/羅法衣僧伽帽紫結絲鞋雲茗天香霜縑霧穀等, 艿[89]命僧維釋惠允元輔蔡玄等衛送. 大王率百官, 幸東郊祖席, 與儲后親獻茶菓. 仍寵許大師門下僧, 有名行者, 可大師大德二十人, 納南畝一千頃, 佛奴五十人. 國師謝曰, "優加聖澤, 壯觀僧田, 千/生之福, 不唐捐[90], 萬劫之功, 何勝計矣." 上頂拜曰, "弟子倚慈威而修己, 歸妙法以化人, 必望法體復初, 它[91]心如舊, 再歸京邑, 永示慈悲." 大師言, "宿締因緣, 今生國土, 荷皇王之恩重, 勝滄海之波深. 今歸故山, 得延[92]餘喘, 卽望再赴雲闕, 更對天顔. 儻若逝/水難停, 殘生莫駐, 卽願必當來世, 更作沙門, 益驗法緣, 仰禱王化", 日云暮矣, 拜稽首

---

87) [國]師 : 『금석원』에는 □□□, 『총람』에는 '□師', 『전문』에는 '□□師', 탁본은 剝落. 國師를 삼았다는 내용이므로 '國'자의 추정은 타당하며, 글자 수는 國師 앞은 王·佛·大師 등의 경우와 같이 1자를 隔字하므로 『금석원』·『전문』의 3자가 아니라 『총람』의 2자가 맞다(金廷彦, 「高達寺元宗大師惠眞塔碑」, "服冕奉爲國師" 참조).

88) 贈 : 『금석원』에는 □, 탁본은 마멸.

89) 艿 : 『전문』에는 '乃'. 내용상 '艿'은 맞지 않음. '仍'과 음이 같아 통용한 듯하다.

90) 捐 : 『전문』에는 '損'.

91) 它 : 『총람』에는 '宅'.

92) 延 : 『전문』에는 '廷'.

泣別. 望象軒而目送, 想虎錫以心傾, 于以停鑾, 于以駐蹕, 繼降起居之星使, 頻傳愴戀之綸言. 自是, 黑白奔波, 神祇擁路, 仰致傾心之敬, 何殊[93]布髮之迎.

行至迦耶山寺, 其/僧徒等, 如迎佛具仙樂. 於是, 幡盖雲飛, 鉢螺雷吼, 敎禪一千餘人, 迎奉入[94]寺, 大師艻[95]命門弟子等曰, "吾當逝矣, 爲石室安厝之, 汝曹相其地", 便捨衣鉢隨身法具, 施與門徒等. 大王命尙醫供奉侍郎直文, 別賫仙藥, 晨夕侍護. 大師曰, "老僧之病, 更無聖[96]/藥. 請侍郎, 旋歸象闕, 好侍龍墀, 何爲老僧, 久滯山寺," 可謂, "維摩之疾, 不假桐君之藥." 大師心爲身主, 身作心師, 食不異粮, 衣必均服, 其六十餘年行事也, 如是.

太[97]師大王, 必當禮足於吾師, 何異歸心於彼佛. 故乃禮之厚, 寵之優, 贈之以罽錦法/衣, 問之以絲綸仙札[98], 贄無虛月, 筆不絶書, 彼漢帝之敬摩騰, 吳主之尊僧會, 不可同年而語哉.

開寶八年, 龍集乙亥春三月十九日, 大師將化往, 盥浴訖, 房

93) 殊 : 『총람』에는 '湏'.
94) 入 : 『총람』에는 '八'.
95) 艻 : 『전문』에는 '乃'.
96) 聖 : 『금석원』·『전문』에는 '救', 탁본은 마멸.
97) 太 : 『금석원』에는 '大'.
98) 札 : 『전문』·『총람』에는 '扎'. '木'변을 쓸 때 '扌'변의 모양이 되는 경우가 있으므로 탁본에 '扎'은 '札'로 봄이 좋음. 의미상으로도 '仙札'은 임금의 편지이므로 '札'이 맞음.

前命衆, 迺遺訓曰, "人有老少, 法無先後, 雙樹告滅, 萬法歸空. 吾將遠遊, 爾曹好住, 如來正戒, 護之勗/之哉", 言畢入房, 儼然趺坐, 示滅于當寺法堂, 俗年七十六, 僧臘[99]六十一.

是晨也, 山頹聖地, 月墜香庭, 人靈於是哀哀, 松栢因而慘慘. 門下僧等, 起其萎之歎, 含安仰之悲, 擗踴慟哭, 聲振巖谷. 奉遷神座于迦耶山西崗, 權施石戶[100]封[101]閉, 色慘金地, 聲聞玉京./

光宗大王聞之震悼, 嗟覺花之先落, 慨慧月之早沈, 吊以書, 賵[102]以穀, 所以資淨供贍玄福, 敬造眞影壹鋪, 仍令國工封層冢, 門人等號奉色身, 竪塔于迦耶山西崗, 遵像法矣.

厥有傳[103]法大弟子, 三重大師靈撰一光, 大師明會芮林倫慶彦玄弘廉[104], 大德玄[105]悟靈遠/玄光眞幸等, 並釋門龜鏡, 法苑鯨鍾, 繼智炬之餘輝, 踵慈軒之往轍, 感師恩而篆骨, 歸聖化以懸心.

伏遇今上, 當璧承祧, 夢齡襲美, 扇仁風而濟俗, 撝佛日以尊僧. 制曰, "先朝國師, 故迦耶山弘道大師, 考鷲[106]嶺之玄言, 究龍宮之奧旨, 聿興聖教,/ 光化仁方. 故乃聖考奉以爲師, 敬之如

---

99) 臘 : 『전문』에는 '盥'.
100) 戶 : 『전문』에는 '后'.
101) 封 : 『전문』에는 '土'.
102) 賵 : 『전문』에는 '賻'.
103) 傳 : 『전문』에는 없음.
104) 廉 : 『금석원』에는 □.
105) 玄 : 『금속원』·『전문』에는 '法', 탁본에는 '玄'인 듯함.
106) 鷲 : 『전문』에는 '鶩'.

佛, 玄化誕敷於普率, 慈風光被於寰瀛. 余尙慊天不憖遺, 衆其絶學, 繼之先志, 奉以遹追, 欲旌崇德之因, 遠擧易名之典. 故追謚曰法印, 塔名寶乘, 爲其示以彌芳, 傳之不朽", 乃許勒本末石, 耀雲松[107]門, 乃門弟/子等, 相慶曰, "感玄造於先朝, 哀榮罔極, 沐鴻恩於今日, 寵遇方深", 奉大王恩, 狀大師行進上.

乃詔廷彦曰, "乃嘗爲國史, 躬覽載籍絲綸, 遂掌葵藿傾心. 顧先王加學士以待之, 若宜銘國師以報之, 提鴻筆以立言, 勒龜珉而紀德", 臣謝曰,/ "殿下謂臣, '彩毫比事, 齏臼屬辭, 俾報德以文, 探玄紀茂', 而臣詞慙幼婦, 學謝客兒, 以淺近之麼才, 記玄微之芳躅, 其猶車之弱也載重, 綆之短者汲深, 空有效颦[108], 實[109]無賈勇, 啓心雖切, 傷手是慙." 上曰, "兪汝勉之."[110] 退惟之, 盖所謂, '當無責有, 扣寂求音, 石[111]有言而莫/[112]覩山輝, 龜無顧而唯聞澗媿.' 敢言載筆, 空媿伐柯, 尙以如琢如磨, 自適其適. 設使東陊[113]蓬嶋, 西空芥城, 期妙蹟之猶存, 望玄功之可久, 因敢重宣其義, 遂爲銘云./

大觀沙界, 中有金僊,

107) 松 : 『총람』에는 '釋'.
108) 颦 : 『전문』에는 '嚬'. 두 글자의 음과 뜻이 같음.
109) 實 : 『전문』에는 '卑'.
110) 勉之 : 『전문』에는 없음.
111) 石 : 『금석원』에는 □.
112) / : 『총람』·『전문』에는 없음. 탁본에는 行이 바뀜.
113) 陊 : 『전문』에는 '侈'.

施仁不測, 示敎無邊.
括囊眞俗, 光被人天,
恩加百億, 化度三千. 其一
道豈遠而, 行之則是,
誰其識之, 唯我大士.
眞佛傳心, 覺賢襲美,
宴坐仁山, 優游法水. 其二
早修勝果, 益驗善芽,
道高龍樹, 識洞佛華.
誘人桃李, 濟衆稻痲,
爲師王國 垂範/邦家. 其三
水上之蓮, 星中之月,
凡有歸心, 何殊布髮.
圓照溥天, 葆光如佛,
仰之彌高, 酌之不竭. 其四
如龍變化, 似鳳來儀,
或爲敎父, 或作導師.
千手千眼, 大慈大悲,
是則是効, 念玆在玆. 其五
方謂法身, 只期常住,
傷哉兩楹, 已矣雙樹.
法碣唯[114]銘, 慈顔曷遇,

泣雨空垂,/　號天莫駐.115)

太平興國三年 龍集攝提 四月 日 立 金承廉 刻字

(원문교감 : 박영제)

114) 唯 : 『금석원』에는 □, 탁본은 마멸.
115) '駐' 뒤에 '其六'이 『전문』·『금석원』에는 있음.

26. 鷲谷寺玄覺禪師塔碑

1. 자료의 개요

1) 찬자 : 王融[1)]

서자 : 張信元[2)]

전자 : 미상

2) 시기 : 979년(高麗 景宗 4)[3)]

3) 있는 곳 : 원래 全南 求禮郡 土旨面 鷲谷寺에 있었다. 현재 비문 일부의 탁본이 국립중앙박물관에 소장되어 있으며, 1970년 3월 龜趺를 보수하다가 뒷편 흙 속에서 孟仁在氏가 새로 발견한 碑片이 군청에 보관되어 있다.

4) 규모

A. 탑비 : 탑비는 보물 제152호로 지정되어 있다. 현재 비신은

---

1) 王融 : 撰者는 이 비문에는 나타나지 않으나 지곡사진관선사비에 의거하여 왕융임을 알 수 있다. 그에 의하면 이 비문을 쓰기 2년 전인 981년 지곡사진관선사비를 쓸 당시 왕융의 관직은 '大匡 內儀令 判摠翰林 兼兵部令'으로 나타나 있는데, 『東國輿地勝覽』 39卷 9項에 의하면, 學士로 나타나고 있어 당시 한림학사의 지위에 있었음을 알 수 있다.

2) 張信元 : 『大東金石目』에는 鷲谷寺玄覺禪師塔碑를 쓴 張信元의 당시 관작이 '同政柱國'이었다고 하는데, 확실한 전거는 밝히지 않고 있다.

3) 『大東金石目』에 '學士王融文 張信元書(宋 太宗 太平興國 四年 己卯立)'라 하여, 고려 景宗 4년(979)에 세워진 것으로 나타나 있다.

없어지고 귀부와 이수만이 남아 있다. 이수 앞면 가운데에는 '玄覺王師碑銘'이라는 篆額이 음각되어 있다.

B. 1970년 신발견 비편 :

① 높이 : 19cm ② 폭 : 19cm

③ 글자크기 : 2.1cm ④ 서체 : 歐陽詢體 楷書

2. 자료의 구조

다른 비문들과 같이 제액・찬자・서자와 序・銘 및 세운 시기와 각자 등의 순으로 이루어졌을 것이나, 비신이 없어지고 비편 일부만이 남아 있어 구체적으로 구분하기 어렵다.

3. 교감자료

李俁, 1668,『大東金石書』, p.47

朝鮮總督府 編, 1919,『朝鮮金石總覽』上 ; 1976, 亞細亞文化社, pp.555~556 * 구비문의 탁본만 수록

權相老 編, 1979,『韓國寺刹全書』下, p.812[4)]

趙東元 編, 1979,『韓國金石文大系』1, 圓光大學校出版局

許興植 編, 1984,『韓國金石全文』中世上, 亞細亞文化社, pp.420~422 *

---

4) 鷰谷寺

○ 在全羅北道南原(今求禮郡)智異山有高麗學士王融所撰玄覺禪師碑『東國輿地勝覽』39卷 9項

○ 今廢『梵宇攷』

○ 在智異山. 縣東五十里『伽藍考』

○ 在求禮郡土旨面智異山大本寺華嚴寺末寺『太古寺誌』

즉, 이에 의하면 연곡사에는 고려 당시 學士로 있던 王融이 지은 玄覺禪師碑가 조선 초기까지 존재하고 있었으나, 이후 어느 시기엔가 사찰이 폐하여졌다가 복원되어 현재는 화엄사의 말사로 소속되어 있음을 알 수 있다.

전문 수록
黃壽永 編, 1994, 『韓國金石遺文』(제5판), 一志社, pp.113~114 * 신발견 비편만 수록
『大東金石目』 * 찬자 및 서자, 입비시기 등 수록

4. 원문교감

玄覺王師碑銘 (篆額)

賜紫金魚袋[5]臣 張信元書

跧 靑嶂[6]
鳳 皇恩
制庶
仁則 臣豈敢其如 寵
和尙家風 師曰 何物不具
公侯盡是側金長者
居蘭若 屢易年華 接物忘兆
乃集衆 上堂曰 眞本無[生][7]

---

5) 袋 : 『총람』·『전문』에는 '帒'.

6) 跧靑嶂 : 「지곡사진관선사오공지탑지」(王融 撰)에는 "雖跧火宅之中 遽拔塵籠之外 儀容漸異 去住不同 碧嶂寒春 定知帶玉 淸江照夜 信是藏珠"라는 부분이 보이고 있다.

諸迴[8]納之私

麋鹿遐蹤 得命遄征 恩波荐灑 遂遵誠

足

又問如何 是佛法

疲 通宵弗寐

鴈堂夜靜

貪生 法身無往

從古至今 自

[日][9]月惛翳 鳥獸悲鳴 闍王之

(以上 國立中央博物館 所藏 拓本)

盡之□□

發促織初吟

□邊 其嗣□□

所而窮者□

化慘□

□

(以上 新發見 碑片)

(원문교감 : 김혜원)

7) [生] : 지곡사진관선사오공지탑비(王融 撰)의 '無生者眞本 無往者法身'에 의거. 내용상 17행의 '法身無往'과 연결되는 듯하다.

8) 迴 : 『전문』에 근거. 『총람』에는 '廻'.

9) [日] : 내용상 추정.

27. 利川磨崖觀音菩薩半跏像銘

1. 자료의 개요

1) 시기 : 太平興國 6년(高麗 景宗 6, 981)

2) 있는 곳 : 京畿道 利川市 麻長面 長岩里

3) 규모

① 글자크기 : 5.6~8cm ②서체 : 楷書體

③ 현상태 : 마모가 심해 판독이 어려울 정도이다.

4) 발견 경위 : 檀國大學校 학술조사단이 全國 郡別 古蹟調査를 연차적으로 실시하던 중 이천시에서 1982년에 발견하였다. 이 銘文은 半跏像이 새겨져 있는 바위 中下部의 東端에 새겨져 있다. 반가상은 바위 東南向의 前面에 조각되어 있는데, 머리에 寶冠을 쓰고 있으며 특히 化佛이 배치되었으므로 觀音菩薩임을 알 수 있다(全高 320cm). 반가상 주변에는 고려시대의 기왓장이 많이 흩어져 있고 고려청자・조선백자 등도 간혹 수집되는 것으로 보아 佛堂이 있었을 것으로 추정된다.

5) 내용 : 이천 지역에서 道俗香徒가 磨崖觀音菩薩半跏像을 조성한 예이다. 향도의 규모는 20인 정도였고, 上首 즉 향도의 지도격 승려가 존재했던 것으로 보인다. 반가상 주위에 불당의 흔적도 발견되므로 향도가 반가상 뿐만 아니라 주

위의 불당도 조성했을 가능성이 있다.

2. 교감자료

鄭永鎬, 1982, 「利川 '太平興國'銘 磨崖半跏像」『史學志』16
許興植 編, 1984, 『韓國金石全文』中世上, 亞細亞文化社, p.429

3. 참고문헌

鄭永鎬, 1982, 「利川 '太平興國'銘 磨崖半跏像」『史學志』16
蔡雄錫, 1989, 「高麗時代 香徒의 社會的 性格과 變化」『國史館論叢』2

4. 원문교감

太平興國六年 辛巳 二月十三日
元□□ 道俗香徒ネ卄人 ……
上首[1] ……

(원문교감 : 박영제)

1) 首 : 鄭永鎬, 1982년 논문에서는 '首', 『전문』에서는 '道'.

28. 智谷寺眞觀禪師悟空塔碑

1. 자료의 개요

1) 찬자 : 王融

서자 : 洪協

2) 시기 : 981년(고려 경종 6)

3) 있는 곳 : 『釋苑詞林』 및 서울대학교 소장 탁본

4) 현상태 : 비는 현전하지 않으나, 『釋苑詞林』에는 몇 글자 이외에는 전부 실려 있고, 『海東金石苑』, 『大東金石帖』, 서울대 소장 탁본 등에는 부분적으로 실려 있다. 『朝鮮金石總覽』에는 '山淸 智谷寺僧慧月碑'라는 제목으로 60여 자만이 수록되어 있다. 글자크기는 2.1cm이며, 글씨는 楷書體.

2. 자료의 구조

1) 제액, 찬자

2) 서

① 비문 찬술 내력 : 我英主 ~ 泣稟王命 率爾爲之

② 도입 : 竊聞法無所住 ~ 智谷眞觀禪師有是夫

③ 가계와 탄생연기 : 師諱釋超 ~ 後梁 太祖 壬申 十月 十五日生

④ 출가, 수행 : 師自離胎廕 ~ 寺衆皆期於磨琢
⑤ 중국유학 : 庚子春 遠辭日域 ~ 靈哮壁上之梭
⑥ 귀국 및 교화 : 師比爲離念無心 ~ 慈舟焂返於禪河.
⑦ 입적, 건비 : 乾德二年 ~ 且希絶筆

3) 명 : 謹爲銘曰 ~ 銘于巨石

3. 眞觀禪師(912~964) 연보

諱 釋超, 俗姓 安氏, 中原府人.
父 安尼藻(攝司馬 역임), 母 劉氏.

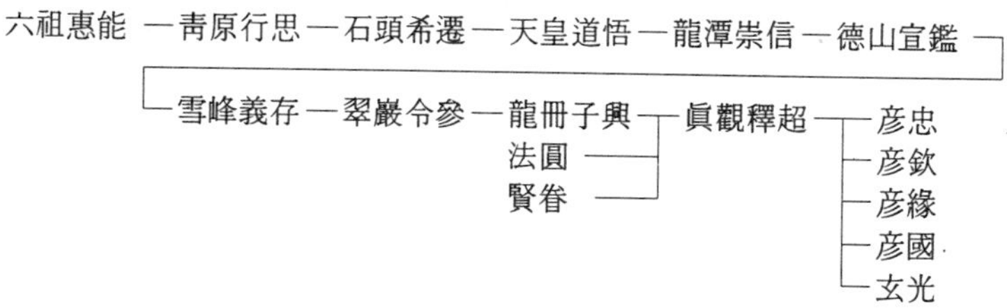

1세	신덕왕 1	912	10월 15일 출생
7세	경명왕 2	918	靈巖山 麗興禪院의 法圓大師에게 출가
17세	경순왕 2	928	法泉寺 賢眷律師에게서 구족계 받음
29세	태조 23	940	南中國 錢塘江 지역으로 留學 龍冊子興에게 배우고 각 지역을 순례
35세	정종 1	946	귀국하여 興州 宿水禪院에 머무름
38세	광종 즉위년	949	康州 智谷寺 住持
48세	광종 10	959	開京 북쪽 龜山禪寺 住持
?			開京 남쪽 廣通普濟禪寺 住持
53세	광종 15	964	9월 2일 普濟寺에서 입적. 法臘 38 門下僧 彦忠, 彦欽, 彦緣, 彦國, 玄光 등
	경종 6	981	왕명으로 비를 세우고 王融이 撰하고 洪協이 씀

4. 교감자료

山淸眞觀禪師碑 拓本, 4016-276.

李俁 編, 1668,「智谷寺眞觀禪師碑」『大東金石書』, p.48 * 書者 : 洪協 國子博士

『邑誌』, 1871, 慶尙道 山淸 碑版 ; 1982, 亞細亞文化社, pp.868~869

『釋苑詞林』 권191 ; 許興植 編, 1976,『韓國中世社會史資料集』, pp.500 ~513 ;『韓國佛敎全書』第四冊, pp.648上~650下

朝鮮總督府 編, 1919,「附10. 山淸 智谷寺僧慧月碑」『朝鮮金石總覽』上 ; 1976, 亞細亞文化社, p.556. * 박물관 소장 탁본에 의거, 字徑 7分, 楷書

許興植 編, 1984,『韓國金石全文』中世上, 亞細亞文化社, pp.422~428. * 字徑 2.1cm

許興植, 1986,「智谷寺 眞觀禪師碑」『高麗佛敎史硏究』, 一潮閣, pp.598 ~609.

5. 원문교감

大宋 高麗國 康州 智谷寺 故眞觀禪師 [悟空之塔][1)]碑[2)]

大匡 內議令 判摠翰林 兼兵部令 臣王融 奉敎撰[3)]

---

1) [悟空之塔] : 본문 중에서 시호 부분에 의거하여 추정.

2) 大宋~碑 :『고려불교사연구』에 의거(이하『연구』로 약칭).『석원사림』에는 '高麗康州智谷寺眞觀禪師碑'라고 되어 있다.

3) 大匡~奉敎撰 :『읍지』·『전문』에 의거함.『석원사림』에는 '王融'이라고만 되어 있다.

我英主 善慶承家光 嗣宗社之七載也 歲在大荒落. 不貴難得貨 多求君子儒 人無胡越之心 時有魯衛之政.

三月 登春臺 讌鹿鳴 四顧江山 一同水鏡. 焂忽俄騰雲氣 趒起東南, 旁詢從者 皆言 "莫我知之"./ 爰召太史 審卜吉[4]凶 乃曰 "去此千里之內[5] 有非常之人 掩秘重泉 汩沒盛德 苟書貞石 必福大邦." 王乃馳詔追訪. 是月 有功德使 告以彼方故眞觀禪師塔廟 于日[6] 高[7]放祥光 上衝層漢. 披覽飛奏 感動/[8]皇情, 尋時 命墨林臥錦之徒 僉其著述 歌雞足傳衣之者[9] 顯[10]我徽猷.

時政匡 翰[11]林學士 崔承老 則數朝紡絡絲綸之手也 對揚休命. 夫黜幽陟明 計王者之旨 抽毫進牘[12] 自才子之辤. 苟若不當 亦[13]由非/用, 豈獨緇黃之分仍全 遠大之名頓豁. 王慈深形嘉獎旣能 擧尒[14]所知 而乃必得其人. 崔子拜而對曰 "有閩川拂衣者王融 去載宣草鷲谷山玄覺禪師碑頌一斫. 雖文學弗充[15]

4) 吉 : 『韓國中世社會史資料集』·『연구』에는 '古'.
5) 『전문』에는 줄바꿈.
6) 日 : 『연구』에는 '者'.
7) 高 : 『연구』에는 '顯'.
8) 『전문』에 의거하여 줄바꿈.
9) 者 : 『연구』에는 '日'.
10) 顯 : 『연구』에는 '高'.
11) 翰 : 『석원사림』에는 '輸'.
12) 牘 : 『연구』에는 '犢'.
13) 『전문』은 줄바꿈.
14) 尒 : 『전문』에는 '爾'.
15) 充 : 『전문』에는 '克'.

且心力罔怠 希言/歷試 必進聿修.” 上謂崔子曰 “卿有蕭酇侯善薦之知 有嵇中散疎[16]慵之患 酷眷[17]揚善 味若佳肴.”

乃詔[18]太匡 內議令 判揔[19]翰林 王融 於玉案前 語之曰 “昨覩徵兆 尋悉端倪 黃金銷骨 非土木以能形[20]/ 白玉毫光 豈峯巒之可掩. 況彰靈感 宜播顯通 何必峴首山頭 獨高墮淚 曹娥[21]江畔 久衒好辭. 豈果兒不能援寰中 被女子如是爆天下. 尒[22]自佐先王 及輔种[23]人 典我契書 居吾[24]左右. 今何其雨露之/恩 在予升降 誌彼象龍之行 自爾[25]操持. 俾相[26]質以彬彬 庶披文而亹亹 如鏡當空 媸姸莫匿 直書其事 勿遜弗才.”

臣融 兢惕俯伏 拜讓弗獲. 凡銘鐘刊石 表天子之盟, 歃血捧盤 旌諸侯之信. 理符大筮[27] 事豈[28]/凡庸. 若非夢筆 焉敢代天. 或聞千鈞所重 荷負非難, 一字雖微 褒貶不易. 上曰 “博陵旣有犯顔 琅邪復何愧色.” 以至汗浹身首 愁塞肺[29]腸. 一夜賦瀟湘

---

16) 疎 : 『연구』에는 ‘踈’.
17) 眷 : 『전문』에는 ‘勸’.
18) 詔 : 『전문』에는 ‘召’.
19) 揔 : 『전문』에는 ‘摠’
20) 形 : 『석원사림』에는 ‘□’.
21) 江 : 『석원사림』에는 ‘□’.
22) 尒 : 『전문』에는 ‘爾’.
23) 种 : 『전문』에는 ‘沖’.
24) 吾 : 『연구』에는 없다.
25) 爾 : 『전문』에는 ‘尒’.
26) 相 : 『연구』에는 ‘將’.
27) 筮 : 『석원사림』에는 ‘□’.
28) 事豈 : 『석원사림』에는 ‘□□’.

世推敏速 十年詩古鏡 人侮遲延[30]. 臣[31]遲速之間[32]/ 皆無分焉, 泣稟王命 率爾爲之.

竊聞法無所住 身豈有常. 若皎月虧盈 不離圓明之體 而凡夫顚倒 自生分別之心. 非聲而求 非色而見, 二千年後 嗣我者誰, 卽智谷眞觀禪師有是夫./[33]

師諱釋超 俗姓安 當國中原府人也. 父尼藻 攝司馬, 積有家門 深明禮樂. 不遷怒而弘其大, 不貳過而蘊其仁, 州里敢欺 父老見讓.

厥初 母劉氏 夢感七星之瑞 飛入口中, 孕符十月之胎 誕生脇下. 門/[34]獲桑蓬之慶 心傾乾象之徵, 以慰慈親 迴由貴子. 乾化二年[35]壬申十月十五日生.

師自離胎䐢[36] 宛[37]異童蒙 耳長至肩 手垂過膝. 洎臨[38]四歲

---

29) 肺 :『전문』·『연구』에는 '胇'.
30) 遲延 :『전문』에는 없다.
31) 臣 :『전문』에는 없다.
32) 間 :『석원사림』에는 '□'.
33)『전문』에 의거하여 줄바꿈.
34)『전문』에 의거하여 줄바꿈.
35) 乾化二年 :『전문』에는 乾化二年 뒤에 '後梁大祖'가 더 있다.
36) 䐢 :『전문』에는 '癊'.
37) 宛 :『전문』에는 '完'.
38) 臨 :『전문』에는 '臨'.

不臭五辛 雖跧火宅之中 遽拔塵籠[39]之外./ 儀容漸異 去住不同. 碧嶂寒春 定知帶玉, 淸江照夜 信是藏珠. 及其稍認東西 忽爾自陳心意. 俄白北堂日[40] “適以戱至隣家 聞彼上人 誦妙莊嚴王品 王許二子出家. 因從一念 福及多生, 忍將羊鹿同/[41]途 又與馬牛竝轍.” 家君旣允, 國王亦兪.

戊寅歲 乃詣靈巖山 麗興禪院 禮足法圓大師. 師問曰 “童子何許來.” 對曰 “從來處來.” 師莞爾而笑曰 “一星之火 擬燎于原.” 又問曰 “來意何如.” 對曰 “願事巾缾.” 師曰 “好在著.” 於/是 會彼親踈 與其剃染. 方處叢林之內 逈超群木之中. 薝[42]蔔分香 豈與芝蘭共臭, 優曇吐艶 寧將桃李爭芳. 傳衣[43]而不在他人, 入室而唯知自我.

戊子二月 詣法泉寺 賢眷律師下, 受具足戒. 聞經掩耳 卷箧/[44]悟心, 點石因緣 未知幾世[45], 抛籌功德 應是數生. 門徒咸仰於切磋 寺衆皆期於磨琢.

庚子春 遠辤日域 直指錢塘. 艤舟方入於淸宥[46] 蜃氣俄騰於

39) 籠 : 『연구』에는 ‘寵’.
40) 日 : 『연구』에는 ‘日’.
41) 『전문』에 의거하여 줄바꿈.
42) 薝 : 『석원사림』·『연구』에는 ‘簷’.
43) 衣 : 『연구』에는 ‘依’.
44) 『전문』에 의거하여 줄바꿈.
45) 世 : 『전문』·『연구』에는 ‘歲’.
46) 宥 : 『전문』에는 ‘霄’.

碧漲. 人皆失色 我獨破顔, 彈指一聲 大波頓息. 及到浙西 杖鉢/[47]先詣龍冊 作禮而立. 龍冊[48]明其眼目 弗復擧揚[49], 語大衆曰 "善爲安排." 日往月來 星攢霧集, 類離巢之鸑[50]鷟 瑞應九包[51], 譬出水之芙蓉 香騰千葉. 至于巡禮 適足龍華, 一面宗師如火投水[52]. 自此名聞四衆 牽/御大乘. 半夜霜寒 星吼匣中之劒, 滿天雲暗 靁哮壁上之梭.

師比爲離念無心 豈使[53]捿[54]禪有地. 丙午開運三載 却辭百越 歸復三韓. 退鷁風前 空勞羽翮, 俊鷹天末 別得程途. 及掭[55]慈帍[56]/ 遽朝丹闕. 時定宗文明王 徵住興州宿水禪院, 莫不施四生之藥石 盡絶沉痾, 架六路之津梁 咸歸正道.

己[57]酉[58]/ 我光宗大成王 分金輪之位 中統山河, 奉沙界之尊上遵香火, 承佛付囑 作我檀那, 特詔於智谷寺匡衆. 師往彼之

---

47) 『전문』에 의거하여 줄바꿈.
48) 冊 : 『전문』에는 없다.
49) 揚 : 『연구』에는 '揚楊'.
50) 鸑 : 『석원사림』·『전문』에는 '嶌'.
51) 包 : 『전문』에는 '苞'.
52) 火投水 : 『석원사림』에는 '□□□'.
53) 豈使 : 『석원사림』에는 '□□'.
54) 捿 : 『전문』에는 '棲', 『연구』에는 '樓'.
55) 掭 : 『연구』에는 '㮇'.
56) 慈帍 : 『석원사림』에는 '□帍범', 『전문』에는 '慈', 『연구』에는 慈가 없고 만 있다.
57) 『연구』에는 줄바꿈.
58) 『전문』에 의거하여 줄바꿈.

夕, 其山之右 有三藏院, 主首感夢神異. 及曙擁衆/ 來相告言. 至師上堂說法, 滿山鳥獸 無弗哮吼. 大哉 身不浴於鉼中 蕭天子而焉知變化, 鉢泊黏於石上 明尙座而方駭神通. 人異威稜[59] 我何采聒. 爰居數歲 頗著多靈, 比以鹽泉[60] 猶拘小得, 方之鬖鬝[61]/ 未足大來. 穆穆乎 道在其中, 皇皇乎 聲聞于野.

至己未顯德六年 賜金城北龜山禪寺. 奉命之彼, 異片月出海 殊斷雲離山, 有龍虎之護持 蓋因名德, 無塵埃之染惹 逈爲淸凉. 具過去心 得未來法[62], 上[63]賞/于勳絶 眷彼縱橫, 賜毳衲[64]一襲 并諸道具等. 慶被皇猷 光敷像代, 端居寶座 大闡眞風. 香爇六銖 炷[65]煙雲之不泯, 衣披百衲 包山水[66]之長閑. 聲價雄飛學徒雌伏. 雖寫經研骨 將報佛恩, 而救鴿/[67]贇身 且非我見.

復移住城南廣通普濟禪寺, 彼[68]衆[69]也, 如子見母 若渴得漿. 冷暖益知 有無寧問, 未盈一[70]載 競聚千人. 洶洶兮 打浪搖盆 落落兮 去砂得米.[71] 斯所謂 一燈分炤 萬象同明. 我則有法/弗

---

59) 稜 : 『전문』에는 '稜'.
60) 鹽泉 : 『석원사림』에는 '□□', 『전문』에는 '塩泉'.
61) 鬖鬝 : 『석원사림』에는 '□□', 『전문』에는 '鬖鬖'.
62) 法 : 『석원사림』에는 '□'.
63) 上 : 『석원사림』·『연구』에는 '□上'.
64) 衲 : 『전문』에는 '衣'.
65) 『大東金石書』에는 "大闡眞風香爇六銖炷".
66) 水 : 『전문』에는 '川'.
67) 『전문』에 의거하여 줄바꿈.
68) 『총람』에는 "移住城南廣通普濟禪寺彼".
69) 彼衆 : 『전문』에는 '被重'.
70) 『大東金石書』에는 "益知有無寧問未盈一".

傳 彼亦無心而得, 超揚先後 掩映古今. 五彩龜毛[72] 終難邂[73]逅, 一枝兎角 弗易承當, 非有相於眞如 是無知於般若. 內充外應 絶後光前, 了如水上之泡 特[74]似空中之電. 弗[75]意慧日方昇於法界 慈舟焂返[76]於禪河./

粤乾德二年歲在甲子, 壽年五十有三 夏臘三十有八[77], 厭其妄轍之途 復我本原之趣. 九月二日 上堂謂衆曰 "無生者眞本無往者法身. 爰究古今 自生漂蕩. 薪旣盡而火滅 鏡若[78]匣而像亡, 孰爲去來 自非損益, 古之道也. 吾/[79]之後 如佛遺勅 勿妄飾終." 乃[80]端然示滅而已哉. 異乎須弥[81]屹若 金剛儼然, 大地動搖[82] 群心惻愴, 飄風拔樹 暴雨崩湍. 勞生雖歎於興亡 太法不離於圓頓.

其嗣 澄鏡大師彦忠[83]/住原州文正院, 彦欽住智谷寺, 彦緣住

---

71) 砂得米 : 『연구』에는 없다.
72) 毛 : 『연구』에는 '毛砂得米'.
73) 『총람』에는 "掩映古今五彩龜毛終難邂".
74) 特 : 『석원사림』에는 '□'.
75) 弗 : 『전문』에는 '不'.
76) 『전문』에는 줄바꿈.
77) 『총람』에는 "年五十有五夏臘三十有八".
78) 若 : 『전문』에는 '藏'. 『석원사림』에 의함.
79) 『전문』에 의거하여 줄바꿈.
80) 乃 : 『전문』에는 '來'. 『총람』에는 "□□□佛遺勅勿妄飾終乃".
81) 弥 : 『연구』에는 '太'.
82) 『大東金石書』에는 "若金剛儼然大地動搖".
83) 忠 : 『석원사림』에는 '□'.

廣州黑石院, 彦國住[84]太白山[85]覺頓院, 玄光住福巖[86]院. 其有叅尋南北, 隱遁林[87]泉, 有緣不隨, 旣往不返者, 莫可勝紀焉.

于[88]月 塔於智谷山之陽 旌其禮也. 朝廷遣使, / 諡曰 眞觀禪師 悟空之塔. 得不鑿其貞石 秘我眞身, 疊四面[89]之煙霞 擁一峯之衣鉢. 嗚呼[90] 春廻鶯語 只因有景之徒[91], 日落猿啼 不爲無心之者./

我聖上 自承大業 克啓中興, 無爲豈下於勛華 有道奚低於昌發. 秋水不抽三尺劒 薰風唯送五絃琴, 到處則不令[92]而行 膺時而無遠弗屆[93]. 凡聆德行 皆錄功名, 以師隻履雖遺 片文未著. 恐逾時而[94]漸泯/聲[95]塵, 命勒豊碑 使流後代. 縱燕珉刊盡 猶未備於鋪舒, 嶰竹虆殘 莫能供於殫灑. 臣幸非編柳 曾未夢花, 石或能言 應嗤造次, 龜如解語 必誚荒唐, 敢望獲麟 且希絶筆.

謹爲銘曰/

---

84)『총람』에는 “彦緣住廣州黑石院彦國住”.
85)『전문』에는 줄바꿈.
86) 巖 :『석원사림』·『연구』에는 ‘巗’.
87)『大東金石書』에는 “其有叅尋南北隱遁林”.
88) 于 :『전문』에는 ‘三’.
89)『총람』에는 “鑿其貞石秘我眞身□四面”
90) 呼 :『전문』에는 없다.
91)『大東金石書』에는 “廻鶯語只因有景之徒”.
92)『大東金石書』에는 “送五絃琴到處則不令”.
93) 屆 :『석원사림』·『전문』에는 ‘届’.
94) 而 :『석원사림』에는 ‘□’.
95)『전문』에는 줄바꿈.

不住者法 不常者身
十方諸佛 三界衆人
了其妄想 達乎至眞
從凡入聖 轉大法輪 (其一)

通非虛空 导[96]非牆[97]壁
休問來由 徒生分析
去其取捨 歸于[98]湛寂
聖[99]者廓然 復何處覔[100] (其二)

門外北秀 門內南能
曉諸法相[101] 明一心燈
不拘細行 不著大乘
默然在上 道不可勝 (其三)

威儀濟濟 形質落落
空裏百禽 雲表一鶚
不捿偏僻 唯[102]羴[103]遼廓

---

96) 导 : 『전문』에는 '得'.
97) 牆 : 『전문』에는 '墻'.
98) 于 : 『전문』에는 '乎'.
99) 聖 : 『석원사림』에는 '□'.
100) 覔 : 『韓國中世社會史資料集』에는 '覓'.
101) 相 : 『석원사림』에는 '□'.

智者能者 了弗可度 (其四)

孤雲無定 片月長閑
影明諸夜 跡起衆山
遍虛空外 了方寸閒[104]
剎那彈指 事弗相關 (其五)

昔別三韓 遠遊百越
歸亦不辞 到亦不謁
出栴檀林 離師[105]子窟
以此校[106]量 復何虧闕 (其六)

昇堂若日 集衆如雲
鳥獸非一 哮吼成群
是人皆聽 唯我不聞
本無聲色 焉有區分 (其七)

□□□楡 四居蘭若

---

102) 唯 : 『전문』에는 '惟'.
103) 毳 : 『전문』에는 '翯', 『연구』에는 '毳'.
104) 閒 : 『연구』에는 '間'.
105) 師 : 『전문』에는 '獅'.
106) 校 : 『전문』에는 '較'.

人皆取上 我獨接下
髮辱仙人 金勞長者
豈不然乎 當如是也 (其八)

大哉我法 渙然他心
本無生滅 奚有光陰
眉毫似玉 面色如金
隨緣赴感 棧險航深 (其九)

雲斷無蹤 月沉無跡
校彼圓明 如此今[107]昔
身出大千 履遺一隻
乃詔詞臣 銘于巨石

(원문교감 : 김혜원)

107) 今 : 『석원사림』에는 '□'.

29. 葛陽寺惠居國師碑

1. 자료의 성격

1) 찬자 : 崔亮
   서자, 전자 : 金厚民
2) 시기 : 宋 淳化 5년(成宗 13, 994) 8월
3) 있는 곳 : 원래 葛陽寺(현 경기도 수원 龍珠寺)에 있었으나 파괴되어 현전하지 않는다.
4) 현상태 : 南陽郡의 孔氏가 보관해 오던 탁본을 1917년에 李能和가 『朝鮮佛敎叢報』에 활자본의 형태로 전한 것이 가장 오래 된 것으로, 탁본은 현전하지 않지만 활자본에도 國師 또는 國王을 나타내는 앞부분에 일정한 간격을 두고 있어 활자화하는 과정에서 탁본의 원형을 보존하려 한 흔적을 볼 수 있다.[1)]

---

1) 『총보』에 의하면 이 비는 원래 葛陽寺(水原 龍珠寺의 前身)에 있었으나 공민왕 때 紅巾賊이 楊廣道에 창궐해 절이 비게 되자 부근에 살고 있던 寺奴의 자손이 碑에 자신의 조상의 이름이 새겨져 있어서 파괴하였다고 전하면서, 이 비문은 南陽郡의 士族인 孔氏가 보관해 오던 것(拓本書帖일 가능성이 큼)이라고 한다(李能和, 1917, 『朝鮮佛敎叢報』 1, p.26). 그러나 許興植은 홍건적에 대한 口傳이 540여 년 간이나 전하여졌다고 보기는 어려울 뿐만 아니라, 비문에 노비의 이름까지 올라 있는 예도 없고, 올라 있다 해도 노비는 조상숭배 관념을 400여 년간 지닐 만큼의 의식이 형성될 수도 없으므로 병자호란 때 후손이, 비문에 실린 조상이 불교와

2. 자료의 구조

1) 제목, 찬자, 서자, 전자 : 高麗國 ~ 奉宣書并篆

2) 서

① 도입 : 蓋聞 ~ 惟我國師而已

② 가계와 탄생연기 : 師□諱智□ ~ 師生焉

③ 출가, 수행 : 神骨峻爽 ~ 丕振曹溪宗風

④ 입적, 입비 과정 : 光廟二十五年甲戌 ~ 稽首拜手

3) 명 : 摩尼古聖 ~ 贔屭綿邈

4) 입비 시기 : 有宋淳化五年甲午八月日立

3. 惠居國師(899~974) 연보

諱 智□, 軒名 惠居, 俗姓 朴氏, 溟州人.

父 允榮 贈門下侍中, 母 金氏.

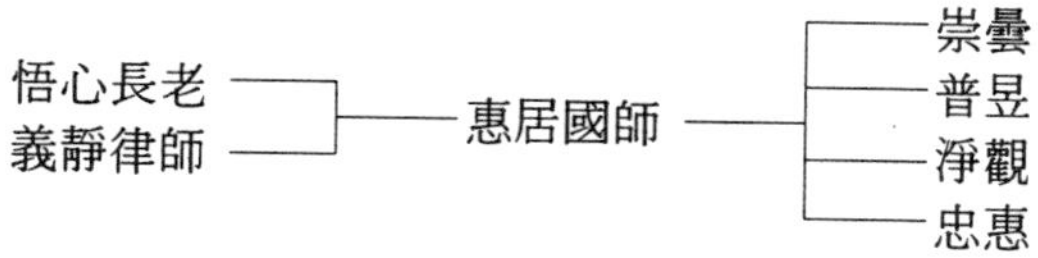

1세	효공왕 3, 견훤 8	899	4월 4일 출생
16세	신덕왕 3, 견훤 23	914	봄 牛頭山 開禪寺의 悟心長老에게 출가
19세	경명왕 1, 견훤 26	917	金山寺 義靜律師에게서 구족계 받음
24세	경명왕 6, 견훤 31	922	여름에 彌勒寺 開塔紀念으로 열린 禪雲寺 選佛場에서 설법하여 이름을 날림

관련이 있으므로 성리학이 國教인 사회에서 이를 수치로 생각하고 파손했을 가능성이 크다고 보았다(許興植, 1986, 「惠居國師의 生涯와 行績」 『韓國史硏究』 52, p.31).

26~28세	경애왕 1~3, 견훤 33~35	924~926	景哀王이 芬皇寺에 머물 것을 요청하며 자줏빛 비단과 香·寶器 등을 사여함
31세	경순왕 3, 견훤 38	929	경순왕의 초청으로 靈廟寺에 머물며 戒壇을 세우고 7일 간 法會 개최
41세	태조 22	939	봄에 太祖가 세 차례 불렀으나 응하지 않음
49세	정종 2	947	가을에 定宗이 王師로 책봉하여 맞이하게 하니 12월에 대궐에 도착하여 謝恩함
50세	정종 3	948	2월 왕명으로 弘化寺에서 轉藏法席을 주관하고 住持. 辯智無碍의 호를 하사받음
64세	광종 12	962	廣明寺에 옮겨 거하고, 7일 간 仁王般若會 개최. '圓明妙覺'의 호와 磨衲袈裟·寶器·香·茶 등을 하사받음
70세	광종 19	968	1월 國師 책봉. 慶雲殿에서 百座會 열고 圓覺經 강설. 6월 崇景殿에서 祈雨, 大雲輪經을 설하자 비가 내림
72세	광종 21	970	봄에 水州府 葛陽寺로 하산할 것을 주청하니 왕이 內庫의 금을 하사하여 수리하게 함
74세	광종 22	971	가을에 葛陽寺 준공하여 水陸道場을 행하고 태자(景宗)를 보내 낙성하게 함
75세	광종 23	972	봄에 물러나기를 청하니 왕이 演福寺에 모든 승려와 문무반을 모이게 하여 전별식을 베풀고 中書舍人 李鎭喬를 보내 葛陽寺까지 陪行하게 하며, 租·綿布·腦原茶·器皿 및 田結 등과 '興福佑世'의 호 하사. 7월 表를 올려 謝恩. 이후 曹溪의 宗風을 크게 떨침
76세	광종 25	974	2월 15일 入寂. 戒臘 61. 왕이 左承宣 中書舍人 李敬廸을 보내 喪事 살피게 함 3월 8일 산 남쪽에서 茶毘 행하여 사리 13매를 얻어 탑에 봉안. 문인들이 國師의 行狀을 수집하여 表를 올림 7월 '洪濟尊者'라 贈謚하고 탑명을 '寶光'이라 함
	성종 13	994	3월 8일 왕명으로 비를 세우고 崔亮이 碑銘을 씀

4. 교감자료

權相老 編, 1917,『朝鮮佛教略史』, 新文館 ; 1979, 寶蓮閣, pp.98

李能和 編, 1917,『朝鮮佛敎叢報』1, pp.19~22 ; 1976,『韓國佛敎雜誌叢書』第14卷, 寶蓮閣, pp.23~26
許興植, 1990,「葛陽寺 惠居國師碑」『高麗佛敎史硏究』, 一潮閣, pp.579~597

5. 참고문헌

金煐泰 · 高翊晋 編, 1976,『韓國佛敎撰述文獻總錄』, 東國大出版部, pp.285
權相老 編, 1979,『韓國寺刹全書』上 龍珠寺, 東國大出版部, pp.19
許興植, 1986,「惠居國師의 生涯와 行績」『韓國史硏究』52, pp.29~45
京畿道 編, 1988,『畿內寺院誌』, 三省印刷, pp.339~352

6. 원문교감

高麗國 水州府 花山 葛陽寺 辯智無碍 圓明妙覺 興福佑世 惠居國師 諡洪濟尊者 寶光之塔碑銘 并序

內史門下平章事 監修國史 太子少師 臣 崔亮 奉宣撰
承奉郎 尙書都官郎中 臣 金厚民 奉宣書 幷篆

蓋聞 瞿曇開敎 列五乘而詢詢導生, 達磨[2]指心 留隻履而玄玄揭理. 說之者 以無說而說, 修之者 以無修而修. 箭蓬相柱[3]

2) 達磨 :『총보』에는 '達摩'.
3) 柱 :『韓國史硏究』·『고려불교사연구』에 근거(이하 『연구』로 약칭).

燈炷弁傳, 何其奇偉歟! 逮乎聖遠言堙 法隨以弛, 學者 執空有而昧密旨, 抛源根而挹支流. 於是 茅塞悟修之路, 蓁蕪敎理之域, 而佛祖之正法眼藏 幾乎息矣. 於斯有人焉, 獨能斥邪僞之妄習[4] 廓正眞之妙宗. 始憑筌罤[5]而詣深 終捨文[6]字而悟眞, 得乎己而兼濟天下者 惟我國師[而][7]已.

師 [法][8]諱智□, 惠居軒[號也][9]. 俗籍 溟州朴氏, 川寧郡 黃驪縣人也. 考諱 允榮, 贈門下侍中.金氏夢, □□□□, 墜懷有娠, 唐 光化二年己未四月四日師生焉.

神骨峻爽 頗非凡倫, □□學 穎慧夙發, 人敢莫先. 每遊嬉寺塔 禮佛聞經, 可驗宿因. 乾化甲戌春 往牛頭山開禪寺 謁悟心長老 請歸佛. 長老嘉愛, 爲之薙染. 時 年十六. 越三年 就金山寺義靜律師戒壇, 受具. 於是 戒珠明朗, 法器泓澄, 雅厭匏繫, 振衣遐擧, 博訪知識, 益究玄乘. 龍德二年夏 特被彌勒寺開塔之

『총보』에는 '拄'로 되어 있으나 내용상 '柱'가 맞는 것으로 추정되는데, 금석문에서는 '木'部가 '手'部처럼 보이는 예가 많으므로 탁본을 필사하는 과정에서 잘못된 것으로 보인다.

4) 習 : 『총보』에 근거. 『韓國史硏究』·『연구』에는 '㬅'.
5) 罤 : 『총보』·『연구』에 근거. 『韓國史硏究』에는 '裁'.
6) 文 : 『총보』·『韓國史硏究』에 근거. 『연구』에는 '交'.
7) 而 : 『총보』·『연구』·『韓國史硏究』에는 '□', 許興植도 '而'로 추정.
8) 法 : 『총보』·『연구』·『韓國史硏究』에는 '□', 許興植도 '法'으로 추정.
9) 號也 : 『총보』·『연구』·『韓國史硏究』에는 '□□', 허흥식도 이를 '號也'로 추정.

恩 仍赴禪雲山選佛之塲[10]. 登壇說法時 天花繽紛, 由是 道譽彌彰 負笈者雲趨. 時 新羅景哀大王 請住芬皇寺, 賜紫羅·屈眴[11]·栴香·寶器等物. 天成四年 敬順大王 命師移住靈廟寺, 法席, 築戒壇 飾佛塔 設法會七日. 天福四年春 我太祖大王 欽師道德, 凡三徵不起, 願乞以鳥養 辭遂以龜曳. 開運四年秋 我定宗大王 特降璽書 封師爲王師, 命中涓邀之. 師方出 出赴京, 盖師之行藏, 豈其偶爾哉. 同十二月 進闕謝恩, 王迎師于澄瀛閣謂曰, "昔我大行太祖 久切雲霓之望 竟失魚水之歡, 予[12]乃否德 顧奉芝宇 親聆貝音, 古今相遇 必有因緣也." 王師對曰, "臣學疎知薄 而曩時方命 志在晦藏, 今日榮招 揆分實濫." 王曰, "道之在人 如玉韞山, 雖欲韜光 安可得乎!" 明年二月 設轉藏法事於弘化寺, 命王師住席 賜辯智無碍之號. 及我光宗大王十三年壬戌 命王師 移住廣明寺, 爲設仁王般若會七日. 賜圓明妙覺之號, 兼磨衲紫袈·寶器·香·茶等. 十九年戊辰正月 陞王師爲國師, 於慶雲殿 設百座會, 請國師 說圓覺經. 同年六月 亢暵 命國師 禱雨於崇景殿. 國師執香爐 誦大雲輪經, 小頃 有物如蚯蚓,[13] 欻[14]從淨瓶中出, 噏雲淸空, 大雨滂沱. 左右莫不驚歎, 咸以爲神聖. 開寶三年庚午春 國師奏[15]曰, "水州府葛陽寺

---

10) 選佛塲 :『총보』·『韓國史硏究』에 근거. 『韓國史硏究』에는 '場'. '塲'은 '場'과 통한다.

11) 屈眴 :『총보』·『연구』·『韓國史硏究』에 근거.

12) 予 :『총보』·『연구』에 근거. 『韓國史硏究』에는 '豫'.

13) 蚯蚓 :『연구』·『韓國史硏究』에 근거.

14) 欻 :『총보』에 근거. 『韓國史硏究』에는 '然', 『연구』에는 '欻然'.

山明水麗, 爲國家萬代福址, 願以劃爲祝釐之所.” 上可之, 賜帑金 亟[16]旣厥事, 國師承命, 使門人前住廣明寺住持普昱監之. 修緝象塔殿樓, 輪焉奐焉. 明年辛未秋 竣功. 因設水陸道塲[17]. 上命太子往而落之. 壬申春 國師屢乞退養, 至於納印上表, 王優詔許[18]之. 以三月十五日, 上駕幸演福寺, 設闔院僧齋 兼乎寅餞[19]之儀, 率文式[20]斑[21]辭別. 明日啓程, 命中書舍人李鎭喬陪行南歸花山葛陽寺. 王賜租五百石・綿布六十匹・腦原茶一百角 并器皿等. 又賜田結五百碩[22], 以贍祝釐之資, 又賜興福佑世之徽號. 是年七月 國師上表謝恩. 國師 自是 焚修齋練而觀佛 摒除知見而叅[23]禪, 丕振曹溪宗風.

光廟二十五年甲戌 二月十五日 召大衆戒之曰, “山河萬象 根塵四大 罔非幻起幻滅. 吾亦今將還源, 爾曹勿悲咷勿愛戀.” 泊然入寂, 報齡七十六,[24] 戒臘六十一. 四衆擎擗, 訃聞丹陛 上震

15) 奏 : 『총보』・『연구』에 근거. 『韓國史研究』에는 ‘奏’ 자가 없음.
16) 亟 : 『총보』・『韓國史研究』에 근거. 『연구』에는 ‘函’.
17) 水陸道塲 : 『총보』・『韓國史研究』에 근거. 『연구』에는 ‘水陸道場’.
18) 許 : 『총보』・『연구』에 근거. 『韓國史研究』에는 ‘行’.
19) 寅餞 : 『총보』・『연구』에 근거. 『韓國史研究』에는 ‘寅(賓)餞’.
20) 文式 : 『韓國史研究』에 근거. 『총보』・『연구』에는 ‘文武’로 나타나 있으나 당시 惠宗의 휘인 ‘武’를 避諱하여 썼을 것이므로 원문에는 ‘文式’으로 기록되었을 것으로 추측된다.
21) 斑 : 『총보』・『韓國史研究』・『연구』에 근거. ‘斑’은 ‘班’과 통용.
22) 碩 : 『총보』・『韓國史研究』・『연구』에 근거. 『韓國史研究』에는 ‘碩’ 뒤에 ‘頃’자가 더 있었던 것으로 나타남.
23) 叅 : 『총보』에 근거. 『韓國史研究』・『연구』에는 ‘參’.
24) 報齡七十六 : 『총보』・『연구』에 근거. 『韓國史研究』에는 ‘報’가 없음.

悼, 遣左承宣中書舍人李敬迪, 致吊祭 監護喪事. 以三月八日 號奉全身茶毘于寺之南麓, 人祇慴痛 禽獸哀呼. 獲舍利十三枚 於紅錟中 塔以封之, 門人弘化寺住持三重大匡大禪師嵩曇・廣明寺住持三重大匡大禪師普昱 及 大禪伯淨觀・大敎碩德忠惠等百餘人, 裒集國師行狀, 詣闕上表, 上 使所司議諡. 是年七月日 贈諡曰, '洪濟尊者', 塔曰, '寶光'. 越二十年 今我聖上十三年甲午秋 上召臣亮 敎若曰, "故惠居國師 歷事二朝, 陰襄化理之功 旣茂而弘 尙欠勒碑[25], 垂后之典, 予甚慨然. 爾[26]其銘之, 亟圖不朽." 臣 謬承宣旨, 罔敢綦讓, 於是 稽首拜手[27] 而銘曰

摩尼古聖 法垂龍藏, 金粟[28]現相 珠髻[29]紋光.
慈航渡迷 毒鼓魂喪, 日潛鶴樹 萬代流芳.

碧眼西來 抹殺文言, 密授心印 現傳法袖.
有相皆寂 無法非尊, 休道當日[30] 剩覩眞源.

叔季澆漓 道體旣裂, 觀門失軌 爭宗鏟碣.
水鶴易混 釿鍔[31]莫別, 孰障狂瀾 式俟[32]偉傑.

---

25) 碑 : 『총보』・『연구』에 근거. 『韓國史研究』에는 없음.
26) 爾 : 『총보』・『韓國史研究』에 근거. 『연구』에는 없음.
27) 稽首拜手 : 『총보』・『韓國史研究』에 근거. 『연구』에는 '頓'.
28) 金粟 : 『총보』・『韓國史研究』에 근거. 『연구』에는 '栗'.
29) 髻 : 『총보』・『韓國史研究』에는 '髺', 『연구』에는 '髻'.
30) 日 : 『총보』・『韓國史研究』에 근거. 『연구』에는 '曰'.

繄我國師　天縱英睿[33]，　大星縈夢　喬嶽跱誓.
學自超凡　德誰媲儷，　操律守法　旣貞而礪.

智辯雙運　爲王者師，　福國[34]佑世　崇敎廣慈.
行藏義理　終始惠思，　山高水長　百世蓍龜.

歲聿云暮[35]　時行時止，　重葺葛社　載疏蓮址.
將身歸林　納印辭位，　牢跏嵓穴　俾遂初志.

朝磬夕香　念念祈嵩，　爐煙裊[36]青　鉢薷敷紅.
老彌貞固　肅益冲融，　精一叅[37]話　淸明厥躬.

萬象都幻　哲人云亡，　苦海傾檝　法厦摧樑.
醍醐變味[38]　薝蔔歇香，　邦籙以蹇　如喪爺孃.

法齡六一[39]　沛然恩渥，　[□□□□　□□□□.

31) 釿鍔 : 『총보』에는 ‘釿銀’.
32) 俟 : 『연구』에는 ‘俊’.
33) 睿 : 『총보』에 근거. 『韓國史硏究』·『연구』에는 ‘容’으로 되어 있으나 ‘容’은 韻字에 맞지 않음.
34) 國 : 『총보』·『연구』에 근거. 『韓國史硏究』에는 ‘大’.
35) 暮 : 『총보』·『韓國史硏究』에 근거. 『연구』에는 ‘募’.
36) 裊 : 『총보』·『韓國史硏究』에 근거. 『연구』에는 ‘㚏’.
37) 叅 : 『총보』·『연구』에 근거. 『韓國史硏究』에는 ‘參’.
38) 味 : 『총보』·『韓國史硏究』에 근거. 『연구』에는 ‘昧’.
39) 六一 : 『총보』·『韓國史硏究』·『연구』에는 모두 ‘六七’로 나타나지만, 序 부분 말미에 ‘戒臘六十一’로 나타나 있고, 출가한 때부터 계산하면 ‘六一’이 맞는 듯하다. 나말여초 선승들의 비문을 보면 일반적으로 구족

□□□□]40) 勒碑花嶽, 庶幾燿41)光 贔屭綿邈.

有宋淳化五年甲午 八月 日 立42).

(원문교감 : 김혜원)

계를 받은 때부터 僧臘을 산정하고 있다. 그러나 葛陽寺 惠居國師와 靈巖寺 寂然國師가 출가한 때부터 승랍을 산정하고 있는데, 그 이유는 미상이다.

40) 『총보』·『韓國史硏究』·『연구』에는 '渥~勒' 사이에 글자가 없는 것으로 나타나지만, 韻을 맞추면 원래 이 사이에는 12자가 있었던 것으로 추정된다.

41) 燿 : 『총보』에는 '耀'.

42) 立 : 『총보』에는 이 뒤에 "右葛陽寺 卽今龍珠寺. 前身舊號也. 此碑在該山中, 而世傳云 高麗恭愍王壬子 紅巾賊 猖獗於楊廣道時, 寺遂空虛, 隣居寺奴之子孫 撲滅此碑, 碑有渠祖之名籍故也. 因爲至寶之不傳於世, 曷勝悲傷哉. 此碑文 幸得於南陽郡 士族孔某之遺藏中云. 記者誌"라는 내용이 보인다.

30. 寧國寺慧炬國師碑

1. 자료의 개요

1) 찬자, 서자, 각자 : 미상
2) 시기 : 고려 현종 이후로 추정[1]
3) 있는 곳 : 미상. 靈巖寺 寂然國師 英俊[2]의 碑文에 의하면 이 비는 원래 道峰山 寧國寺[3]에 있었다 한다.
4) 현상태 : 탁본 서첩의 형태로 전함. 書體는 楷書體.

2. 자료의 구조

다른 비문들과 같이 제액・찬자・서자와 序, 銘 및 세운 시기와 각자 등의 순으로 이루어졌을 것이나 현재는 탁본서첩의 일부만이 남아 있어서 비문의 전체적인 내용을 파악하기 곤란하다.

---

1) 許興植 敎授는 고려 광종 때로 추정하였으나(許興植 編, 1984, 『韓國金石全文』中世上, 亞細亞文化社, p.410) 본문 가운데 '大宋'이라는 표현이 보이는 것으로 보아 현종 이후에 세워진 것으로 보인다. 현재까지 금석문에서 '大宋'이라는 표현이 가장 일찍 나타나고 있는 것은 현종 8년(1017)에 세워진 淨土寺弘法國師實相塔碑이다.

2) 寂然國師 英俊(932~1014) : 국내에서 혜거를 사사하였으며, 오월에 건너가 永明延壽 문하에서 수학하였다. 혜목산 智宗과 법형제이며, 중국에서 천태종을 배운 혜거와 함께 법안종의 영향을 받았다. 혜거의 활동시기를 파악하기 위하여 그 제자인 寂然國師의 年譜를 살펴보면 다음과 같다.

1세	태조 15	932	출생
13세	혜종 1	944	定安縣 天關寺 崇攸和尙에게 사사
18세	광종 즉위	949	興國寺 官檀에서 具足戒, 寧國寺 慧炬國師에게 사사
36세	광종 19	968	永明寺 延壽禪師에게 사사
40세	광종 23	972	귀국
41세	광종 24	973	福林寺 주지. 성종은 大師 제수. 師子山寺 주지
56세	성종 7	988	성종의 초청
65세	목종 즉위	997	禪師. 普濟寺 주지
77세	현종 즉위	1009	大禪師. 內帝釋院 주지
79세	현종 2	1011	嘉壽縣 靈巖寺 주지
82세	현종 5	1014	入寂. 향년 83, 過臘 69
	현종 24	1023	비 세움

3) 道峰山 寧國寺의 위치에 대해서는 다음과 같은 기록들이 있다.

① 『韓國寺刹全書』:

寧國寺 ○『東國輿地勝覽』 10卷, 482項 梵宇攷, "在京畿道楊州郡道峯山"

○ 栗谷 撰, 『道峰書院記』, "楊州治南三十里 有山曰道峰 有洞曰寧國 舊有寧國寺 寺廢而洞仍其名"

○ 仝上, "又曰靜庵趙文正公 平素愛此處山水 往來遊觀 後寧(?)廟七年 州牧南侫彦追慕 先生遺跡 建書院 於寺址祀文正公寺宇在北 補以東西齋 書院在南 中設講堂 翼兩夾室 後配祀宋文正公"

② 『大東金石目』: 寧國碑 在楊州道峰山 寧國寺慧炬國師碑

③ 『景德傳燈錄』 권25, p.112(『大正新修大藏經』 권51, p.414 中~下), "靑原山行思禪師 第九世 上 金陵淸凉文益 禪師法嗣 …… 高麗道峯山慧炬國師. 始發機於淨慧之室. 本國主思慕, 遣使來請, 遂廻故地. 國主受心訣, 禮對彌厚. 一日 請入王府上堂. 師指威鳳樓 示衆曰, 威鳳樓爲諸上座 擧揚了. 諸上座還會. 麼若會, 且作麼生會. 若道不會威鳳樓, 作麼生不會. 珍重. 師之 自敎未被中華. 亦莫知所終."

· 도봉산 영국사는 현재 원도봉산에 위치하고 있는 望月寺를 일컫는다. 『韓國寺刹全書』 望月寺條에 의하면 『奉恩本末誌』·『望月寺事蹟』 등을 인용하여 宋 英宗 3년, 고려 文宗 20년(병오, 1066)에 혜거국사가 중창한 이후 흥폐를 거듭하면서 14차례 중창하였다는 기록을 전하면서(權相老 編, 1979, 『韓國寺刹全書』 上, pp.356~358 望月寺條), 이 가운데

3. 慧炬國師(?～?) 연보

諱 慧炬, 字 弘炤, 俗姓 盧氏

?: 太祖와 만나는 등 활발한 교화활동 전개

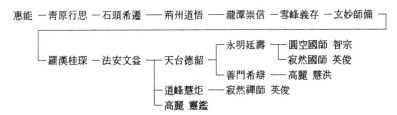

＊ 系譜[4)]

惠能 ─ 青原行思 ─ 石頭希遷 ── 荊州道悟 ── 瀧潭崇信 ─ 雪峰義存 ─ 玄妙師備 ─┐
└ 羅漢桂琛 ─ 法安文益 ┬ 天台德韶 ┬ 永明延壽 ┬ 圓空國師 智宗
　　　　　　　　　　　　　│　　　　　　│　　　　　　└ 寂然國師 英俊
　　　　　　　　　　　　　│　　　　　　└ 善門希辯 ── 高麗 慧洪
　　　　　　　　　　　　　├ 道峰慧炬 ── 寂然禪師 英俊
　　　　　　　　　　　　　└ 高麗 靈鑑

4. 교감자료

李俁, 1668,『大東金石書』, p.53 *탁본 서첩

朝鮮總督府 編,『朝鮮金石總覽』, 亞細亞文化社, pp.410～411

許興植 編, 1984,『韓國金石全文』中世上, 亞細亞文化社, pp.410～411

혜거국사가 영국사를 중창한 시기가 文宗 20년(병오, 1066)으로 나타나는 것을 잘못으로 파악하고 光宗 20년(기사, 946)이 옳은 편년일 것으로 추정하고 있다. 이는 '文宗'과 '光宗'이 혼동된 것으로 파악한 듯하다. 그러나 금석문이나 고문서의 기록에서는 간지가 중요한 역할을 하는 경우가 많을 뿐만 아니라, 靈巖寺寂然國師碑에 의하면 혜거국사는 광종 즉위 초 적연국사 英俊의 스승으로 나타나 있고, 정종～광종 초 무렵에 國師로서 寧國寺에 주석하고 있었음이 분명하다. 따라서 혜거국사가 영국사를 중창한 시기는 문종 20년이나 광종 20년이 아니라 定宗 1년(병오, 946)이 될 것으로 추정된다.

4) 許興植, 1990,『高麗佛敎史硏究』, 一潮閣, p.623에 의거하였다. 혜거국사의 계보에 대해서는 여러 설이 있다.『大東金石帖』에는 혜거가 오월에 유학하여 天台德韶에게 법안종풍을 배웠다고 되어 있고,『大東金石書』에는 法安文益 제자로 명시되어 있다. 허흥식은 혜거를『景德傳燈錄』에 雪峰義存의 제자로 기록된 신라인 '大無爲'의 계통으로 추정하였다.

5. 참고문헌

『三韓金石錄』 * 目錄만 收錄, 寧國寺圓覺禪師碑銘으로 나타남
『大東金石目』, p.7 및 p.159 * 目錄만 收錄
『景德傳燈錄』 권25, p.112
權相老 編, 1979, 『韓國寺刹全書』 下, 동국대출판부, p.822
金哲埈, 1968, 「高麗初의 天台學 硏究」 『東西文化』 2 ; 1975, 『韓國古代社會硏究』, 知識産業社
許興植, 1990, 「王師·國師制度와 그 機能」 『高麗佛敎史硏究』, 一潮閣
許興植, 1990, 「靈巖寺 寂然國師碑」 『高麗佛敎史硏究』, 一潮閣

6. 원문교감

國師 諱 慧炬, 字 弘炤, 俗姓 盧/
太祖 神聖大王 膺期撫運 野/
腥 曁入爨 大宋高麗國衆謂/
經曠野 見黑象伏地而喘氣/
玄砂 如赤水手探珠而滿掬/
安遠旅摳衣而捧袂 親入室/
錦幡光動搖 通照寰宇者 禪[師]/
綸於煙言 賀鳳儀 命馹騎以/

(원문교감 : 김혜원)

羅末麗初 禪宗史 年表 [1]

(중국 선종관련 연표는 앞에 *로 표시)

서기	王曆	중국 및 한국 선종사	참 고
676	文武王16	이 무렵 신라인에 의해 한국 초기 禪을 이해하는 데 중요한 『金剛三昧經』이 등장함	676. 三國統一 완성, 浮石寺 창건 699. 渤海 건국
684	神文王4	無相禪師 출생(~762)	
686	6	元曉 입적	
702	聖德王1	3.義相 입적	
704	3	神行禪師 출생(~779)	
713	12	* 六祖慧能 입적	
722	21	신라승 金大悲가 중국인을 시켜 六祖慧能의 頭骨을 竊取하려다 실패	
727	26	* 一行 입적	
728	27	無相, 入唐하여 長安에 이르러 玄宗의 知遇를 받음 ▷四川省 成都에 가서 資州處寂에게 배우고 靜衆寺의 주지가 됨. 귀국하지 않고 당에서 禪風을 떨침	
732	31	* 河澤神會, 滑臺 大雲寺에서 北宗禪 공격	
733	32	神行, 출가하여 運精律師와 호거산 法朗禪師에게 배움. 3년 만에 법랑이 입적하자, 입당유학하여 北宗禪 神秀의 법손인 志空에게서 수학. 志空 입적 후 귀국하여 교화활동	
734	33	* 資州處寂 입적	
740	孝成王4	* 靑原行思 입적	
744	景德王3	* 南嶽懷讓 입적	
762	21	무상, 唐에서 입적	755~63. 安史의 亂

1) 연표는 羅末麗初期 禪僧碑文과 祖堂集을 중심으로 작성하였음

774	惠恭王10	眞鑑禪師 慧昭 출생(~850)	
779	15	10. 신행, 南岳 단속사에서 입적(俗年 76)	
781 ~ 800	宣德王2 ~ 哀莊王1	* 曹溪大師傳 성립 * 敦煌本六祖壇經 성립	
784	宣德王5	道義, 사신을 따라 입당유학 ▷오대산으로 가서 文殊에 감응함 ▷廣州 寶壇寺에서 구족계 받음 ▷曹溪에 가서 祖師堂에 참배 ▷江西 洪州 開元寺로 가서 西堂智藏에게 배움. 智藏이 '元寂'이란 이름을 '道義'로 고쳐 줌 ▷百丈懷海에게 배움	
785	元聖王1	寂忍禪師 慧徹 출생(~861)	
786	2	* 馬祖道一 입적	
787	3	圓鑑大師 玄昱 출생(~868)	
798	14	澈鑑禪師 道允 출생(~868)	
799	昭聖王1	혜철, 출가하여 부석사에서 화엄을 배우고 경전을 공부	
800	哀莊王1	朗慧和尙 無染 출생(~888)	802. 海印寺 창건
804	5	혜소, 歲貢使 배에 편승하여 入唐, 滄州神鑑을 찾아감 普照禪師 體澄 출생(~880)	
806	7	혜철, 구족계 받음. 계율을 중히 여김	
808	9	현욱, 구족계 받음	
810	憲德王2	1. 通曉大師 梵日 출생(~869) 혜소, 唐 崇山 少林寺 瑠璃壇에서 구족계 받음. 이후 道義를 만나 함께 중국 편력. 終南山에서 3년 간 止觀 수행, 紫閣 地域에서 3년 간 보시 행함 弘覺禪師 利觀, 이 해를 전후해 출생(~888) ▷17세 출가 ▷해인사에서 수학 ▷영암사에서 禪定	
812	4	무염, 출가하여 法性禪師에게 楞伽禪을 배우다가 부석사에서 釋澄大師에게 화엄을 공부함	
813	5	신행 비가 세워짐	

814	6	혜철, 입당하여 西堂智藏을 만나 心印을 받음. 중국을 편력, 천태산 국청사에 머물기도 함. 이후 西州 浮沙寺에서 3년 간 大藏經 공부 * 百丈懷海, 西堂智藏 입적	
815	7	도윤, 출가하여 鬼神寺에 가서 화엄교학을 들었으나 그 가르침이 心印의 妙用만 못하다고 여기고, 이후 825년 입당유학하여 南泉普願에게 배움 秀澈和尙 출생(~893) * 章敬懷暉 입적	
816	8	圓朗禪師 大通 출생(~883)	
821	13	도의, 당에서 귀국. 禪이 수용되지 않자 설악산 陳田寺로 은거. 心印을 廉居和尙에게 전하고, 후일 염거는 체징에게 道를 전함 무염, 왕자 昕의 도움으로 입당하여 화엄을 공부하다가 후에 馬祖道一의 문하인 麻谷寶徹에게서 심인을 얻음	
822	14	체징 출가. 花山 勸法師 문하에서 경전 공부	
824	16	현욱, 입당유학하여 太原府의 두 절에서 지냄. 章敬懷暉의 법을 이음 4. 智證大師 道憲 출생(~882) 범일 출가	
825	17	도윤, 구족계 받음	
826	興德王1	證覺禪師 洪陟, 唐에서 西堂智藏의 法을 배워 귀국, 다음해에 지리산에서 實相寺를 개창하고 禪風 선양. 홍덕왕과 宣康太子의 귀의를 받음. 이후 입당유학, 귀국하여 각처에서 山門을 개창하는 자가 속출함 4. 澄曉大師 折中 출생(~900)	
827	2	체징, 熊州 加良峽山 普願寺에서 구족계 받음 ▷道義를 계승한 廉居禪師를 설악산 억성사로 찾아가 法印을 받음	
828	3	* 藥山惟儼 입적	
829	4	범일, 경주에 가서 구족계 받음 ▷~835. 왕자 金義琮을 따라 입당유학, 鹽官齊安에게 '平常心是道'라는 말을 듣고 깨달아 6년 간 모심. 후에 藥山惟儼을 찾아 禪問答을 나눔 수철화상, 緣虛律師에게 출가. 天宗大德에게 수학	

830	5	혜소, 당에서 귀국하여 흥덕왕의 우대를 받음 ▷尙州 露岳山 長栢寺에 주석 ▷지리산 花開谷 三法和尙의 절터에 절을 지어 주석	
831	6	이관, 구족계 받음	
832	7	도헌, 부석사로 출가 절중, 오관산사 珍傳法師에게 출가 12. 朗空大師 行寂 출생(~916) ▷가야산 해인사 宗師에게 출가	
834	9	* 南泉普願 입적	
835	10	朗圓大師 開淸 출생(~930) ▷화엄사 正行法師에게 사사	
836	僖康王1	수철화상, 東原京 福泉寺에서 潤法大德에게 구족계 받음 ▷실상사 洪陟의 제자가 됨. 홍척을 수행하여 경주에 가서 왕을 만남 ▷지리산 知實寺를 私築, 禪敎를 兼學	
837	2	9. 현욱, 本國의 王子 金義宗이 전하는 조서를 받고 귀국하여 남악 실상사에 머뭄. 이후 민애왕·신무왕·문성왕·헌안왕이 제자의 예를 보임. 왕궁에 들어가 법을 설함 ▷開成(836~840) 말, 경문왕의 명으로 고달사에 거처함 체징, 입당하여 선지식을 참알하고 15州를 편력함	
838	閔哀王1	혜소, 왕의 부름을 거절함. 왕이 '慧昭'라는 호를 내림 ▷새로이 절을 닦아 玉泉寺라 하고, 六祖靈堂을 세움 * 淸凉澄觀 입적	
839	神武王1 文聖王1	혜철, 당에서 귀국하여 무주 쌍봉사에 머물다가 곡성 大安寺로 옮김. 문성왕에게 封事 약간 조를 올림	
840	2	체징, 당에서 귀국하여 고향(웅진)에서 교화를 펼침 도헌, 구족계 받음 ▷계람산 수석사에서 교화활동 ▷~863. 왕이 제자의 예를 갖추고 초청하였으나 거절함 절중, 부석사에서 화엄학을 배움 홍각선사, 이 해 이후 현욱이 혜목산에서 설법하자 참예하여 대중들에 의해 상족으로 인정됨	841~845 會昌廢佛
841	3	* 圭峰宗密 입적	
842	4	* 鹽官齊安 입적	

844	6	범일, 會昌 4년 廢佛이 있자 商山(在陝西省)에 은거하여 禪定을 닦음 절중, 백성군 장곡사에서 구족계 받음 ▷금강산 長潭寺 道允和尙을 만남 ▷道譚禪院 慈忍禪師를 만남. 이후 16년 머무름 ▷사방으로 선지식을 찾아다니며 배움 9. 廉居和尙 입적, 부도가 세워짐	
845	7	무염, 唐 武宗의 廢佛로 인하여 귀국 이후 왕자 昕의 요청으로 熊川州 소재 사찰에 머무르게 되었는데 문성왕이 사찰의 이름을 '聖住'로 지어주고 大興輪寺에 편입시킴 대통, 대덕 聖鱗에게 투탁하여 구족계를 받고 단엄사에 거처, 당에서 귀국한 慈忍禪師를 만나 3개월 간 禪 공부, 후에 廣宗大師 無染의 문하에 들어감	
846	8	범일, 당에서 경주로 돌아옴	
847	9	도윤, 당에서 귀국하여 금강산 장담사에 거처. 경문왕이 귀의함	
850	12	혜소 입적(속년 77, 법랍 41) ~853. 金立之가 지은 聖住寺碑가 세워짐	
851	13	범일, 溟州 都督 金公의 청으로 崛山寺에 가서 입적할 때까지 40여 년 머무름 경문왕(11년 : 871)・헌강왕(6년 : 880)・정강왕(2년 : 887)이 국사에 책봉하려고 불렀으나 사양함	
853	15	12. 眞鏡大師 審希 출생(~923) * 潙山靈祐 입적	
855	17	행적, 福泉寺 官壇에서 구족계 받음 ▷굴산사 通曉大師 梵日의 제자가 됨 4. 眞空大師 □運 출생(~937) ▷□운 출가, 가야산 善融和尙을 스승으로 모심	
856	18	대통, 賀正使를 따라 입당, 仰山 澄虛大師 문하에서 禪을 배우고 여러 곳을 돌아다님	
858	憲安王2	체징, 헌안왕의 초청을 安居와 病을 이유로 사양함. 10월 왕의 청으로 迦智山寺로 옮겨 주석함 了悟和尙 順之, 입당유학하여 仰山慧寂의 문하에 들어감. 이후 귀국하여 三遍成佛論 1편을 지음	

859	3	체징, 武州(光州) 黃壑蘭若로 옮겨 禪風을 진작함. 왕이 경주로 청하였으나 응하지 않음. 10월 왕의 下敎에 따라 가지산사로 거처를 옮김 개청, 강주 엄천사에서 구족계 받음. 다시 화엄사로 감 ▷굴산사에 가서 通曉大師 梵日로부터 심인을 받음 ▷草寇의 습격을 받음 ▷溟州 慕法弟子 閔規 閼粲이 普賢山寺에 머무르게 함 ▷知溟州軍州事 王荀式(王馴式)과 만남 ▷景哀王으로부터 國師의 禮를 받음	
860	4	체징, 副守 金彦卿의 시주로 가지산사에 鐵造盧舍那佛像 1구를 주조함. 王도 金入宅 가운데 望水宅·里南宅의 宅主에게 下敎하여 金과 租를 가지산사에 내게 하고 사찰을 宣敎省에 속하게 함 咸通(860~874) 말. 이관, 설산 억성사로 감	
861	景文王1	체징, 가지산사를 확장함 혜철 입적(속년 77, 법랍 56) 무염, 王城에 초치되어 머물다가 尙州 深妙寺에 거주할 것을 허락받음 ▷경문왕 사후 성주사로 돌아갔다가, 헌강왕에 의해 한 번 더 경주에 초청됨. 이 때 '廣宗'이라는 법호를 받음 ~869. 수철화상, 왕의 부름으로 경주에 가서 禪敎의 同異點에 관한 물음에 답변	
862	2	심희, 혜목산 圓鑑大師 玄昱에게 출가 大鏡大師 麗嚴 출생(~930)	
864	4	4. 廣慈大師 允多 출생(~945) 4. 先覺大師 逈微 출생(~917) 겨울. 도헌, 端儀長翁主가 賢溪山 安樂寺를 시납하자 그 곳으로 옮김 ▷僧籍에 넣어 승려가 되게 해 준 韓粲 金嶷勳의 명복을 기리고자 丈六鐵造佛像 주조	
865	5	* 德山宣鑑 입적	
866	6	대통, 당에서 廻易使 陳良을 따라 귀국. 스승 무염이 사람을 보내어 맞이함	

867	7	대통, 慈忍禪師의 요청으로 月巖山 月光寺에 거처, 사찰을 크게 일으킴. 이를 들은 왕이 종신토록 주지를 맡도록 함 도헌, 端儀長翁主로부터 토지와 노비를 시납받음 * 臨濟義玄 입적	
868	8	4. 도윤 입적(속년 71, 법랍 44)	
869	9	1. 眞空大師 忠湛 출생(~940) 4. 洞眞大師 慶甫 출생(~947). 夫仁寺로 출가, 敎學 공부, 후일 道詵의 제자가 됨 4. 元宗大師 璨幽 출생(~958) 11. 현욱 입적(속년 82, 승랍 60) * 洞山良价 입적	
870	10	행적, 入備朝使 金緊榮에게 의탁하여 입당유학 ▷당나라 長安의 左街 寶堂寺 孔雀王院에 거주 ▷五臺山 花嚴寺에서 배우고, 그 산의 中臺에서 神人을 만남 여엄, 무량수사의 住宗法師에게 출가 眞澈大師 利嚴, 충남 蘇泰(태안)에서 출생(~936)	
871	11	4. 法鏡大師 慶猷 출생(~921) 윤다 출가, 동리산의 和尙을 찾아감	
872	12	혜철 비가 세워짐 심희, 구족계 받음 ▷명산절경 유력, 玄關 참예. 입당유학의 필요성을 묻는 말에 반대의 입장을 분명히 함	
874	14	眞空 □운, 가야산 修道院에서 구족계 받음 ▷道義가 주석했던 설악산 진전사 순례 ▷왕경을 거쳐 김해로 가서 佐丞 王能長과 國父 大將軍 崔善弼의 귀의를 받음 ▷소백산사에 머물며 태조와 만남 乾符(874~879) 초. 순지, 元昌王后(龍女)와 그 아들 威武大王(龍建)에 의해 오관산 용암사에 머뭄	
875	憲康王1	행적, 成都府 靜衆精舍에서 無相大師의 影堂에 禮를 올리고 眞影을 알현함 ▷石霜慶諸에게 배움 ▷衡岳과 曹溪山을 탐방 ~885. 수철화상, 왕의 초청을 받음 ~880. 이관, 왕궁에서 10여 일 설법함	

878	4	형미, 보림사 體澄에게 출가 靜眞大師 兢讓 출생(~956) ▷긍양, 공주 西穴院의 如解禪師에게 출가	
879	5	1. 法鏡大師 玄暉 출생(~941) ▷출가, 무염의 제자인 靈覺山寺 深光을 스승으로 함 도헌, 자신의 소유인 田莊 12區 500結을 현계산 안락사에 예속시킴 윤다, 충남 迦耶山 새 절에서 구족계 받음. 전국을 돌아다니다 동리산으로 돌아감. 산적의 침입을 물리치고 활발히 교화를 폄 ▷효공왕이 만나기를 청했으나 兵火로 만나지 못함 ▷神聖大王(太祖)이 편지를 보내 만나기를 청하여 만남. 興王寺에 머물게 함 ▷黃州院君 王旭(태조의 子, 成宗의 父)이 제자가 되기를 청함 ▷內儀令 皇甫崇과 太相 忠良이 시자처럼 돌보자 다시 동리산으로 돌아감	
880	6	4. 체징 입적(속년 77, 승랍 52) 10. 이관 입적(속년 ?, 승랍 50) 여엄, 구족계 받음 ▷崇嚴山(성주산) 廣宗大師(無染)의 제자가 됨	
881	7	도헌, 沈忠이 땅을 희사하자 鳳巖寺를 창건하고 鐵造佛像 2구를 주조하니, 이 해에 국가에서 寺域을 標定하고 '鳳巖'이라는 절의 명칭을 내림 ▷왕의 부름을 받고 月池宮에 나아가 心에 관한 물음에 답함. 왕이 '忘言師'로 삼음 이엄, 迦耶岬寺 德良禪師에게 출가 찬유, 尙州 公山 三郎寺의 融諦禪師에게 갔다가, 融諦의 지시로 그의 스승인 혜목산 審希에게 출가	
882	8	절중, 前國統大法師 威公이 곡산사 주지로 청하여 잠시 머무름 ▷사자산 釋雲乂禪師의 청으로 그 곳에 감 ▷헌강왕의 부름을 받음. 왕이 사자산 흥령선원을 中使省에 속하게 함 ▷정강왕이 사자를 누차 보냄	

882	8	형미, 화엄사 관단에서 구족계 받음 ▷여름 도륜사에서 融堅長老를 만남 3. 慈寂禪師 洪俊 출생(~939) ▷黑巖禪院 眞鏡大師 審希에게 출가 12. 도헌 입적(속년 59, 승랍 43)	
883	9	대통 입적(속년 68, 승랍 39)	
885	11	행적, 당에서 귀국하여 굴산사 통효대사 범일 다시 배알 순지, 왕이 죽자 문인을 보냄 경유, 訓宗長老에게 출가	
886	定康王1	절중, 상주 남쪽으로 피난하여 잠시 조령에 머뭄. 이때 興寧禪院이 병화로 불탐 ▷888년 이후, 雙峰寺 道允의 탑에 배례차 남행하여 공주에 이르자 長史 金休와 郡吏 宋嵒이 성으로 맞이함. 進禮郡(錦山) 경계에서 도적을 만났으나 觀音과 勢地의 힘으로 화를 면하고 무주에 도착함. 왕이 無量寺와 靈神寺에 주지토록 했으며, 무주 郡吏 金思尹이 芬嶺郡(승주군 낙안면) 桐林寺에 주지토록 청함. 그러나 災害處가 될 것이라 여겨 응하지 않고, 입당유학을 위해 서해를 건너다 풍랑을 만나 唐城郡(경기도 남양) 西界에 도착, 平津과 守珍(강화로 추정)을 거쳐 銀江禪院에 이름. 왕이 荒壤縣(경기도 양주군) 副守 張連說을 보내 국사의 예를 표했으나 사양함 경보, 月遊山 華嚴寺에서 구족계 받음. 道詵을 떠나 성주사 無染과 굴산사 梵日을 만남	
887	眞聖女王 1	~893. 수철화상, 왕으로부터 경주 부근의 절에 거처토록 요청받음. 왕이 端儀長翁主에게 명하여 深源寺(瑩原寺)에 주석케 하니 잠시 머뭄. 심원사가 서울과 너무 가깝다 하여 南岳의 북쪽 들에 있는 法雲寺로 옮기고 十地境을 지어 三山을 진압함 7. 혜소 비가 세워짐 ▷정강왕이 기존의 '玉泉' 대신에 '雙溪'라는 절 이름을 하사(정강왕 1) * 仰山慧寂 입적	

		무염 입적(속년 89, 법랍 65) ~897. 심희, 松溪(전남 강진)와 설악에 머뭄. 진성왕의 부름에 응하지 않음 ▷溟州에 가서 머뭄. 김해 進禮城으로 가서 進禮城諸軍事 金律熙(蘇律熙)의 후원을 받음	
888	2	여엄, 무염의 입적으로 성주사 떠남 ▷영각산 深光和尙에게 수년 간 사사 ▷입당유학, 雲居道膺을 만남 이엄, 가야갑사 道堅律師에게 구족계 받음 경유, 통도사 靈宗律師에게 구족계 받음 * 石霜慶諸 입적	
889	3	5. 범일 입적(속년 80, 법랍 60) ▷행적, 범일 입적 후 朔州(강원도 춘천)의 建子寺에서 산문을 열고 제자를 가르침 ▷행적, 乾寧(894~898) 초. 경주에 감 ▷행적, 光化(898~901) 말. 시골로 돌아감 충담, 무주 영신사에서 구족계 받음. 그 후 律藏 연구	889. 沙伐州(尙州)의 元宗·哀奴의 농민봉기를 시작으로 전국 혼란
890	4	찬유, 三角山 莊義寺에서 구족계 받음. 審希를 따라 光州 松溪禪院에 감	
891	5	형미, 입당유학하여 雲居道膺을 만남	
892	6	경보, 입당유학하여 撫州의 疎山匡仁에게서 曹洞禪을 전수받음. 江西 老善和尙에게 심인을 전수받음. 이후 30년 간 구도행각 찬유, 입당유학하여 投子山 大同和尙에게 수학. 이후 명산고적과 선지식을 찾아 유람생활	
893	7	3. 순지, 경주에 감 5. 수철화상 입적(속년 79, 법랍 58) 형미, 唐 潭州 節度使의 청으로 머뭄	895. 弓裔, 後高句麗 건국
896	10	이엄, 입당유학하여 雲居道膺에게 인가받고 구도행각	
897	孝恭王1	~912. 심희, 왕의 귀의를 받음. 知金海府 進禮城諸軍事明義將軍 金仁匡의 귀의를 받고 봉림사를 중창 긍양, 鷄龍山 普願精舍에서 수행. 이후 사방을 돌아다니다 西穴院 楊孚禪師를 찾아감	

898	2	현휘, 충남 가야산사에서 구족계 받음 ▷전란을 피하여 무주로 감. 도적을 교화시킴	
899	3	홍준, 명주 入良律師에게 구족계 받음 4. 惠居國師 智□출생(~974)	
900	4	절중 입적(속년 75, 승랍 56) 이엄, 羅州 會津으로 귀국. 金海府 知軍府事 蘇律熙가 절을 짓고 머물게 함 긍양, 입당 유학하여 谷山의 道緣和尙을 만남	900. 甄萱, 後百濟 건국
901	5	* 曹山本寂 입적	
902	6	* 雲居道膺 입적	
905	9	형미, 당에서 武州 會津으로 귀국. 무주 蘇判 王池本의 청으로 無爲岬寺에 머뭄	
906	10	9. 행적, 효공왕의 초빙으로 경주에 감 현휘, 입당하여 九峯道乾에게 心要를 받음. 이후 구도행각, 육조혜능의 탑을 찾음	
907	11	행적, 김해부에 가서 蘇忠子·蘇律熙의 귀의를 받음	907. 唐 멸망 907~60. 五代時期
908	12	경유, 중국에서 雲居道膺의 법을 받고, 무주 회진으로 귀국했으나 전란을 만나 암혈에 몸을 숨김 ▷918년 이전, 弓裔가 남쪽을 정벌 순행할 때 진영에서 만남 ▷918년 이후, 태조에게 알려져 왕사의 예우를 받음 * 雪峰義存 입적	
909	13	7. 여엄, 중국에서 武州 昇平(순천)으로 귀국 ▷국내를 유력(月嶽山 - 奈靈[경북 영주] - 彌峯寺[선산] - 小伯山 - 基州[풍기]). 知基州諸軍事 上國 康公萱의 귀의를 받음 ▷태조의 청으로 입조함. 菩提寺를 하사받아 주지함 * 疎山匡仁 입적	
910	14	洪陟의 제자이며 安峯寺의 개창자인 片雲和尙의 浮屠가 실상사 남쪽에 세워짐	
911	15	이엄, 중국에서 나주 회진으로 귀국. 金海府 知軍府事 蘇律熙가 勝光山에 절을 짓고 머물게 함	

912	神德王1	형미, 王建과 함께 철원에 감 10. 眞觀禪師 釋超 출생(~964)	
914	3	봄. 惠居 지□, 牛頭山 開禪寺의 悟心長老에게 출가	
915	4	봄. 행적, 신덕왕의 초빙으로 다시 경주에 가서 南山 實際寺에 안거. 7월에 明瑤夫人의 요청을 받아 石南山寺 주지 이엄, 永東郡 남쪽 靈覺山에 머뭄 ▷고려 太祖의 요청으로 개경의 泰興寺에 머뭄 ▷舍那內院의 주지가 됨	
916	5	2. 행적 입적(속년 85, 법랍 61)	916. 耶律阿保機, 契丹國 세움
917	景明王1	형미, 弓裔에게 죽임을 당함 惠居 지□, 금산사 義靜律師에게 구족계 받음	
918	景明王2 太祖1	11. 심희, 왕의 초청을 받고 대궐에 이르러 '理國安民之術'과 '歸僧□□之方'을 설함. '法膺大師'의 존호받음 ▷봉림사로 돌아가 제자양성과 중생구제에 주력함 홍준, 심희와 함께 경명왕 만남 ▷예천에서 正匡 □□의 후원을 받음 충담, 중국에 가서 雲蓋禪宇 志元禪師에게 수학하고 귀국 ▷김해에 머물다가 개경으로 감 ▷왕사의 예우를 받음 ▷태조의 명으로 홍법사에 주지함 석초, 靈巖山 麗興禪院의 法圓大師에게 출가	918. 王建, 高麗 건국
921	太祖4	경유, 일월사에서 입적(속년 51, 승랍 33) 경보, 중국에서 全州 臨陂郡으로 귀국. 견훤에게 귀의한 뒤 南福禪院에 머물 것을 요청받았으나, 광양의 玉龍寺로 가서 주석함 찬유, 중국에서 康州 德安浦로 귀국. 봉림사로 가서 심희를 만남. 그의 지시로 三郎寺에 머무름 * 九峰道虔 입적	
922	5	여름. 惠居 지□, 彌勒寺 開塔紀念으로 열린 禪雲寺 禪佛場에서 설법하여 이름을 날림	

923	6	4. 심희 입적(속년 70, 승랍 50)	
924	7	4. 심희 비가 세워짐 6. 도헌 비가 세워짐 현휘, 중국에서 귀국. 태조에 의해 국사 대우 받고 中州(충주) 淨土寺에 머묾. 佐丞 劉權說의 귀의를 받음 긍양, 중국 五臺山 참배 7. 중국에서 全州 喜安縣으로 귀국함. 康州 伯嚴寺(楊孚 창건) 거주 ▷景哀王에 의해 '奉宗大師'라 불림 찬유, 스스로 개경에 가서 태조를 만남. 왕명으로 廣州 天王寺에 머묾. 혜목산으로 돌아와 선풍 진작에 주력함 ~926. 惠居 지□, 경애왕으로부터 芬皇寺에 머물기를 요청받음	926. 渤海 멸망
928	11	석초, 法泉寺 賢眷律師에게 구족계 받음	
929	12	惠居 지□, 敬順王의 초청으로 靈廟寺에 머물며 戒壇을 세우고 7일 간 법회 개최	
930	13	2. 여엄, 보리사 법당에서 입적(속년 69, 승랍 50) 9. 개청, 보현산사 법당에서 입적(속년 96, 승랍 72)	
932	15	이엄, 태조가 지어 준 海州 須彌山 廣照寺에 머묾	
934	17	홍준, 고려 태조를 만남. 태조의 청으로 龜山禪院의 주지가 됨	
935	18	긍양, 희양산 봉암사에 머묾 ▷中原府 鍊珠院 院主 芮帛과 함께 개경에서 태조를 만남	935. 新羅 멸망
936	19	이엄, 五龍寺에서 입적(속년 67, 승랍 48) 경보, 태조의 초청으로 개경에 간 이후 혜종과 정종의 귀의를 받음	936. 太祖, 후삼국 통일
937	20	2. 眞空 □운, 개경에 가서 태조와 재상봉 9. 眞空 □운 입적(속년 82, 승랍 64) 이엄 비가 세워짐	
939	22	10. 홍준 입적(속년 58세, 승랍 40) 봄. 惠居 지□, 태조가 세 차례 불렀으나 응하지 않음 여엄 비가 세워짐 眞空 □운 비가 세워짐	

940	23	충담 입적(속년 72, 승랍 51) 개청 비가 세워짐 석초, 南中國 錢塘江 지역으로 유학. 龍冊子興에게 배우고 각 지역 순례	
941	24	10. 홍준 비가 세워짐 11. 현휘 입적(속년 63, 승랍 41)	
943	惠宗卽位年	~945. 3. 찬유, 혜종과 정종의 후의를 받음 6. 현휘 비가 세워짐	
944	1	6. 경유 비가 세워짐	
945	定宗卽位年	11. 윤다 입적(속년 82, 승랍 66)	
946	1	5. 형미 비가 세워짐 긍양, 봉암사로 돌아가자 정종이 義熙本(60권본) 華嚴經 8질을 보내 줌 석초, 중국에서 돌아옴. 興州 宿水禪院에 머묾	
947	2	경보 입적(속년 80, 승랍 62) 가을. 惠居 지□, 정종이 왕사로 책봉, 12월에 대궐에 도착하여 사은함	
948	3	2. 惠居 지□, 왕명으로 弘化寺에서 轉藏法席을 주관하고 주지함. '辯智無碍'의 호를 하사받음	
949	光宗卽位年	3. ~958. 찬유, '證眞大師'라는 호를 받음. 개경 舍那院과 대궐 重光殿·天德殿에서 왕과 대신에게 설법. 국사에 책봉됨. 혜목산으로 물러나 제자 교육에 진력함 * 雲門文偃 입적	
951	2	봄. 긍양, 광종의 청으로 개경에 가서 사나선원에 거주함. '證空大師'라는 尊號받음 10. 윤다 비가 세워짐	
952	3	祖堂集 찬술	
953	4	가을. 긍양, 개경에서 봉암사로 돌아옴	
954	5	7. 행적 비가 세워짐. 문하 법손 純白에 의해 後記가 쓰여짐	955. 後周 世宗의 廢佛
956	7	8. 긍양 입적(속년 79, 승랍 60)	
958	9	8. 찬유 입적(속년 90, 승랍 69) 8. 경보 비가 세워짐	高麗 僧科制 정비

958	9	석초, 개경 북쪽 龜山禪寺 주지 ▷개경 남쪽 廣通普濟禪寺 주지 * 法眼文益 입적	
959	10	圓空國師 智宗, 吳越 永明延壽 문하로 유학	960. 宋 건국
961	12	* 永明延壽『宗鏡錄』지음	
962	13	惠居 지□, 광명사에 옮겨 거하고 7일 간 仁王般若會 개최. '圓明妙覺'이라는 호를 하사받음	963. 歸法寺 창건
964	15	9. 석초, 보제사에서 입적(속년 53, 승랍 38)	
965	16	5. 긍양 비가 세워짐	
968	19	1. 惠居 지□, 국사에 책봉됨. 慶雲殿에서 百座會를 열고 圓覺經을 강설함 6. 惠居 지□, 崇景殿에서 비를 빌며 大雲輪經을 설하자 비가 내림 惠居 국사, 坦文 왕사 책봉	
970	21	봄. 惠居 지□, 水州府 葛陽寺로 下山할 것을 주청하니 왕이 金을 하사하여 수리하게 함	
971	22	가을. 惠居 지□, 갈양사가 준공되어 水陸道場을 베풂. 왕이 태자를 보내 낙성하게 함 10. 高達院·曦陽院·道峰院이 광종에 의해 3大 不動寺院이 됨	
972	23	惠居 지□, 갈양사로 물러나면서 '興福佑世'라는 호를 하사받음 7. 惠居 지□, 曹溪의 宗風을 크게 떨침 * 972. 天台德韶 입적	
973	24	均如 입적	
974	25	2. 惠居 지□ 입적(속년 76, 승랍 61)	
975	26	10. 찬유 비가 세워짐 坦文 국사 책봉 * 永明延壽 입적	
981	景宗6	석초 비가 세워짐	
994	成宗13	3. 惠居 지□ 비가 세워짐	

(박 영 제)

譯註 羅末麗初金石文 (上)
原文校勘 篇

한국역사연구회 중세1분과 나말여초연구반 편

초판 1쇄 인쇄 · 1996년 11월 5일
초판 1쇄 발행 · 1996년 11월 12일

발행처 · 도서출판 혜안
발행인 · 오일주
등록번호 · 제21 - 471호
등록일자 · 1993년 7월 30일
137 - 030 서울 서초구 잠원동 43 - 4
전화 · 511 - 8651, 8652
팩시밀리 · 511 - 8650

값 13,000원
ISBN 89 - 85905 - 30 - 9 94900